5 伊藤 真 実務法律基礎講座

ITO MAKOTO
JITSUMUHOURITSU
KISOKOUZA

BASiCS ▶▶▶▶▶▶

伊藤 真 ▶監修 伊藤塾 ▶著

民事執行法
民事保全法

弘文堂

シリーズ刊行に際して

1 実務法律の初心者にもわかりやすく

　本シリーズは伊藤真の試験対策講座シリーズの姉妹編である。司法試験、司法書士・社会保険労務士・行政書士・弁理士・公務員試験などさまざまな試験を突破して実務に就こうとされている方のために実務法律をわかりやすく解説した。また、企業の法務部や現場において日々、実務法律と格闘しているビジネスパーソンやこれからなろうとしている方、大学の試験対策として実務法律を効率的に学びたい学生のためにも有益であると信じている。

　どのような法律であっても、国民のためのものである以上は、わかりやすくなければならない。また、わかりやすく解説できるはずである。そこで、法律を使って仕事をする実務家の方がみずから実務法律を学習する際に、必要十分なレベルを保ちつつ、わかりやすく学習していけるように、ナビゲーターとして本シリーズ「実務法律基礎講座」を刊行した。本シリーズをきっかけとして新しい実務法律に興味をもっていただけるとうれしい。

2 実務において法律を使いこなせるようになること

　実務の現場はOJT(オン・ザ・ジョブ・トレーニング)による訓練が中心になることが多い。しかし、どんなに貴重な経験を積むことができても、その経験の意味がわからなければ、その経験の価値は半減しよう。実務の現場で起こるさまざまな問題もその理論的な背景が理解できてこそ、更に応用が利く貴重な財産となる。そこで、本書は、実務で起こるさまざまな紛争の理論的解決の糸口となるように、各種法律を使いこなせることを目的としている。将来、自分の力で解決しなければならない紛争に直面したときに、自分の頭で考えることができるように基礎力をつけておくのである。本シリーズの各書はそのために必要な基礎知識を網羅している。実務に就く前に読んでおくなり、通勤途中で読むなりしておくことにより、実務法律の基礎固めができ、法律を使いこなせるようになる。

3 短時間でマスターできること

　法律を使いこなさなければならない実務家はみな忙しい。じっくりと体系書を端から端まで読んでいる時間はないのが普通である。そこで、本シリーズでは、必要な基本書、体系書の必要な部分を見つけて読みこなせるように、各種実務法律の全体像を短時間で把握できるようにつとめた。

　もちろん、本シリーズによる理解はある程度、概説的なものである。しかし、最初に短時間でその法律の全体像をマスターすることは、どのような法律の学習であっても必要なことだと考えている。本シリーズで全体像を学んだ後に、本格的な基本書・体系書で必要な知識の補充をすることにより、本シリーズで学んだ骨格に血肉がつき、より本格的な理解を伴った実務運用が可能となるはずである。

伊藤　真

はしがき

1 本書の目的

【1】実務の基礎の理解のため

　本書は、民法・商法・会社法などの実体法および民事訴訟法をある程度勉強したほうが、実務へ向けて民事執行法・保全法を効率よく理解できるように書かれたものである。

　民事執行法・民事保全法などのいわゆる民事手続法は、各種の手続や制度が複雑に絡み合っていたり、用語が難解であったりすることもありイメージがつかみにくいので、最初から専門書を読んでも理解することが困難であり、ややもすると暗記中心の学習に陥りがちである。そのため、本書は、設例、確認問題、図表、各種書式などを多く示すことにより、具体的なイメージをもって理解できるように工夫している。

【2】専門書への橋渡しのため

　読者は、本文の説明だけでなく、設例、確認問題、図表、各種書式などに触れることにより、民事執行法・保全法の基本的な知識や考え方を理解することができるであろう。そのうえで、民事執行法・保全法に関する専門的な書籍に進まれることを念頭においている。その意味においては、本書は、実務の基礎の理解のためだけでなく、民事執行法・保全法を専門的に勉強する際の基本書への橋渡しとしての役割も果たしている。

2 本書の構成

　本書の構成は、おおむね代表的な体系書・基本書に準じた、オーソドックスな構成となっている。

　すなわち、民事執行法の分野では、第1章で民事執行の概要を説明した後で、第2章で強制執行総論、第3章で金銭執行、第4章で非金銭債権、第5章で担保権の実行としての競売等、そして第6章で財産開示手続について、それぞれ説明している。

　また、民事保全法の分野においても、第7章で民事保全の制度の概説をした後で、第8章で保全の手続全般について触れ、その後第9章で仮差押え、第10章で仮処分を

解説している。そして、第11章では不服申立ての制度を、第12章では担保の取消し・取戻しについて説明している。

さらに、実務においては判例の理解が特に重要であるが、この点については、民事執行法・保全法においても同様である。そこで、本書では、できるかぎり判例に触れることとし、特に重要と思われる判例は、更に「重要判例」として囲み部分で示している。

また、実務で取り扱われている例や誤解されやすい概念などについては、囲み部分で別に示した。理解の一助として参考にしてほしい。

3 本書の使い方

【1】本文について

民事執行法・保全法の分野においては、各種の手続や制度が複雑に絡み合っていたり、執行と保全の分野を相互に参照し合う必要があったりすることから、まずは制度の全体像を一度把握しておくことが重要である。そこでまずは、本書を最初から最後まで通読してほしい。かりに、初回の通読時によく理解できない箇所がでてきたとしても、とりあえず最後まで読みきってしまうとよいだろう。通読して全体像を把握してから、理解できなかった箇所に立ち戻って読みなおすと、理解できることが多いからである。

なお、民事執行法の分野においては、［設例］が用意されている場合がある。この場合の構成としては、［設例］の直後に、関連する知識の解説がなされており、最後に［設例の具体的検討］を示して知識をまとめる、という形式になっている。［設例］を念頭におきつつ、本文を順番に読み進めていくとよいであろう。また、2回目以降に読む際には、［設例］を読んだ後に、関連する知識の解説を読まずに、自力で［設例の具体的検討］ができるかどうかを試すことにより、関連する知識がきちんと定着できているかをチェックすることができるだろう。

【2】図表、各種書式

民事執行法・保全法の分野では、債権者・債務者に加えて第三債務者が登場するなど当事者が多数登場するだけでなく、事案や法律関係が複雑になる傾向がある。そこで、本書では、これらをわかりやすく理解していただくために、豊富な図が用意されている。さらに、手続や制度についての細かな知識もひと目でわかるように、知識を

整理した表が適宜用意されている。

　また、民事執行法・保全法の分野では、さまざまな申立てや決定などに関する書式が存在するが、独学で学習する方には、なかなかそれらの書式に触れる機会は少ない。そこで、本書では、実際に使用されている形式の各種書式を掲載したので、各種書式が使用される場面を具体的にイメージする手助けとして、参考にしてほしい。

【3】【確認問題】

　これまでの民事執行法・保全法の概説書・基本書等には、知識の説明があっても、具体的な事例問題が掲載されていないことが多く、なかなか具体的なイメージをつかみにくいという意見があった。そのため、学習する方から、「民事執行・保全についての具体的な事例問題がほしい」という要望が多く寄せられていた。そこで、本書の特徴として、必要な箇所には、適宜事例形式の【確認問題】を用意することとした。この【確認問題】は、本書を通読する際に解くだけでなく、法科大学院の定期試験や司法研修所での考試試験(二回試験)の試験直前には自力で解いてみるなど、知識の確認や事例問題に対するトレーニングとして是非とも役立ててほしい。

　なお、本書の制作においては、さまざまな方の助力を得た。長年伊藤塾の書籍出版において貢献していただいている近藤俊之先生には、弁護士として実際に業務されている視点を加えていただきながら、今回も草稿段階からご尽力をいただいた。そして、旧司法試験合格者で今後の活躍が期待される浅川有三さん、折田裕彦さん、鈴木健太さんをはじめとする伊藤塾の優秀なスタッフに関わってもらい本書が世にでることができた。また、弘文堂の北川陽子さんほか編集部の方々にはいつもながらお世話になった。ここに厚くお礼を申し上げる。

2011年3月

伊藤　真

★参考文献一覧

生熊長幸・わかりやすい民事執行法・民事保全法(成文堂・2006)
上原敏夫=長谷部由起子=山本和彦・民事執行・保全法[第3版]有斐閣アルマ(有斐閣・2011)
浦野雄幸・基本法コンメンタール民事執行法[第6版](日本評論社・2009)
齋藤隆=飯塚宏・リーガル・プログレッシブ・シリーズ民事執行(青林書院・2009)
司法研修所編・民事弁護教材　改訂　民事保全[補正版](日本弁護士連合会・2005)
司法研修所編・民事弁護教材　改訂　民事執行[補正版](日本弁護士連合会・2005)
須藤典明=深見敏正=金子直史・リーガル・プログレッシブ・シリーズ民事保全[改訂版](青林書院・2008)
東京地方裁判所民事執行センター実務研究会・民事執行の実務＜債権執行編＞上・下[第2版](金融財政事情研究会・2007)
東京地方裁判所民事執行センター実務研究会・民事執行の実務＜不動産執行編＞上・下[第2版](金融財政事情研究会・2007)
中野貞一郎・民事執行法[増補新訂6版]現代法律学全集23(青林書院・2010)
中野貞一郎・民事執行・保全入門(有斐閣・2010)
中野貞一郎・民事執行・保全法概説[第3版](有斐閣・2006)
原井龍一郎・河合伸一・実務民事保全法[3訂版](商事法務・2011)
深沢利一・園部厚補訂・民事執行の実務　上・中・下[補訂版](新日本法規・2007)
福永有利・民事執行法・民事保全法[第2版](有斐閣・2011)
藤田広美・民事執行・保全(羽鳥書店・2010)
和田吉弘・基礎からわかる民事執行法・民事保全法[第2版](弘文堂・2010)
伊藤眞=上原敏夫=長谷部由起子・民事執行・保全判例百選(有斐閣・2005)

第1部　民事執行法 ……001

第1章　民事執行の概要 ……001

1. 民事執行法の全体像　001
   1. 民事執行とは　001
      - 【1】自力救済禁止の原則
      - 【2】権利の終局的実現
      - 【3】民事執行の理念
   2. 民事執行の種類　003
      - 【1】強制執行
      - 【2】担保権の実行としての競売
      - 【3】形式的競売
      - 【4】財産開示手続
   3. 強制執行手続の種類・態様　005
      - 【1】金銭執行と非金銭執行
      - 【2】強制執行の態様
      - 【3】本執行・仮執行・保全執行
2. 執行手続の主体
   1. 執行当事者・代理人　008
      - 【1】執行当事者
      - 【2】代理人
   2. 執行機関　010
      - 【1】執行機関の意義・分離
      - 【2】執行裁判所
      - 【3】執行官
      - 【4】執行の補助機関等

第2章　強制執行総論 ……013

1. 序説　013
2. 債務名義　014
   1. 債務名義の意義と役割　014
   2. 債務名義の種類　014
      - 【1】確定判決(22条1号)
      - 【2】仮執行の宣言を付した判決(22条2号)
      - 【3】抗告によらなければ不服を申し立てることができない裁判(確定しなければその効力を生じない裁判にあっては、確定したものにかぎる)(22条3号)
      - 【4】仮執行の宣言を付した損害賠償命令(22条3号の2)
      - 【5】仮執行の宣言を付した支払督促(22条4号)
      - 【6】訴訟費用・和解の費用の額を定める裁判所書記官の処分または民事執行法42条4項に規定する執行費用および返還すべき金銭の額を定める裁判所書記官の処分(後者の処分にあっては、確定したものにかぎる)(22条4号の2)
      - 【7】執行証書(22条5号)
      - 【8】確定した執行判決のある外国裁判所の判決(22条6号)
      - 【9】確定した執行決定のある仲裁判断(22条6号の2)
      - 【10】確定判決と同一の効力を有するもの(22条3号に掲げ

　　　　　　る裁判を除く）(22条7号)
　　　3　給付請求権の記載　　　024
　　　　【1】債権者・債務者が特定し、適格性を有していること
　　　　【2】給付命令・給付条項が明確に表示されていること
　　　　【3】給付請求権の内容が強制執行に適するものであること
　　　　【4】給付義務の範囲・数額等が明確に表示されていること
　　　　【5】付款付債務名義については、付款の内容が明確に表示されていること
3. 執行文　　　029
　　1　執行文の意義と必要性　　　029
　　　　【1】意義
　　　　【2】必要性
　　2　執行文の種類　　　030
　　　　【1】単純執行文
　　　　【2】条件成就執行文
　　　　【3】承継執行文
　　　　【4】不特定承継執行文
　　　　【5】意思表示擬制のための執行文
　　3　執行文付与の手続　　　034
　　4　執行文の再度付与・数通付与　　　035
　　　　【1】意義
　　　　【2】申立書の記載事項
4. 執行開始の要件　　　036
　　1　総説　　　036
　　2　債務名義の正本等の送達　　　036
　　3　執行機関の認定による執行開始要件　　　037
　　　　【1】確定期限の到来後であること(30条1項)
　　　　【2】担保の提供(30条2項)
　　　　【3】引換給付の場合の反対給付の履行または提供(31条1項)
　　　　【4】代償請求の場合の主たる請求の強制執行の目的不達成(31条2項)
5. 執行の対象　　　039
　　1　意義　　　039
　　2　範囲　　　039
　　　　【1】総論
　　　　【2】範囲
　　　　【3】責任財産帰属性の判断
　　3　有限責任　　　041
　　　　【1】意義
　　　　【2】責任の限定
　　　　【3】有限責任の判断
6. 強制執行における救済　　　042
　　1　総説　　　042
　　2　執行文付与に関する違法　　　043
　　　　【1】債権者の救済①——執行文付与の拒絶に対する異議(32条)
　　　　【2】債権者の救済②——執行文付与の訴え(33条)
　　　　【3】債務者の救済①——執行文付与に対する異議(32条)

　　　　【4】債務者の救済②──執行文付与に対する異議の訴え
　　　　　　（34条）
　　　　【5】執行文付与をめぐる訴訟と執行文付与等に関する異議
　　　　　　の申立て
　　3　執行処分に関する違法(違法執行)　　048
　　　　【1】総説
　　　　【2】執行抗告(10条)
　　　　【3】執行異議(11条)
　　　　【4】執行抗告と執行異議の異同
　　4　執行処分に関する不当(不当執行)　　053
　　　　【1】総説
　　　　【2】請求異議の訴え(35条)
　　　　【3】第三者異議の訴え(38条)
　　5　異議訴訟の本案提起に伴う強制執行停止・執行処分取
　　　　消しの申立て　　063
　　　　【1】意義
　　　　【2】申立書の記載事項および審理
　　　　【確認問題】　強制執行における救済　　065
7. 強制執行の停止、執行処分の取消し　　066
　　1　総説　　066
　　2　強制執行停止　　066
　　　　【1】強制執行を停止すべき文書
　　　　【2】停止期間の制限
　　　　【3】不動産強制競売における執行停止文書の提出
　　　　【4】動産執行の特則
　　3　執行処分の取消し　　069
8. 強制執行停止および取消しにおける担保　　070

第3章　金銭執行 ……071

1. 総説　　071
　　1　金銭執行の意義　　071
　　2　不動産執行　　071
　　3　動産執行の意義　　073
　　4　債権その他の財産権に対する執行の意義　　073
2. 不動産強制競売　　074
　　1　強制競売の開始　　074
　　　　【1】強制競売の申立て
　　　　【2】強制競売開始決定
　　　　【3】差押えの効力
　　　　【4】債権者の競合
　　2　売却準備　　081
　　　　【1】売却のための保全処分
　　　　【2】現況調査と評価
　　　　【3】売却基準価額の決定
　　　　【4】無益執行(無余剰執行)の禁止
　　　　【5】物件明細書の作成
　　3　売却の手続・効果　　085
　　　　【1】売却の方法

　　　　【2】内覧
　　　　【3】買受けの申出
　　　　【4】買受申出のない場合の措置
　　　　【5】最高価買受申出人および次順位買受申出
　　　　【6】売却決定
　　　　【7】代金納付とその効果
　　　　【8】代金の不納付
　　　　【9】不動産引渡命令
　　4　債権者の満足　　089
　　　　【1】配当等を受けるべき債権者
　　　　【2】配当金等の交付と受領
　　　　【3】不服申立手続
　　　【確認問題】　不動産強制競売　　092
3. **不動産の強制管理**　　094
　　1　序説　　094
　　　　【1】金銭執行としての強制管理
　　　　【2】担保不動産収益執行への準用
　　2　強制管理の手続　　095
　　　　【1】強制管理開始決定
　　　　【2】管理人の選任・管理人による管理および収益の収取
　　3　配当等の実施　　096
4. **船舶に対する強制執行（船舶執行）**　　097
　　1　総説　　097
　　　　【1】船舶執行の特殊性
　　　　【2】船舶の動産執行的性格
　　2　船舶執行の概要　　098
　　　　【1】意義
　　　　【2】執行機関
　　　　【3】船舶執行の申立て前の船舶国籍証書等の引渡命令
　　　　【4】船舶強制競売開始決定
　　　　【5】保管人の選任
　　　　【6】保証の提供による強制競売の手続の取消し
　　　　【7】船舶の航行許可
　　　　【8】事件の移送
　　　　【9】船舶の換価・配当等
5. **航空機・自動車・建設機械・小型船舶に対する強制執行**　　101
　　1　序説　　101
　　2　各論　　101
　　　　【1】航空機執行
　　　　【2】自動車執行
　　　　【3】建設機械執行
　　　　【4】小型船舶執行
6. **動産執行**　　103
　　1　序説　　103
　　　　【1】意義
　　　　【2】対象
　　2　差押え　　103
　　　　【1】動産執行の申立て

　　　　　【2】差押えの方法と物の保管
　　　　　【3】差押えの効力
　　　　　【4】差押えの制限
　　　3　債権者の競合　　106
　　　　　【1】事件の併合（二重差押えの禁止）
　　　　　【2】配当要求
　　　4　換価　　107
　　　5　配当等　　107
　　　　　【1】配当を受けるべき債権者の範囲
　　　　　【2】配当等の実施
　　　　　【確認問題】　動産執行　　108
　　7. 債権執行　　109
　　　1　序説　　109
　　　　　【1】債権執行の意義
　　　　　【2】債権執行の対象
　　　　　【3】差押禁止債権の範囲
　　　2　債権執行の申立て　　111
　　　　　【1】債権執行の申立て
　　　　　【2】予備差押え
　　　　　【3】執行の申立てについての裁判
　　　3　第三債務者に対する陳述の催告の申立て　　112
　　　4　差押命令とその効力　　113
　　　　　【1】差押命令とその効力の発生時期
　　　　　【2】差押えの効力
　　　　　【3】差押えの客観的範囲
　　　5　債権者の競合　　116
　　　　　【1】差押えの競合（二重差押え）
　　　　　【2】配当要求
　　　6　換価手続　　117
　　　　　【1】差押債権者による金銭債権の取立て
　　　　　【2】第三債務者による供託
　　　　　【3】取立訴訟
　　　　　【4】転付命令
　　　　　【5】譲渡命令、売却命令、管理命令
　　　7　配当等の実施　　122
　　　8　動産の引渡請求権に対する執行　　123
　　　9　少額訴訟債権執行　　123
　　　　　【1】総説
　　　　　【2】手続
　　　　　【確認問題】　債権執行　　125
　　8. その他の財産権に対する強制執行　　127
　　　1　意義　　127

第4章　非金銭執行 ……128

　1. 非金銭執行の全体像　　128
　　　1　非金銭執行の態様　　128
　　　2　非金銭執行の執行方法の概略　　128
　　　　　【1】総論
　　　　　【2】各論

　　　　【3】不作為義務の強制執行の方法
　2. 物の引渡・明渡請求権についての強制執行　　131
　　1　序説　131
　　　　【1】意義
　　　　【2】物の引渡しの執行の態様
　　2　不動産等の引渡し・明渡しの強制執行　　132
　　　　【1】総説
　　　　【2】執行の申立て
　　　　【3】明渡しの催告
　　　　【4】執行
　　3　動産の引渡しの執行　　136
　　　　【1】総説
　　　　【2】執行の申立て
　　　　【3】執行の方法
　　4　目的物を第三者が占有する場合の引渡しの
　　　　強制執行　138
　　　　【1】引渡請求権の目的物を第三者が占有している場合の執
　　　　　　行方法
　　　　【2】引渡請求権の差押命令
　　　　【3】取立権の行使
　　　　【4】取立訴訟
　3. 作為・不作為義務についての強制執行　　140
　　1　序説　140
　　2　代替的作為義務の執行　　141
　　　　【1】意義
　　　　【2】手続
　　3　不代替的作為義務の執行――間接強制の執行　　143
　　　　【1】意義
　　　　【2】手続
　　4　不作為義務の執行　　145
　　　　【1】不作為義務総説
　　　　【2】手続
　　5　意思表示についての強制執行　　148
　　　　【1】意義
　　　　【2】要件
　　　　【3】効果

第5章　担保権の実行としての競売等 ……152
　1. 担保権の実行としての競売（担保執行）　　152
　　1　総説　152
　　　　【1】意義
　　　　【2】強制執行との類似点と相違点
　　2　不動産担保執行　　154
　　　　【1】総説
　　　　【2】担保不動産競売
　　　　【3】担保不動産収益執行
　　3　船舶の競売　　163

4 航空機・自動車・建設機械・小型船舶の競売　164
【1】航空機の競売
【2】自動車の競売
【3】建設機械の競売
【4】小型船舶の競売

5 動産の競売　164
【1】総説
【2】動産競売の要件
【3】手続
【4】不服申立て(実体異議)——動産差押えに対する執行異議

6 債権等の担保権の実行　166
【1】総説
【2】手続
【3】物上代位

2. 留置権による競売および換価のための競売　170

1 総説　170
2 留置権による競売　170
【1】留置権と換価権
【2】留置権による競売の手続

3 換価のための競売(狭義の形式的競売)　171
【1】意義
【2】競売の手続

第6章 財産開示手続……173

1. 総論　173

1 意義　173
2 執行裁判所　173
3 申立資格　174

2. 各論　175

1 手続実施決定　175
【1】手続実施決定の要件
【2】実施決定の効果

2 財産開示期日　176
【1】期日指定および呼出し
【2】開示義務者の陳述義務
【3】質問権
【4】申立人不出頭の扱い
【5】非公開
【6】財産開示事件の記録の閲覧等の制限
【7】財産開示事件に関する情報の目的外使用・提供の制限
【8】救済手続

第2部　民事保全法 ……181

第7章　民事保全の制度 ……181
1. 民事保全とは何か　181
　　1　民事保全の存在理由　181
　　2　民事保全の種類　182
　　　【1】仮差押え
　　　【2】仮処分
　　3　民事保全の特質　183
　　　【1】緊急性・密行性・暫定性・付随性
　　　【2】オール決定主義
　　　【3】審尋と疎明

第8章　保全の手続 ……186
1. 保全命令の申立て　186
　　1　総説──書面主義の原則　186
　　2　管轄裁判所　186
　　　【1】総説
　　　【2】「本案の管轄裁判所」(民保12条3項)
　　　【3】「仮に差し押さえるべき物若しくは係争物の所在地を管轄する地方裁判所」(12条1項)
　　3　申立ての効果　188
　　　【1】訴訟法上の効果
　　　【2】実体法上の効果
　　4　申立書の必要的記載事項等　189
　　　【1】当事者の表示
　　　【2】請求債権の表示または仮処分により保全すべき権利の表示
　　　【3】申立ての趣旨
　　　【4】申立ての理由
　　5　疎明方法　194
　　　【1】総説
　　　【2】疎明方法各論
　　6　申立書の添付書類等　195
　　　【1】添付書類
　　　【2】申立手数料
　　　【3】目録等

2. 審理　197
　　1　審理の方式──オール決定主義　197
　　　【1】総説
　　　【2】審理の方式
　　　【3】審理における釈明処分
　　　【4】主張書面
　　2　裁判によらない終了　199
　　　【1】和解
　　　【2】取下げ

3. 担保　201
　　1　担保総説　201

           【1】意義
           【2】目的・機能
        2 担保の提供　201
           【1】担保の提供者・担保権利者
           【2】担保提供の時期
           【3】担保額
           【4】担保提供の方法
        3 担保の変換　207
           【1】担保の変換の制度
           【2】担保変換の手続
        4 担保権利者の権利行使　208
           【1】総説
           【2】供託物に対する権利行使
   4. 決定　210
        1 裁判の形式　210
        2 決定書　210
        3 調書決定　212
        4 送達　212
        5 解放金　212
           【1】仮差押解放金
           【2】仮処分解放金
   5. 保全執行　215
        1 保全執行の特質　215
        2 執行機関　216
           【1】総説
           【2】執行機関の種類
        3 保全執行の要件　217
           【1】書面主義
           【2】執行文付与に関する特則
           【3】執行期間
           【4】送達前の執行
           【5】担保の提供

第9章　仮差押え……219

1. 仮差押命令　219
     1 総説　219
        【1】意義
        【2】仮差押えの目的
     2 仮差押命令　220
        【1】仮差押えの申立て
        【2】仮差押えの要件
        【3】超過仮差押えと追加仮差押え
        【4】管轄
2. 仮差押えの執行　226
     1 不動産に対する仮差押えの執行　226
        【1】執行方法・執行機関
        【2】執行の競合
     2 船舶・自動車に対する仮差押えの執行　227
        【1】船舶

　　　　【2】自動車
　　3　動産に対する仮差押えの執行　　　228
　　4　債権その他の財産権に対する仮差押えの執行　　228
3. **仮差押えの効力** 229
　　1　不動産の仮差押えの効力　　229
　　　　【1】債務者に対する効力
　　　　【2】第三者に対する効力
　　　　【3】本執行への移行
　　2　動産の仮差押えの効力　　231
　　　　【1】債務者に対する効力
　　　　【2】第三者に対する効力
　　　　【3】本執行への移行
　　3　債権その他の財産権に対する仮差押えの効力　　232
　　　　【1】債務者に対する効力
　　　　【2】第三者に対する効力
　　　　【3】本執行への移行

第10章　仮処分 ……233

1. **仮処分総論** 233
　　1　意義　　233
　　　　【1】係争物に関する仮処分の意義
　　　　【2】仮の地位を定める仮処分の意義
　　2　仮処分の種類　　234
　　　　【1】係争物に関する仮処分
　　　　【2】仮の地位を定める仮処分（仮地位仮処分）
　　3　仮処分命令手続と仮処分執行手続　　235
2. **仮処分命令手続** 236
　　1　仮処分命令の必要性　　236
　　　　【1】係争物に関する仮処分の必要性
　　　　【2】仮の地位を定める仮処分の必要性
　　2　仮処分命令　　238
　　　　【1】総説
　　　　【2】具体例
3. **仮処分執行手続** 243
　　1　係争物に関する仮処分の執行方法とその効力　　243
　　　　【1】占有移転禁止の仮処分
　　　　【2】債務者を特定しないで発する不動産の占有移転禁止の仮処分
　　　　【3】不動産に関する登記請求権を保全するための処分禁止の仮処分
　　　　【4】建物収去土地明渡請求権を保全するための建物処分禁止の仮処分
　　2　仮の地位を定める仮処分の執行方法とその効力　　247
　　　　【1】法人役員の職務執行停止・代表者選任の仮処分
　　　　【2】従業員の地位保全の仮処分
　　　　【3】担保権実行禁止の仮処分

第11章 民事保全における不服申立て……249

1. 不服申立制度　249
1 総説　249
2 即時抗告　249
3 保全命令に対する不服申立て(保全異議・保全取消し)　250
　【1】保全異議
　【2】保全取消し
4 保全抗告　259
　【1】意義
　【2】保全抗告ができる裁判
　【3】保全抗告の手続
　【4】保全命令を取り消す決定の効力停止の裁判

第12章 担保の取消し・取戻し……262

1. 担保の取消し・取戻し　262
1 担保の取消し　262
　【1】総説
　【2】担保取消事由
　【3】担保取消決定確定後の手続
2 担保の取戻し　264
　【1】総説
　【2】担保の取戻しが認められる場合
　【3】担保取戻し許可の手続

事項索引　266
判例索引　273

第1部　民事執行法

第1章　民事執行の概要

1. 民事執行法の全体像

1 民事執行とは

【1】自力救済禁止の原則

　一般に、私法上の権利義務や法律関係の発生・消滅・変動等については、民法・商法・会社法等をはじめとする実体私法が規律している。このような私法上の権利義務や法律関係をめぐって紛争が生じたときに自力救済を認めると、誤った権利行使が行われるおそれがあるし、また、実際に権利が存在したとしても、過度の暴力が用いられるなど不当な権利行使がなされるおそれがあり、社会秩序を維持することができない。

　そのため、近代国家において、権利者による自力救済は、原則として認められない（自力救済禁止の原則）。

【2】権利の終局的実現

⑴権利の確定──判決手続（民事訴訟法）

　前述のように、自力救済が認められない以上、私法上の請求権や担保権の実現を図るためには、強制力のある国家作用が必要となる。そこで、争いとなっている権利義務や法律関係の存否を観念的に確定したり、当事者に一定の行為を命じたりする判決手続が用意されている（民事訴訟法）。

⑵権利の実現──民事執行（民事執行法）

　以上のような判決手続のもと、実際に判決が言い渡されれば、当事者の多くは自発的にこれに従うが、なかには判決に従わない者も存在する。しかし、そのような場合であっても、自力救済は禁止されているので、判決に従わない者に対して判決の内容を実現するためには、国家の手による特別な手続が必要になる。そこで、権利を終局的に実現するための国家作用として民事執行の制度が用意されている。民事執行の手続は、民事執行法その他の法令によって定められている。

⑶ 権利の保全──民事保全（民事保全法）

　判決が得られるまでの時間の経過によって権利の実現が不可能または困難になる危険から権利者を保護する必要がある。そのため、裁判所が暫定的な措置を講ずる制度である**民事保全**の制度も用意されている。民事保全の手続は、民事保全法その他の法令によって定められている。

1－1　権利の終局的実現

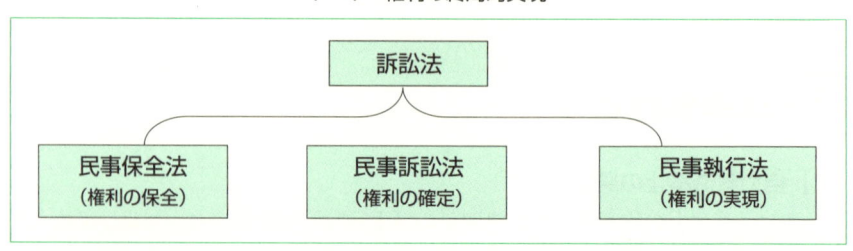

```
                      訴訟法
         ┌──────────────┼──────────────┐
      民事保全法      民事訴訟法       民事執行法
      （権利の保全）   （権利の確定）   （権利の実現）
```

　たとえば、債権者Aが、債務者Bに対して、１億円の貸金返還請求訴訟を提起したとします。そして、Bのもとには現金がまったくなく、２億円の価値のある甲土地がBの唯一の財産であるとします。

　Aがこの裁判に勝訴すれば、この勝訴判決を元にして、Bの所有する甲土地を競売することができます。そして、Aは、その売却代価から、自己の債権の満足を受けることができます。このような競売に関する手続等を規定しているのが、**民事執行法**です。

　もっとも、Bとしては、訴訟の途中に「このままでは裁判に負けそうだ。甲土地が競売にかけられてしまうくらいなら、いっそのこと競売前に知り合いに売却してしまおう。売買代金である現金はどこかに隠してしまおう。」などと考えるかもしれません。そこで、Aとしては、Bによる甲土地の売却を防ぐため、あらかじめ甲土地をかりに差し押さえるという手段をとる必要があります。このような民事執行のために必要な財産の保全手続を規定するのが、**民事保全法**です。

1－2　権利の実現の流れ

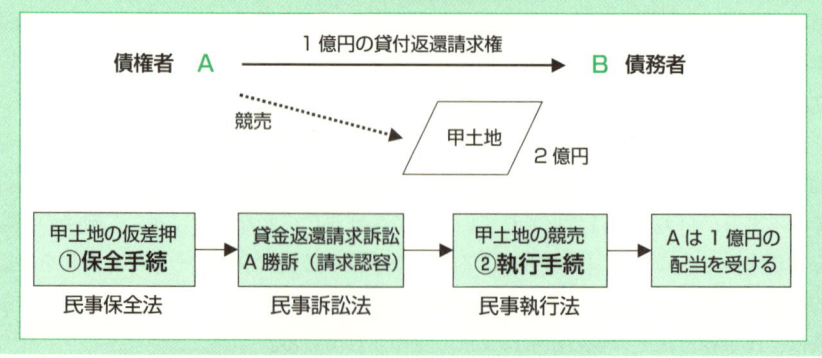

```
債権者 A ──── １億円の貸付返還請求権 ───→ B 債務者
          ＼競売
           ＼ ↘
            　[甲土地] ２億円

┌──────────┐  ┌──────────┐  ┌──────────┐  ┌──────────┐
│甲土地の仮差押│→│貸金返還請求訴訟│→│甲土地の競売 │→│Aは１億円の│
│①保全手続   │  │A勝訴（請求認容）│  │②執行手続   │  │配当を受ける│
└──────────┘  └──────────┘  └──────────┘  └──────────┘
  民事保全法      民事訴訟法        民事執行法
```

> 本書では、これから民事執行法→民事保全法の順で学んでいきます。本書で学習する際には、現在の自分の学習している単元が、民事執行と民事保全のどの分野の、どの段階の話なのかを常に意識しておくとよいでしょう。

【3】民事執行の理念

民事執行の理念としては、一般に、以下の4点があげられている。ただ、これらの理念については、各項目を学習する際の視点として意識しておけば、十分であろう。

⑴債権者の権利実現の確保

民事執行は、請求権および担保権の実現を図るための国家作用であるから、民事執行制度に対する社会的信頼を保持するため、債権者の権利の実現を確保しなければならない。

⑵執行手続の迅速化と債務者の保護

民事執行制度の能率をあげるため、手続の簡易迅速な実施が求められる。もっとも、不当な執行を誘発するおそれがあるため、債務者(や第三者)の利益を害することのないように配慮する必要がある。

⑶他の権利者の利益との調整

執行対象となる債務者の財産に関しては、多数の債権者間または債権者と他の権利者(用益権者等)間で利害が対立することがある。そのため、これらの者の間で公平を図らなければならない。

⑷社会的利益との調整

民事執行は債権者の個人的権利の実現を目的とするが、財産の効用を害する執行は、社会的負担を増大することになるため、制限される。

2 民事執行の種類

民事執行法は、債務名義に基づく①**強制執行**、②**担保権実行としての競売**および③**形式的競売**の3種類の手続を1つの法律で規律し、更に平成15年の改正により金銭執行の準備のための手続である④**財産開示手続**を加えている。これら4種類の手続を総称する概念が**民事執行**である(1条)。

なお、平成15年の改正により、担保不動産収益執行が創設されたが(180条2号)、その性質は競売に属さないので、厳密には②は担保権実行としての競売等とすべきで

ある。

1−3 民事執行手続の種類

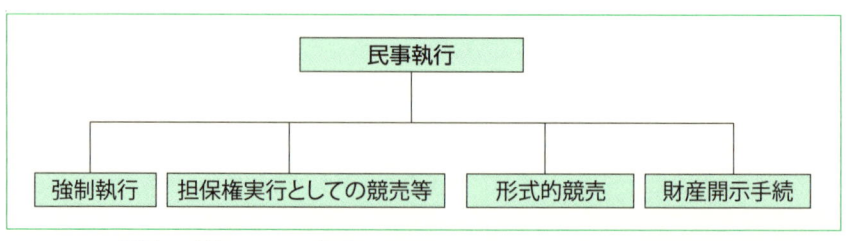

```
                    民事執行
        ┌──────────┼──────────┬──────────┐
      強制執行   担保権実行としての競売等   形式的競売   財産開示手続
```

　以下、4種類の手続について簡単に説明をするが、これらの手続は民事執行法を効率的に学習するうえでの大きな体系となるものであるので、しっかりとイメージをつけたうえで記憶しておいてほしい。

【1】強制執行

　強制執行とは、債権者の給付請求権の内容を、国家機関によって強制的に実現する制度をいう(22条以下)。

　強制執行は、金銭の支払を目的とする債権についての**金銭執行**と、金銭の支払を目的としない請求権についての**非金銭執行**とに分かれる。

　さらに、金銭執行は、その対象財産によって、**不動産執行**、**動産執行**、**債権執行**などに分類される。

1−4 強制執行の分類

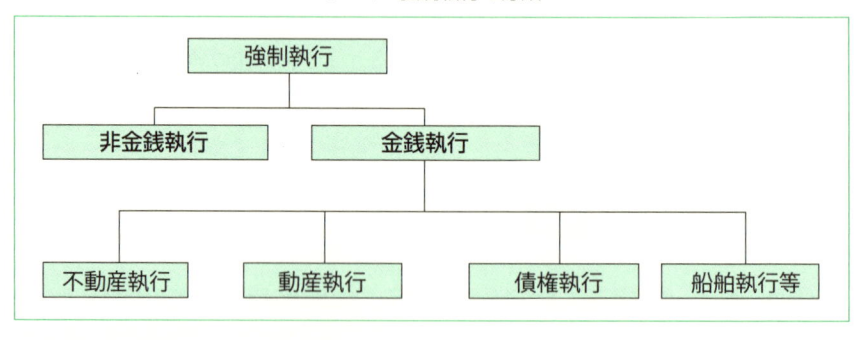

```
                  強制執行
           ┌─────────┴─────────┐
        非金銭執行              金銭執行
                    ┌──────┬──────┬──────┐
                 不動産執行  動産執行  債権執行  船舶執行等
```

【2】担保権の実行としての競売

　担保権の実行としての競売とは、抵当権、質権または先取特権に基づいて、その目的財産を競売その他の方法によって強制的に換価し、被担保債権の満足を図る手続であり(180条以下)、民事執行法に規定されているものをいう。

【3】形式的競売

形式的競売には、留置権による競売と、民法・商法その他の法律の規定による換価のための競売(狭義の形式的競売)とがある。

この場合には、担保権の実行としての競売の例によるが(195条)、請求権の実現を直接その目的とするものではないので、形式的競売とよばれる。

後者(狭義の形式的競売)の例としては、共有物分割のために行う競売(民258条1項、264条、家審15条の4第1項)、商人間の売買の目的物の保管のための競売(商524条、527条)などがあげられる。

【4】財産開示手続

平成15年の民事執行法の改正により、強制執行または担保権実行によって金銭債権の完全な弁済が得られない場合において、確定判決等の債務名義を有する債権者または一般の先取特権者の申立てにより、一定の要件のもとで債務者に自己の財産を開示させる手続が認められた。これを財産開示手続という(なお、債務名義については、第2章2で詳述する)。

財産開示手続は、強制執行または担保権実行とはいちおう独立した手続であるが、強制執行の対象財産を発見することを目的とするものであるから、強制執行の補助的な手続ということができる。

3 強制執行手続の種類・態様

【1】金銭執行と非金銭執行

(1)分類の視点
強制執行手続は、実現すべき請求権(執行債権)が金銭債権であるか、それともその他の請求権であるかによって、金銭執行と非金銭執行とに分類することができる。

(2)金銭執行
金銭執行は、①債権者の申立て、②財産の差押え(処分禁止)、③換価、④債権者などの満足(配当)という4段階からなる共通の手続構造を有する。

1—5　金銭執行の手続構造

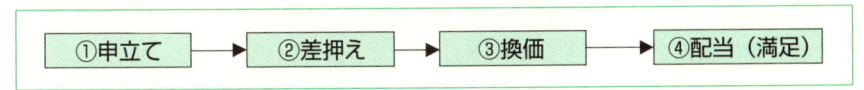

①申立て → ②差押え → ③換価 → ④配当(満足)

また、金銭執行は、債権者が執行の対象として選択した財産の種類によって手続の分類が分かれる。具体的には、**不動産執行**、**動産執行**、**債権その他の財産権に対する執行**という分類である。

さらに、船舶、航空機、自動車および建設機械等は、本質的には動産であるものの、登記または登録の制度があるので、動産執行の手続によるのではなく、むしろ不動産に近似した特別の執行手続が用意されている。

(3)非金銭執行

非金銭執行は、実現すべき請求権の内容によって手続が異なっている。

具体的には、不動産の引渡し・明渡し、動産の引渡し、代替的作為、非代替的作為、不作為および意思表示(登記手続を求める請求権など)という種類がある。

【2】強制執行の態様

(1)総説——分類の視点

強制執行は、国家(執行機関)が請求権の実現のために債務者に対して加える強制の態様によって、直接強制、代替執行および間接強制の3種類に分類することができる。以下、順にみていくことにする。

(2)直接強制

直接強制とは、目的財産に対する所有者(債務者)の支配を強制的に排除して請求権を実現する執行方法をいう。言い換えると、債務の内容をそのまま実現させるという強制の仕方のことである。

金銭執行ならびに不動産の引渡し・明渡しおよび動産の引渡しの執行では、直接強制の方法が用いられている。

(3)代替執行

代替執行とは、債務者から費用を取り立て、これをもって第三者または債権者をして債務者に代わって給付内容を実現させる執行方法をいう。

作為を求める請求権のうち、債務者以外の者がその作為をなすことでも実現可能なもの、すなわち代替性のあるもの(代替的作為請求権)、および不作為債務の違反結果の除去・将来のための適当処分の執行については、原則として代替執行の方法が用いられる(民414条2項、3項、民執171条)。

たとえば、家屋を取り壊す債務や通行妨害の障害物の撤去などの強制があげられる。そのほか、謝罪広告の強制があげられる。すなわち、名誉毀損をした加害者が被害者のために謝罪広告をなすべきなのに(民710条、723条)、これを行わない場合には、新聞に謝罪広告を掲載させることができるので、謝罪広告の新聞への掲載を命ずる判決

に基づき、新聞にこれを掲載させ、その費用を加害者から強制的に取り立てることによって債権の実現が可能となるのである。

(4)間接強制
間接強制とは、債務者に対して履行の遅滞・不履行の際に相当額の金銭を債権者に支払うべきことを命じ、不利益の予告による心理的圧迫を通じて請求権を実現しようとする執行方法をいう。

代替性のない作為および不作為の請求権については、間接強制の方法が用いられている。言い換えると、不代替的作為義務(証券に署名すべき義務、株主の名義変更をすべき株式会社の義務など)および不作為義務(夜9時以降朝7時まで航空機の離発着をしない債務、70デシベル以上の音をださない債務など)については、間接強制の方法が用いられる。

ただ、平成15年の民事執行法の改正により、代替性作為請求権等についても、債権者の申立てがあるときは、間接強制の方法によることもできることとなった(民執173条)。

【3】本執行・仮執行・保全執行
(1)本執行・仮執行
仮執行宣言付判決または仮執行宣言付支払督促に基づく強制執行を**仮執行**といい、それ以外の債務名義に基づく強制執行を**本執行**という。

両者は、満足的段階まで進められる点では相違はないが、本執行の効果が終局的であるのに対し、仮執行の効果は仮定的である点において、違いがある。

(2)保全執行
仮差押え・仮処分は、将来の強制執行の保全または本案訴訟の終結までの権利関係の暫定的保全を目的とするものであり、これらを総称して**保全執行**という(民保2条2項)。

保全執行には、保全名義(仮差押命令・仮処分命令)を必要とする。

第1章　民事執行の概要

2. 執行手続の主体

1 執行当事者・代理人

【1】執行当事者
(1)債権者・債務者

　強制執行や担保権実行などの民事執行は、申立てにより、執行機関の手によって行われる。これらの民事執行の手続を求める者を**執行債権者**または**債権者**といい、民事執行を受ける者を**執行債務者**または**債務者**とよぶ(本書では、「債権者」、「債務者」の表現で統一することにする)。この債権者と債務者とが**執行当事者**となる。

> 　ここで使用されている債権者、債務者という概念は、手続法上の概念であって、民法など実体法上の概念とは異なることに注意してください。
> 　たとえば、Aが所有している土地をBが不法占拠しており、AがBに対して所有権に基づき物権的請求権を行使する場合において、AはBに対する土地明渡しを命ずる確定の勝訴判決に基づいて土地明渡しの強制執行の申立てをしたとします。このケースにおいては、Aは、実体法上は所有者(物権者)ですが、手続法上は**債権者**であり、Bは、実体法上は無権利者ですが、手続法上は**債務者**なのです。

(2)当事者能力

　執行当事者となるための能力(**当事者能力**)は、判決手続の場合と同様である(民執20条・民訴28条、29条)。たとえば、法人格のない社団・財団も執行当事者となることができるし、その財産は、構成員の固有財産から独立して執行の対象とされる。

　もっとも、代表者・管理人等の所有名義で登記された不動産のように、社団・財団以外の所有財産たる外観を備えるものについては、それらの者に対する執行文の付与(民執27条2項)を受けないと、差押えをすることができない。

(3)訴訟能力

　訴訟能力についても、民事訴訟法の規定が準用される(20条)。

まず、債権者は、執行の申立てをしたり、配当要求をしたりするなど、みずからの意思で執行手続を起動させる行為をするので、常に訴訟能力が必要である。
　これに対して、債務者は、執行手続上、一般的には受け身の立場にあるから、訴訟能力は原則として不要である。ただし、審尋を受けたり、債務名義や裁判の送達を受領したり(29条、145条3項、159条2項)、あるいは、みずから執行抗告や執行異議の申立てをしたりするなど、手続の主体として重要な役割を果たす場合にかぎっては、訴訟能力が必要であると解されている。

(4)当事者適格
(a)意義
　特定の請求権または担保権の執行について、債権者または債務者となることができる資格を**執行当事者適格**という。①強制執行においては、基本となる債務名義の執行力の主観的範囲によって定まる(23条)。また、②担保権実行手続においては、担保権者またはその承継人が債権者としての適格をもち、担保目的物の所有者またはその他の権利帰属者が債務者としての適格をもつ。
　当事者適格の審査は、①強制執行の場合には、執行文付与の手続において行われる(仮執行宣言付支払督促に基づく強制執行のように執行文が不要とされているときには〔25条ただし書〕、この点の審査はなされない)。②担保権実行手続の場合には、執行機関が、手続の開始にあたって提出される文書(181条)の記載に照らして判断することになる。

(b)執行手続開始後の当事者の変動
　執行手続開始後に債権者または債務者につき当事者適格の承継があった場合には、執行の続行を求める債権者は、**承継執行文**(債務名義に記載された当事者以外の者を債権者または債務者とする執行文をいう。承継執行文については、**第2章3**で詳述する)の付さ

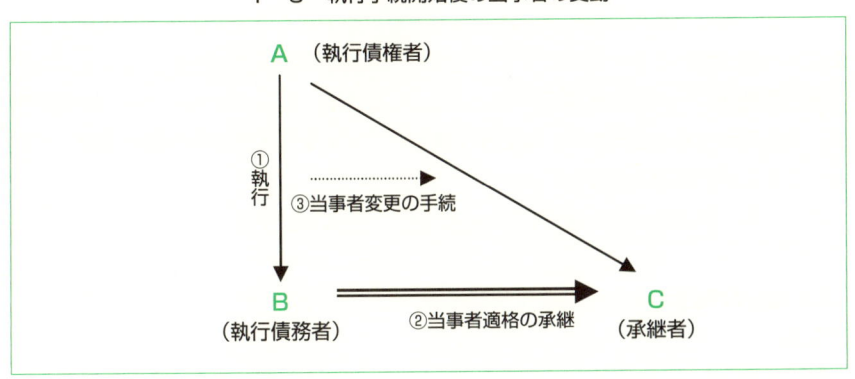

1-6　執行手続開始後の当事者の変動

```
        A （執行債権者）
        │ ＼
     ①  │   ＼
     執  │     ＼
     行  │ ③当事者変更の手続
        │         ＼
        │           ＼
        ▼             ▶
        B ━━━━━━━━━▶ C
    （執行債務者） ②当事者適格の承継 （承継者）
```

れた**債務名義**(一定の給付請求権の存在と範囲とを記載した文書で法律により執行力が認められたものをいう。債務名義については**第2章2**で詳述する)の正本の提出などの当事者変更の手続をとることを要する(民執規22条1項、なお、債務者が死亡した場合の強制執行の続行ついては、民執41条を参照のこと)。

【2】代理人

　当事者は、民事執行の手続を代理人によって追行することができる。そして、執行手続の内容は、定型的であり法定されているから、判決手続と比べると当事者(代理人)の行為によって左右される面が少ない。したがって、代理制度の規律はゆるやかなものとなっている(ただし、弁護72条〔非弁護士の法律事務の取扱い等の禁止〕による規制は及ぶ。なお、司書3条1項6号ホ参照)。

2 執行機関

【1】執行機関の意義・分離

(1)執行機関の意義

　執行機関とは、民事執行の実施を担当する国家機関をいう。執行機関は、**裁判所**と**執行官**とによって構成される(民執2条)。

(2)執行機関の分離

　迅速かつ効果的な請求権の実現のために、執行手続を担当する国家機関(執行機関)は、判決手続を担当する機関から分離されている。これを**判決手続と執行手続の分離**という。

　そして、執行手続のなかには、法的判断の要素が少なく事実上強制力を行使することに重点がおかれるものもあることを考慮し、①複雑な法律判断を含む行為については**執行裁判所**に、②事実的要素の多い行為・実力行使にわたる行為については**執行官**に、それぞれ手続を担当させ、裁判所全体として人的資源の効率的な投入を図っている。これを**執行機関の分離**という。

　以下では、執行裁判所と執行官についてみていくことにする。

【2】執行裁判所

(1)意義

　執行裁判所とは、民事執行につき裁判所に委ねられた権限、すなわち執行処分の実

施その他の執行手続への関与を職分とする裁判所をいう。

執行裁判所の権限は、①民事執行に関しての執行処分と、②執行官の行う執行処分に関する執行異議の処理や執行官の職務についての協力および監督である。

(2) 管轄

職分管轄は原則として地方裁判所であるが(裁25条)、代替執行(民執171条1項)および間接強制(172条)については、簡易裁判所あるいは家庭裁判所が執行裁判所となることもある。

土地管轄は、裁判所が行う民事執行については、執行処分を行うべき裁判所である。執行官が行う執行処分に関しては、その執行官の所属する地方裁判所をもって執行裁判所とする(3条)。

民事執行法に規定する裁判所の管轄は、専属管轄である(19条)。

(3) 手続

(a) 任意的口頭弁論

執行裁判所のする裁判は、口頭弁論は経ないですることができ(4条)、決定の形式によるのが原則となっている(民訴87条1項参照)。

もっとも、第三者異議の訴えおよび配当異議の訴えは、執行裁判所が管轄するものであるが(民執38条3項、90条2項)、通常の訴訟事件であることから、例外的に口頭弁論は必要的なものとなっている。

(b) 審尋

執行裁判所は、執行処分に際し、必要ありと認めるときは、当事者のみならず利害関係を有する者その他参考人を職権で審尋することができる(5条)。

【3】執行官

(1) 意義

執行官とは、官署としての地方裁判所におかれ、法律の定めるところにより、裁判の執行、裁判所の発する文書の送達その他の事務を行う独立かつ単独制の国家機関をいう。

執行官が民事執行につき直接の執行機関となるのは、主として、事実行為を要する執行処分による執行である。

執行官は、原則として所属する地方裁判所の管轄区域内において、その職務を行う(執官4条)。

(2)手続
(a)職務の確保
執行官は、職務の執行に際し抵抗を受けるときは、その抵抗を排除するために、威力を用い、または警察上の援助を求めることができる(民執6条1項本文)。

(b)立会い
以下の場合において、執行官または執行裁判所の命令により、民事執行に関する職務を行う者(以下、両者をあわせて「執行官等」という)は、市町村の職員、警察官その他の証人として相当と認められる者を立ち合わせなければならない(7条)。

① 人の住居に立ち入って職務を執行する際に、住居主、その代理人、同居の親族・使用人その他の従業者で相当のわきまえのある者に出会わない場合(7条前段)

② 執行官が抵抗を排除するため威力を用い、または警察上の援助を受けて執行する場合(7条後段・6条1項)

(c)提示義務
まず、執行官等は、その職務の執行にあたっては、身分証明書を携帯し、利害関係を有する者の請求があれば、これを提示しなければならない(9条)。

次に、執行官等は、日曜日その他の一般の休日または午後7時から翌日の午前7時までの間に人の住居に立ち入って職務をするには、執行裁判所の許可を受け(8条1項)、その許可書を職務執行の際に提示しなければならない(8条2項)。

【4】執行の補助機関等
(1)執行の補助機関
執行の補助機関とは、執行官以外で執行裁判所の命令により民事執行に関する職務を行う者をいう。たとえば、不動産等の評価人(58条)、管理人(94条)、船舶の保管人(116条)などがある。

これらの者が職務執行にあたり抵抗を受けるときは、執行官に援助を求めることができる(6条2項)。

立会人の立会い(7条)、休日または夜間の執行(8条)、資格証明書の携帯(9条)の規定も適用がある(7条から9条までの執行官「等」にあたる)。

(2)代替執行における授権決定を執行する者
代替執行における授権決定を執行する者が執行にあたり抵抗を受けるときは、執行官に援助を求めることができる(171条6項・6条2項)。

第2章 強制執行総論

1. 序説

　強制執行は、債権者の給付請求権の内容を、国家機関によって強制的に実現する制度である。したがって、給付請求権の存在は、強制執行の前提として慎重な手続のもとで、確定されなければならない。しかし他方で、強制執行手続では、債権者の給付請求権の実現を目的とするから、債権者の利益を第一に配慮しなければならない。すなわち、強制執行手続は、できるかぎり簡易・迅速に行われることが重視される。

　このように、強制執行の前提としての給付請求権の存否を判定する手続と強制執行手続とは、その性格を異にする。そのため、権利判定機関と執行機関は分離されている(**判決手続と執行手続の分離**)。すなわち、執行機関は、執行行為に専念し、債権者の給付請求権の存在といった実体法上の権利関係は、一定の文書により形式的・間接的に審査するにとどめることとした。この一定の文書が、給付請求権の存在を示す**債務名義**(確定判決など)と、債務名義の執行力の存在・範囲を公証するなどする**執行文**である(債務名義については**第2章2**、執行文については**第2章3**で詳述する)。

　もっとも、実体的要件ではあるが、確定期限の到来など一定の要件については、債権者の文書提出による証明などから、執行機関みずからが直接に判断する。これらの要件は、その調査・判断が容易であり、また、その要件の性質からいって要件がみたされればただちに執行を許すことが債権者の利益にかなうからである。この要件は、一般に、**執行開始の要件**とよばれる。

　以上のように、強制執行が行われるためには、債権者が、債務名義を入手し、申立てをして執行文を付与してもらい、執行機関に強制執行を申し立て、執行機関が執行開始の要件をみたしたと判断する、という過程を経ることが必要なのである。

2―1　強制執行手続の流れ

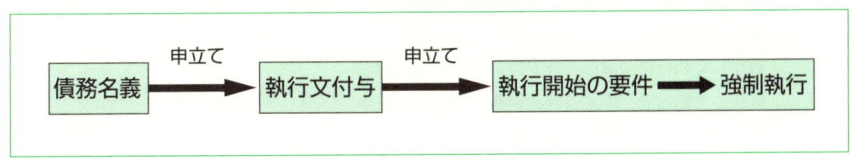

債務名義　—申立て→　執行文付与　—申立て→　執行開始の要件　→　強制執行

　本章では、強制執行の一般的な進め方について、みていく。

第2章……強制執行総論

2. 債務名義

1 債務名義の意義と役割

　債務名義とは、一定の給付請求権の存在と範囲とを記載した文書で、法律により執行力が認められたものをいう。執行機関は、この債務名義に基づいて執行手続を開始し、債務名義に記載された内容を基準にして手続を進める。

　なお、債務名義成立後に弁済があった場合など、債務名義の記載と実体法上の権利関係が一致しないこともあるが、執行機関は、形式的審査しか行わないため、これらの事情を考慮することができない。このような場合には、債務者は、権利判定手続である、執行に関する異議の手続(請求異議の訴えなど)をとる必要がある。

2 債務名義の種類

　いかなる文書が債務名義となるかについては、民事執行法22条各号において定められている。以下では、順にみていくことにする。

2—2　債務名義の種類(22条各号)

①	確定判決(1号)
②	仮執行の宣言を付した判決(2号)・損害賠償命令(3号の2)・支払督促(4号)
③	抗告によらなければ不服を申し立てることができない裁判(3号)
④	訴訟費用若しくは和解の費用の負担の額を定める裁判所書記官の処分または第42条第4項に規定する執行費用および返還すべき金銭の額を定める裁判所書記官の処分(4号の2)
⑤	執行証書(5号)
⑥	確定した執行判決のある外国裁判所の判決(6号)
⑦	確定した執行決定のある仲裁判断(6号の2)
⑧	確定判決と同一の効力を有するもの(7号)

【1】確定判決(22条1号)

　22条1号は「確定判決」としか定めていないが、債務名義となるためには、確定判決のうちでも**給付判決**でなければならない。なぜなら、確認判決は、権利等の確定自体を目的とするが、その目的は判決によって実現されるし、また、形成判決は、法律関係の変動自体を目的としているが、判決によって形成効が生じるため、両者とも、強制執行を予定していないからである。

　また、給付判決のなかには、強制的な実現をすることができず、被告の任意の履行に任せるしかない給付を内容とするものがある。このような場合には、強制執行をすることはできない。たとえば、夫婦の同居義務(民752条前段)についての「被告は原告と同居せよ。」と命じる判決は、被告の自由意思尊重の観点から、強制執行をすることは許されない。

　以上からすれば、民事執行法22条1号の「確定判決」とは、①(日本の)裁判所がなした給付判決で、かつ、②強制的に実現することが可能な特定の給付請求権を表示するものにかぎられることになる。

【2】仮執行の宣言を付した判決(22条2号)

　給付判決であっても、確定前は上訴が可能であり、上訴により判決の確定が遮断されるが、それでは債権者は執行遅延の不利益を受けてしまう。そこで、給付判決は、判決確定前であっても、仮執行の宣言が付された場合(民訴259条参照)には債務名義となる(民執22条2号)。

　ここに**仮執行宣言**とは、判決主文に、「この判決は仮に執行することができる。」と記載することをいう。これは、敗訴者に上訴による審級の利益を確保しつつ、勝訴者に対して早期の満足を図るための制度である。

　このような仮執行宣言に対しては、被告は、仮執行を止めるため、控訴の提起等に伴って執行停止・取消し等の申立てをすることができる(民訴403条1項2号から5号まで)。また、免脱宣言(民訴259条3項)が付された仮執行宣言の場合には、債務者は、免脱担保を立てて強制執行を免れることもできる(民執39条1項5号、40条1項)。

　仮執行宣言付判決に基づく強制執行は、確定判決に基づく場合と異ならず、債権者の満足にまで進むことができる。しかし、上訴審で仮執行宣言の付いた原判決が取消し・変更された場合には、仮執行宣言はその限度で効力を失い、執行力も消滅する(民訴260条1項)。この場合であっても、執行手続が完了している場合には執行の取消しをすることはできないが、債権者は、不当利得返還債務(原状回復義務)と損害賠償義務を負うこととなる(民訴260条2項、3項)。

執行手続継続中の場合には、債権者は、執行機関にその裁判の正本を提出して強制執行の停止・取消しを求めなければならない(民執39条1項1号、40条)。

【3】抗告によらなければ不服を申し立てることができない裁判(確定しなければその効力を生じない裁判にあっては、確定したものにかぎる)(22条3号)

決定または命令で、その性質上抗告をすることができるもので、強制的実現になじむような具体的給付請求権を宣言するものでなければならない。

典型例としては、不動産引渡命令である(83条1項本文、4項、5項)。そのほかには、不動産執行における保全処分(55条7項、68条の2第4項、77条2項)、代替執行の費用前払決定や間接強制の制裁金支払決定(171条4項、172条1項)などがある。

【4】仮執行の宣言を付した損害賠償命令(22条3号の2)

平成19年6月に成立した「犯罪被害者等の権利利益の保護を図るための刑事訴訟法等の一部を改正する法律」により新たに加わった債務名義である。

犯罪被害者および遺族に簡易迅速に損害賠償を受けさせるために、この法律によって**損害賠償命令制度**が導入されたことに伴い、加害者に対する損害賠償命令に仮執行宣言を付することができることとなった。それが新たな債務名義として認められたものである。

【5】仮執行の宣言を付した支払督促(22条4号)

金銭などの給付請求権の債権者から申立てがあると、簡易裁判所の裁判所書記官は、債務者を審尋せずに、支払督促を発し(民訴386条1項)、債務者に送達し(民訴388条1項)、債務者が、支払督促が送達された日から2週間以内に督促異議(民訴386条2項)を申し立てなかった場合には、債権者の申立てに基づき、支払督促に仮執行宣言を記載して、再度債務者に送達する(民訴391条)。これが、民事執行法22条4号の「**仮執行の宣言を付した支払督促**」として債務名義となる。その後、さらに2週間を経過すると、支払督促は確定判決と同一の効力を有することとなる(民訴393条、396条)。これが、後述する民事執行法22条7号の「**確定判決と同一の効力を有するもの**」として債務名義となる。なお、債務者からの督促異議があると、支払督促の申立ての時に訴えの提起があったものとみなされ、通常の判決手続に移行する(民訴395条)。

この一連の手続は**督促手続**とよばれ、このように金銭その他の代替物または有価証券の一定の数量の給付を目的とする請求につき、督促手続において簡易裁判所の書記官が発する処分を**支払督促**という。その趣旨は、債務者が支払督促を争わないと思わ

2−3 督促手続の流れ

```
               債権者の申立て
                    ↓
        ┌─────────────────────┐
        │ 支払督促の発付および送達 │
        └─────────────────────┘
               債権者の申立て
                    ↓
   債務者が2週間以内に督促        債務者が2週間以内に督促
   異議の申立てをしない場合       異議の申立てをした場合
                    ↓
   これが     ┌─────────────────────┐
   債務名義になる→│ 仮執行の宣言と仮執行の宣言を付した │
   (22④)    │ 支払督促（22④）の送達        │
            └─────────────────────┘

   債務者が2週間以内に督促        債務者が2週間以内に督促
   異議の申立てをしない場合       異議の申立てをした場合
                    ↓
        ┌─────────────────────┐
        │ 確定判決と同一の効力を有するもの │
        │ （22⑦）として債務名義となる    │
        └─────────────────────┘

        ┌┄┄┄┄┄┄┄┄┄┄┄┄┄┄┄┄┄┐
        ┊     訴え提起の擬制      ┊
        ┊         ↓           ┊
        ┊       判決手続へ       ┊
        └┄┄┄┄┄┄┄┄┄┄┄┄┄┄┄┄┄┘
```

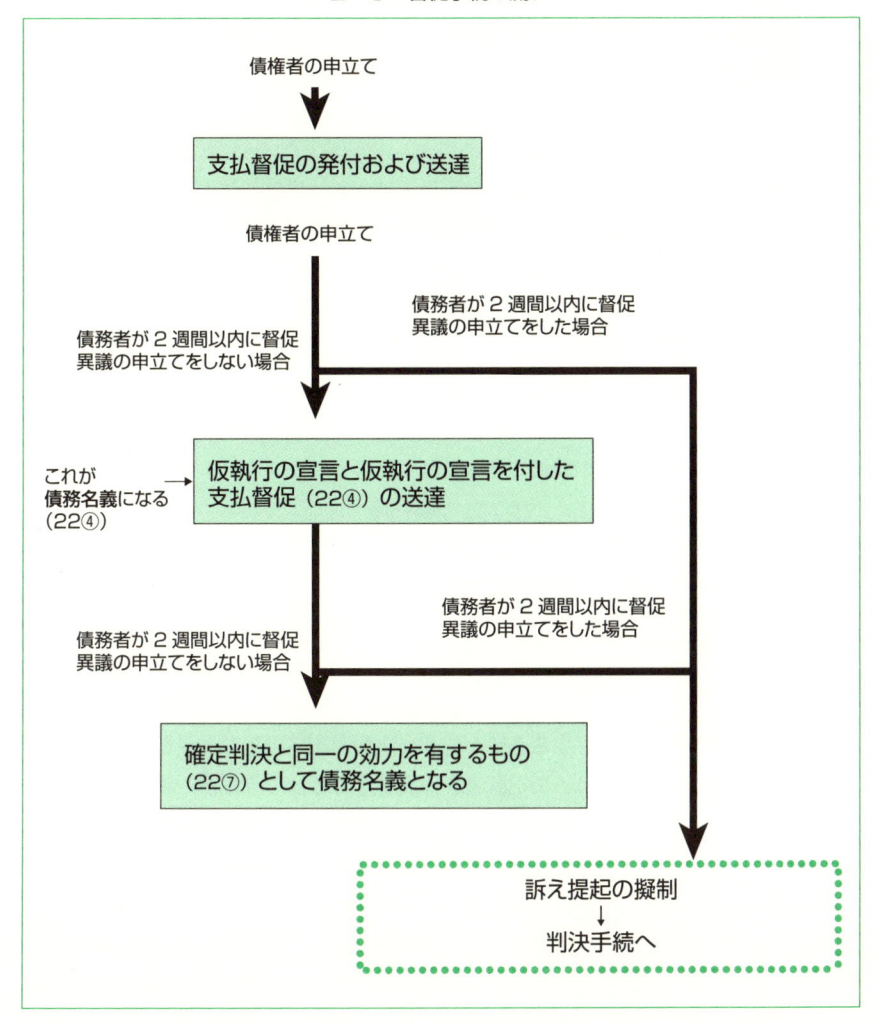

れる場合において、債権者に簡易迅速に債務名義を取得させようとすることにある。また、請求権の種類を制限している趣旨は、請求権が存在しなかった場合を考慮して損害を金銭によって回復できるようにしておく点にある。

【6】訴訟費用・和解の費用の額を定める裁判所書記官の処分または民事執行法42条4項に規定する執行費用および返還すべき金銭の額を定める裁判所書記官の処分(後者の処分にあっては、確定したものにかぎる)(22条4号の2)

訴訟費用・和解の費用の負担を定める裁判所書記官の処分(民訴71条、72条)や、債務者が負担すべき執行費用のうち金銭執行の手続で同時に取り立てられなかったものおよび民事執行法42条3項により債権者が債務者に返還すべき金銭の額を定める裁判所書記官の確定した処分(42条4項)が、これにあたる。

【7】執行証書(22条5号)

執行証書とは、金銭の一定の額の支払またはその他の代替物もしくは有価証券の一定の数量の給付を目的とする請求について公証人が作成した公正証書で、債務者がただちに強制執行に服する旨の陳述が記載されているものをいう。

2—4　執行証書

| 公正証書※ | + | 執行受諾文言 | = | 執行証書 |

※請求権の種類が金銭等の給付に限定されていることに注意してほしい

金銭等の給付をその内容とする必要があり、建物明渡請求権のような特定物の給付を目的とする請求については、公正証書を作成することはできるが、執行証書とはならない。このように、請求権の種類を制限している趣旨は、支払督促の場合と同様に、請求権が存在しなかった場合を考慮して損害を金銭によって回復できるようにしておく点にある。

執行証書は、訴訟その他の手続による給付義務の確定を待たず、まったく裁判所の関与なく成立する。そのため、作成手続が簡便で、多用される一方、金額の一定性をめぐる問題や、執行受諾文言の有効・無効をめぐる問題など、紛争が生ずることも多い。

2—5　執行証書の成立要件

①	一定の数量の給付
②	適式に作成された公正証書であること
③	執行受諾の意思表示

執行証書が成立するための要件は、①一定の数量の給付、②適式に作成された公正証書であること、③執行受諾の意思表示である。以下、順にみていくことにする。

(1)①一定の数量の給付
　まず、請求権が公正証書に表示され、特定されていることが必要である。証書上の記載が実体法上の請求権の内容と一致していなくても、債務名義自体としては有効であるが、その執行力は、請求異議の訴えを通じて実体法上の請求権に合わせて修正される。この点について、判例は、事実と一致しない公正証書は債務名義としての効力を有しないと判示しているが(最判平成6年4月5日判時1558号29頁)、その判例の趣旨については、請求異議訴訟を通じて執行力が排除されるとするものと解すべきである。請求異議の訴えについては後述する。

　次に、金額または数額の一定性が必要である。すなわち、金額または数量が公正証書に明記されているか、証書の記載のみから算定・確定しうることが必要である。これは、債務者が執行を受ける限度を明確化するためである。金額の一定性があるかぎり、期限や条件が付されていたり、反対給付にかかる請求権や将来の請求権であったりしてもよい(将来の請求権については、後述する事後求償権に注意してほしい)。

　この金額の一定性については、以下の点が特に問題とされている。

(a)割賦販売契約における場合
　割賦販売契約においては、債務の分割弁済を予定しているため、債務が時間とともに減っていくこととなるため、金額の一定性が問題となる。この点について、判例は、「債権に対する一部弁済があったときでも、その残額についての強制執行のため右公正証書が債務名義たる効力を有することは、いうまでもない」とし、債務名義としての効力を認めた(最判昭和46年7月23日判時643号37頁)。

　さらに、割賦代金債務の不履行があって解除がなされた場合において、違約金請求権や、目的物を回収しこれを処分・評価してはじめて定まる不足額請求権について、その記載が公正証書にあるとき、金額の一定性があるといえるかが問題となる。請求額が、目的物処分・評価額に依存し、この額は、実際に処分・評価するまでは決まらないからである。この点について、裁判例ではその結論が分かれている。肯定例としては、福岡高決昭和35年6月24日判時234号20頁、仙台高決昭和35年11月17日下民集11巻11号2471頁などが、否定例としては、東京高決昭和36年5月9日下民集12巻5号1028頁、東京高決昭和49年8月15日下民集25巻5＝8号731頁などがある。

2-6 割賦販売契約における金額の一定性

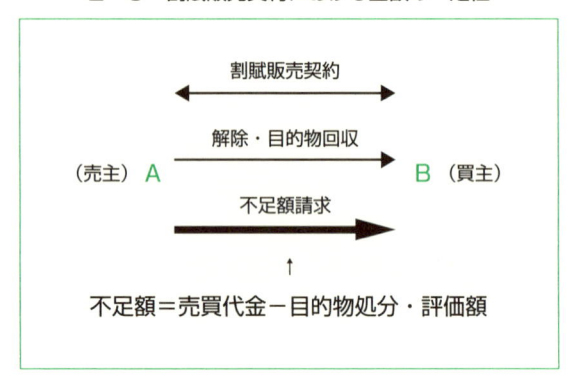

```
              割賦販売契約
         ←──────────────→
            解除・目的物回収
(売主) A ──────────────→ B (買主)
             不足額請求
         ━━━━━━━━━━━━━▶
                ↑
    不足額＝売買代金－目的物処分・評価額
```

(b) 当座貸越契約、根抵当権設定金銭消費貸借契約など

　当座貸越契約や根抵当権設定金銭消費貸借契約のような極度額を定めてその範囲で与信を行う契約について作成された公正証書は、金額の一定性を欠き、執行証書とはなりえない（名古屋高決昭和30年5月7日判時58号14頁）。

(c) 委託を受けた保証人の求償権

　事前求償権（民460条）については、その額は債務者が借りた元本と利息あるいは遅延損害金であるから、一般に金額の一定性が認められる。

　これに対して、事後求償権（民459条）については、金額の一定性が認められるか否かについて争いがある。この点については、裁判例の主流は、求償権の範囲が保証人の実際に支払った額に依存するため、債務名義として認めない（大阪高決昭和47年10月12日下民集23巻9＝12号540頁、岐阜地決昭和57年5月17日下民集33巻5＝8号866頁、大阪高決昭和58年6月8日下民集34巻5＝8号556頁）。もっとも、裁判例のなかには、求償しうる限度が一定額として明示され、かつ、執行文付与時に債権者に代位弁済の事実とそ

2-7 事後求償権の金額の一定性

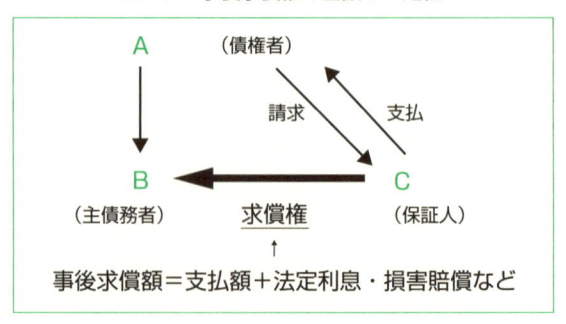

```
         A      (債権者)
         │          ↖
         │    請求   支払
         ↓          ↘
         B  ◀━━━━━━  C
       (主債務者)  求償権  (保証人)
                   ↑
    事後求償額＝支払額＋法定利息・損害賠償など
```

の額を証明させ、これを表示していることを理由に債務名義としての効力を認めたものもある(神戸地姫路支決昭和60年4月19日判タ560号196頁)。

(2)② 適式に作成された公正証書であること

　公証人は、法令に違反した事項、無効の法律行為および行為能力の制限により取り消しうる法律行為につき公正証書を作成してはならない(公証26条)。もっとも、この規定は、公証人が公正証書作成にあたって、これらの点につき疑いがあるときは、関係人に注意をし、かつ、その者に必要な説明をさせなければならない(公証規13条)という職務規律にすぎず、それ以上の実体的審査をする権限や義務を公証人に与えるものではないとされている。したがって、このような瑕疵ある法律行為について作成された公正証書であっても、当然に無効となるわけではない。

　それでは、代理人が、代理人であることを明らかにせず、本人と称して、公正証書の作成嘱託や署名をすることで作成された公正証書の効力はどうなるであろうか。判例は、このような執行証書を無効としている(最判昭和51年10月12日民集30巻9号889頁〔執保百選5①事件〕、最判昭和56年3月24日民集35巻2号254頁〔執保百選5②事件〕)。なぜなら、代理人による嘱託の場合の法定の証書作成手続を遵守すべきであるからである。

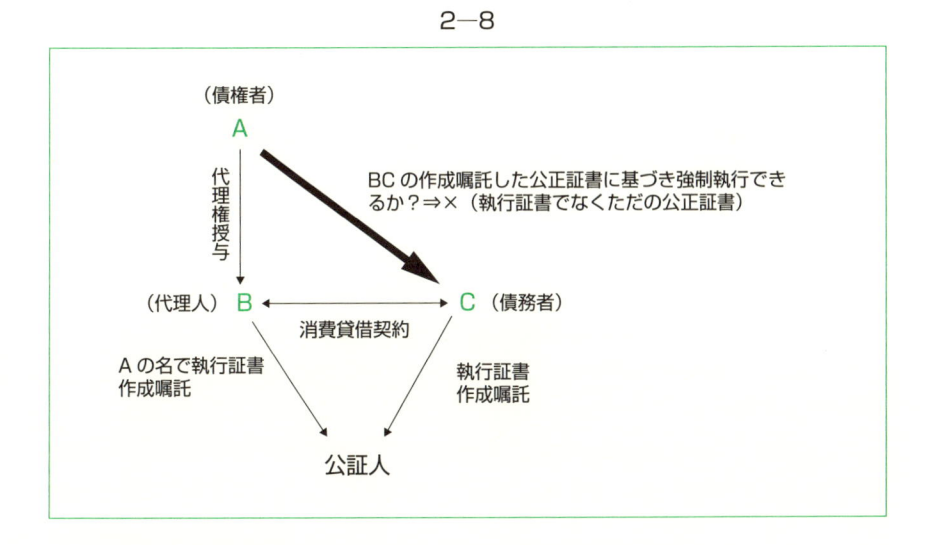

2—8

```
(債権者)
   A
   │  ＼
代 │    ＼  BCの作成嘱託した公正証書に基づき強制執行でき
理 │      ＼ るか？⇒×（執行証書でなくただの公正証書）
権 │        ＼
授 │          ＼
与 │            ↘
(代理人) B ←──→ C (債務者)
         消費貸借契約
   Aの名で執行証書          執行証書
   作成嘱託                  作成嘱託
         ↘        ↙
           公証人
```

(3)③ 執行受諾の意思表示

　執行受諾の意思表示は、作成にあたって裁判所が関与せず実体法上の権利関係の存否が審査されない公正証書に、債務名義としての効力を認める根拠として、重要なものである。その性質は、執行力という執行法上の効果を生ずるものであるから、公証

人に対する訴訟行為である。

　執行受諾の意思表示については、表見代理や意思表示の瑕疵・不存在に関する民法上の規定の適用があるのかという問題がある。訴訟行為には、一般に、民法の適用がないと解されているが、執行受諾の意思表示は取引契約と一体的になされるため、民法を適用すべきとも思えるため問題となる。この点について、判例は、表見代理に関する民法109条、110条の規定については執行受諾の意思表示に適用されないとしているが(最判昭和32年6月6日民集11巻7号1177頁〔執保百選19事件〕、最判昭和33年5月23日民集12巻8号1105頁)、他方、民法95条は執行受諾の意思表示に適用されるとしている(最判昭和44年9月18日民集23巻9号1675頁)。執行受諾の意思表示の重要性からすると、民法95条を適用するのは債務者保護の観点から妥当であろう。そして、このような観点からすれば、詐欺・強迫(民96条)の場合についても、同様に解すべきであろう。裁判例のなかには、制限行為能力者の詐術により取消しが許されないときでも、執行受諾の意思表示は無効のままであるとしたものがある(東京地判昭和14年12月2日評論29巻民訴53頁)。

　なお、双方代理に関してもいくつかの判例がある。すでに当事者間において取決め済みの契約条項を公正証書にするためにのみ代理人が選任された事例においては、このような代理人の行為も民法108条の法意に反せず、その公正証書を有効とした(最判昭和26年6月1日民集5巻7号367頁)。他方で判例は、債権者代理人として債務者と折衝をした弁護士が債務者の代理人として作成に関与した公正証書を無効としている(最判昭和32年12月24日民集11巻14号2363頁)。これは、「相手方の協議を受けて賛助し、又はその依頼を承諾した事件」の職務を行ってはならないとする弁護士法25条1号に反する行為であるからである。

【8】 確定した執行判決のある外国裁判所の判決(22条6号)

　外国裁判所の判決(外国判決)の場合には、日本で強制執行を許しても問題がないかを審査する必要がある。ただ、強制執行するためには、執行機関にこの点を審査させることは妥当でないため、通常の訴訟手続において、強制執行を許す旨の判決(**執行判決**)が必要とされている。この執行判決と外国判決とが合体して1つの債務名義となる。

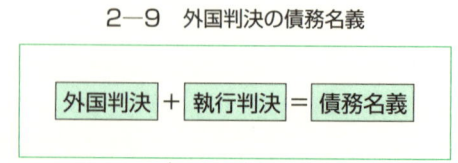

2—9　外国判決の債務名義

外国判決 ＋ 執行判決 ＝ 債務名義

執行判決を求める訴えは、原則として、債権者が債務者の普通裁判籍の所在地を管轄する地方裁判所に提起する(24条1項)。この訴訟では、外国判決が確定し民事訴訟法118条の要件をみたしているかが調査される(最判平成10年4月28日民集52巻3号853頁〔執保百選7事件〕)。裁判の当否は、この要件に関わらないかぎり審査されない(民執24条2項)。裁判所は、外国判決の存在が証明されない場合には訴えを却下し、外国判決承認の要件がないと判断された場合には請求を棄却する。要件があると判断した場合には、判決主文で外国判決による強制執行を許す旨を宣言しなければならない(24条4項)。

　この訴訟のなかで、被告である債務者が、外国判決に記載された給付請求権について、判決基準時後に発生した消滅・変更などの請求異議事由を主張することができるかが問題となる。この点については、訴訟経済の観点から、請求異議事由の主張をすることができると解すべきであろう。このように解すると、執行判決後は、請求異議事由の主張は既判力により遮断されることとなる。

【9】確定した執行決定のある仲裁判断(22条6号の2)

　仲裁判断は、私人間の仲裁契約に基づいて、第三者である仲裁人が当事者間の紛争を解決するために行う判断である。仲裁判断は法定の事由が存在するときには取消決定によって取り消されるから(仲裁44条)、取消事由が存在するかを執行前に審査する必要がある。そこで、強制執行を行うためには、執行決定が必要となる(仲裁45条1項)。なお、迅速に執行を行うため、判決ではなく、決定とされている。この執行決定と仲裁判断が合体して1つの債務名義となる。

2—10　仲裁判断の債務名義

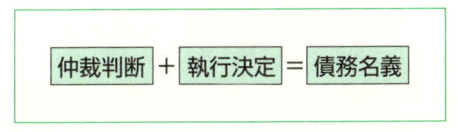

仲裁判断 ＋ 執行決定 ＝ 債務名義

　仲裁判断の取消しまたは効力停止の申立てがあった場合には、執行決定の申立てについての審理は、その申立ての係属している裁判所の判断により中止されることがある(仲裁46条3項)。取消事由に関する判断が矛盾することを避ける趣旨である。また、執行決定が確定した後は、仲裁判断取消しの申立てをすることができない(仲裁44条2項)。

　外国仲裁判断については、いくつかの条約がある。条約の適用がない外国仲裁判断の執行決定については、仲裁法の手続による(仲裁45条1項括弧書)。

【10】確定判決と同一の効力を有するもの(22条3号に掲げる裁判を除く)(22条7号)

「確定判決と同一の効力を有するもの」とは、前述したように、たとえば支払督促が確定判決と同一の効力を有するにいたった場合である。

そのほかにも、裁判上の和解調書(民訴267条・275条)、請求認諾調書(民訴267条)、和解に代わる決定(民訴275条の2)、調停調書または調停に代わる決定(民調16条、18条3項、24条の3、家審21条)、労働審判書・労働審判調書(労審20条3項から7項まで、21条4項)などがあげられる。

3 給付請求権の記載

強制執行は、原則として、債権者の債務者に対する給付請求権を記載した債務名義に基づいて(債務名義が不要の場合につき、民執42条2項参照のこと)、その権利を実現するためになされる。

給付請求権の記載については、一般に、次のような点が問題となる。

【1】債権者・債務者が特定し、適格性を有していること

具体的な執行手続での当事者の確定は、その執行手続の基礎となる債務名義の正本によって定まる。

執行当事者適格、すなわち特定の請求権または担保権の執行について、債権者または債務者となることができる資格は、民事執行法23条に定められている。

⑴執行証書以外の債務名義による場合
　①債務名義に表示された当事者(23条1項1号)
　②債務名義に表示された当事者が他人のために当事者となった場合のその他人(23条1項2号)

主として、第三者の訴訟担当における利益帰属主体である。破産管財人、選定当事者または代表訴訟における株主を当事者と表示する債務名義の効力は、それぞれ、破産者、選定者または会社に対してまで及ぶ。

　③上記①②に該当する者の債務名義成立後の承継人(判決にあっては口頭弁論終結後の承継人)(23条1項3号)

当事者に変動があった場合において、強制執行をするために新たに債務名義が必要であるとするのでは、手続が遅延してしまうし、債権者に酷である。そのため、執行

力が債務名義成立後の承継人にまで拡張されている。ここの承継人には、一般承継人と特定承継人とが含まれる。

2—11　債務名義成立後の承継人

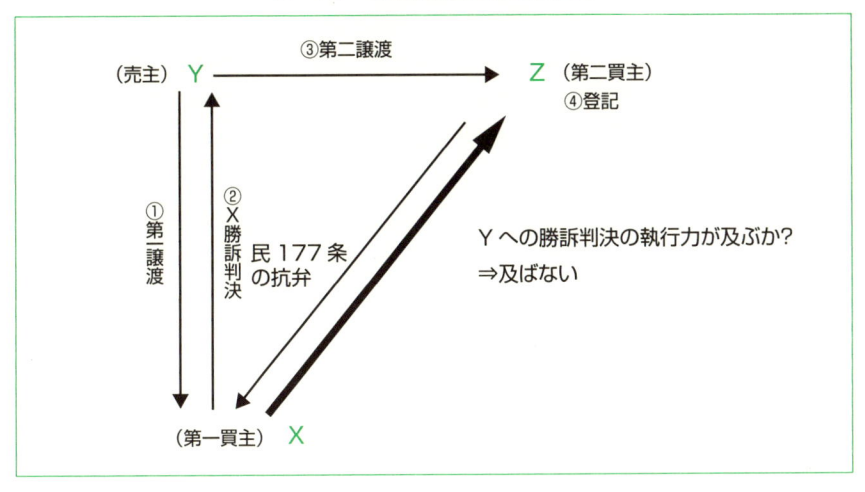

```
(売主) Y ──③第二譲渡──→ Z (第二買主)
       │                    ④登記
    ①  │②
    第  │X     Yへの勝訴判決の執行力が及ぶか？
    一  │勝  民   ⇒及ばない
    譲  │訴  177
    渡  │判  条
       │決  の
       │    抗
       ↓    弁
(第一買主) X
```

　なお、承継人に固有の攻撃防御方法がある場合に執行力の拡張が認められるかが問題となる。たとえば、承継人が善意取得や対抗要件の不存在、通謀虚偽表示における善意の第三者であることなどを主張できる場合である。この点について、既判力の拡張が前訴の当事者間の法律関係を後訴において争えなくなるにすぎないのと異なって、執行力の拡張を認めてしまうと、何らの訴訟によらず承継執行文の付与という簡易な手続により承継人に執行力が及んでしまい、直接的に承継人の権利を侵害される危険が大きい（承継執行文については後述する）。すなわち、承継人に固有の攻撃防御方法について争うための手続保障を与えなければならない。したがって、このような承継人に執行力の拡張は認められないと解すべきである（最判昭和48年6月21日民集27巻6号712頁〔執保百選9事件〕〔民訴百選87事件〕）。

> ★重要判例（最判昭和48年6月21日民集27巻6号712頁〔執保百選9事件〕〔民訴百選87事件〕）
> 　「Yは、本件土地につきA名義でなされた前記所有権取得登記が、通謀虚偽表示によるもので無効であることを、善意の第三者であるXに対抗することはできないものであるから、Xは本件土地の所有権を取得するに至ったものというべきである。このことはYとAとの間の前記確定判決の存在によって左右されない。そして、XはAのYに対する本件土地所有権移転登記義務を承継するものではないから、同上告人が、右確定判決につき、Aの承継人として

Xに対する承継執行文の付与を受けて執行することは許されないといわなければならない。」

④債務名義に表示された当事者等のために請求の目的物を所持する者(23条3項)

23条3項は、特定物の引渡し、明渡しについての執行に関するものである。ここにいう「所持」とは、目的物を現実に直接支配することをいう。もっぱら前記①②および③の者のために特定物を所持する者、すなわち固有の利益を有しない者にかぎられる。たとえば、当該物につき固有の権利を有しない受寄者、管理者などである。ただし、承継執行文の付与を受ける必要はある。

債務者と生計をともにする家族、使用人その他の同居人等、占有者の手足となって特定物を事実上所持するにすぎず、独立の占有を認められない者は、占有補助者とよばれる。これは、所持者には該当しないが、独立の占有が認められないため、債務者に対する債務名義に基づき、債務者とともに退去させられる。

賃借人のように独立の占有者については、その者に対する別の債務名義が必要となる(大決昭和7年4月19日民集11号681頁)。

また、法人格否認と執行力の拡張という問題がある。これは、債務名義に表示された当事者について法人格否認の法理を適用して、背後者たる個人・法人に執行力を及ぼせるかという問題である。この点について、判例は「権利関係の公権的な確定及びその迅速確実な実現をはかるために手続の明確、安定を重んずる訴訟手続ないし強制執行手続においては、その手続の性格上」、背後者に判決の既判力および執行力を拡張することは許されないとした(最判昭和53年9月14日判時906号88頁〔執保百選11事件〕)。

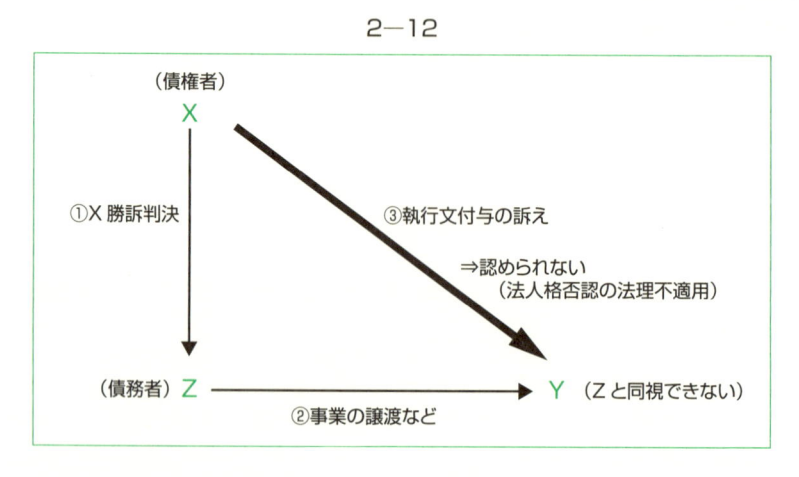

2—12

(2)執行証書による場合
　①執行証書に表示された当事者(23条2項)
　②執行証書作成後のその承継人(23条2項)
　執行証書においては、他人のために当事者となることはない。また、金銭の支払を求める請求権などについてしか執行証書は認められないため、そもそも特定物の給付請求については執行証書とはなりえず、請求目的物の所持者は問題とならない。
　したがって、執行証書以外の債務名義による場合と異なって、執行証書に表示された当事者以外には、その承継人しか債権者、債務者になれない。

【2】給付命令・給付条項が明確に表示されていること

　債務名義に表示される給付請求権は、正確かつ迅速な強制執行の実現のために、明確に表示される必要がある。したがって、判決における一定の給付義務の履行を命じた文言や、和解・調停調書や執行証書における給付を約した文言は、明確に表示される必要がある。また、給付命令や給付条項も、債務名義の中核をなす重要な記載であるから、明確に表示される必要がある。したがって、給付判決や給付条項を含む和解調書等について、給付命令や給付条項の表示が不明確である場合には、債務名義とはならないことになる。
　なお、確認判決や確認条項を含む和解調書等は、債務名義とはならない。なぜなら、これらは確認すること自体が目的であるところ、判決や和解調書の成立等によって、その目的を達成することが可能だからである。同様に、形成判決や形成条項を含む和解調書等も、債務名義とはならない。なぜなら、判決や和解調書の成立等により形成効を生じるため、その内容を強制執行によって実現する必要がないからである。

【3】給付請求権の内容が強制執行に適するものであること

　給付請求権の内容は、民事執行法22条には明確な規定がないものの、その性質上、強制執行に適したものでなければならないと解されている。なぜなら、請求権のなかには、必ずしも強制執行になじまないものもあるからである。
　したがって、給付請求権として明確に記載されていても、強制執行をすることが人格尊重の立場から許されない請求権(たとえば、夫婦の同居請求権〔民752条前段〕など)や、強制執行すると、かえって債務の本旨に従った履行が得られない請求権(たとえば、作家の執筆請求権など)を内容とする請求権については、強制執行に適するものではない以上、債務名義とはならない。

【4】給付義務の範囲・数額等が明確に表示されていること

　債務名義の内容を実現するためには、その内容が特定される必要がある。すなわち、給付の内容の範囲、数額等が直接かつ具体的に表示されていなければならない。給付の内容が性質上不特定である債務の場合にも、給付の内容が明確に表示される必要がある。たとえば、種類債務の場合にはその種類を特定するのに必要な事項が、作為・不作為債務の場合にはその具体的内容が、それぞれ明確に表示されていることが必要になる。

　給付の対象が不動産である場合には、登記事項証明書どおりに記載して特定する。かりに、建物の増改築等が行われ、登記簿上の記載と現状とが一致しない場合には、登記簿上の表示と現況の両者を併記することになる。もっとも、登記手続請求の場合には、不動産の現況ではなく登記名義がだれにあるかが問題となることから、登記簿上の表示を記載するだけでよい。

　給付の対象が金銭である場合には、確定した金額を表示する。金額が確定されていない場合には、金額を確定することが可能な具体的計算方法か、計算方法を特定することができる基礎事実が、表示されている必要がある。

　特定物の引渡請求の場合には、債務者のなすべき給付の範囲と執行対象の範囲は常に一致することになる。一方、金銭債権の場合には、原則として、債務者の全財産が強制執行の対象となるから、債務者の確定が、執行対象の画定と同義になる。

【5】付款付債務名義については、付款の内容が明確に表示されていること

　付款とは、基本条項を制約する付随的な文言のことをいう。たとえば、期限付または条件付給付義務、引換給付義務、代償請求などである。この付款は、場合により、基本条項の内容を不明確にし、その債務名義に基づく執行を不可能にするおそれがある。そこで、付款の内容が明確に記載されていることが必要となる。

　なお、付款は、執行文付与の条件となったり（民執27条1項）、執行開始の要件となったり（31条）するなど、その内容によって手続が異なる。詳しくは次節以降で述べる。

第2章 強制執行総論

3. 執行文

1 執行文の意義と必要性

【1】意義

　執行文とは、債務名義の執行力の存在と範囲を公証するため、執行文付与機関が債務名義の正本の末尾に付記した公証文言をいう（26条2項）。すなわち、執行文は、債務名義の末尾に「債権者は、債務者に対し、この債務名義により強制執行することができる。」のように記載されるものである。

　執行文付与機関は、執行証書以外の債務名義については裁判所書記官、執行証書については公証人である。裁判所書記官は、判決が確定したか、和解調書に給付文言があるかなどを審査する。公証人は、執行証書がその要件を具備しているかを審査する。

【2】必要性

　執行文は、有効な債務名義の存在、条件付債権については条件の成就などを執行機関以外の機関に審査させることで、執行機関の負担を軽減させ、執行に専念させるためのものである。

　強制執行は、原則として、この執行文の付された債務名義の正本に基づいて実施する。なお、一定の場合を除き、執行文の付与を受けないで裁判の内容を実現できるものとして、①仮執行宣言付支払督促（25条ただし書）、②少額訴訟における確定判決（25条ただし書）、③仮執行宣言付少額訴訟判決（25条ただし書）、④執行力ある債務名義の正本と同一の効力を有するもの（通説）、⑤意思表示をすべきことを命ずる債務名義（174条）、および⑥仮差押命令・仮処分命令（民保43条1項）などがある。

2—13 執行力ある債務名義(判決)の正本

```
平成○年（ワ）第○○号　　◇◇請求事件
口頭弁論終結日　平成○年○月○日
                        判　　決
                                    東京都渋谷区桜坂2丁目○番○号
                                        原告　　　　A
                                    神奈川県横浜市中央区末広町1丁目○番○号
                                        被告　　　　B
                        主　　文
    被告は原告に対し、金○○円……を支払え。
                        事実及び理由
                        ………
                                    C地方裁判所民事第○部
                                        裁判官　　　D　　㊞
```

```
これは正本である。
                                    平成○年○月○日
                                    C地方裁判所民事第○部
                                        裁判所書記官　E　㊞
```

```
債務名義の事件番号　　平成○年（ワ）第○○号
                        執　行　文
    債権者（原告）Aは、債務者（被告）Bに対し、この債務名義により強制執行をすることができる。

平成○年○月○日
                                    C地方裁判所民事記録係

                                        裁判所書記官　F　㊞
```

2　執行文の種類

　執行文には、①**単純執行文**、②給付命令・給付条項に条件や期限が付されていている場合の**条件成就執行文**、および③債務名義に記載されていない者に対して強制執行する場合の**承継執行文**があり、さらに近時、新たに執行妨害対策の方法として設けられた制度である④**不特定承継執行文**がある。これらとは別に、強制執行手続ではないが、⑤**意思表示擬制のための執行文**（民執174条1項ただし書）がある。以下、順にみて

030　2章　強制執行総論

いくことにする。

【1】単純執行文

　単純執行文とは、給付命令等の内容が単純に給付を命じるのみで、条件・期限が付かず、当事者の変動もない場合において、債権者の申立てによって付与されるもっとも基本的な執行文のことをいう。

　執行文付与のためには、一般に、債務名義が存在し、強制執行になじむ請求権が記載され、債務名義の執行力がすでに発生し存続し、執行文付与の申立人かつその相手方に執行力の及ぶことが必要である。

　以下では、単純執行文において問題となる点を検討することにする。

(1)執行機関の認定による執行開始要件

　給付命令・給付条項に条件や期限が付されていても、一定の条件・期限については、債権者が証明すべき事実であるのに、単純執行文が付与されることがある。これらは、条件成就・期限到来の判断が容易であるため、執行文付与の段階ではなく、**執行開始要件**として、執行機関みずからが判断する。①確定期限の到来後であること、②担保の提供、③引換給付の場合の反対給付の履行または提供、④代償請求の場合の主たる請求の目的不達成の事実である。これらの場合には、債権者は単純執行文の付与を受けて、執行開始要件である事実を執行開始時までに執行機関に証明することとなる。

(2)失権約款・過怠約款

　債務名義のなかには、債務者が債務不履行の場合当然に権利を失うと定められていることがある。このような条項を**失権約款**という。過怠約款、期限の利益喪失約款などである。たとえば、割賦金の支払を2回怠れば、期限の利益を失い、ただちに残金全額を支払うなどと定める約款などである。

　支払(弁済)の事実など義務を履行したことの立証責任は債務者が負うため(最判昭和41年12月15日民集20巻10号2089頁〔執保百選12事件〕は、遅滞の事実は債権者の証明すべき条件ではないとする)、債権者は、債務不履行の事実を証明することなく、単純執行文の付与を受けて強制執行の申立てをすることができる。義務を履行したと主張する債務者は、請求異議の訴えを提起することにより争うことになる。

　なお、後述する解除権留保との違いに注意してほしい。

(3)不作為義務違反

　不作為義務のなかでも、債務者が反復的または継続的不作為義務に違反して妨害物を設置している場合には、債権者はどのように妨害物を除去することができるかが問題となる。この場合には、相手方が義務に違反して妨害物を設置したときにはじめて

強制執行の必要が生じるのであるから、妨害物の設置が条件のようにも思えるからである。

しかし、債務名義成立後の不作為義務違反の事実は、執行開始の要件として、債権者が代替執行の申立てをする際に証明し、執行裁判所が判断する。したがって、執行文付与の段階では、債権者は、不作為債務の債務名義に、単純執行文の付与を受けることになる。

【2】条件成就執行文

「請求が債権者の証明すべき事実の到来に係る場合においては、執行文は、債権者がその事実の到来したことを証する文書を提出したときに限り、付与することができる」(27条1項)。一般に、この執行文のことを**条件成就執行文**という。なお、「証明すべき事実」は条件に限定されない。条件成就執行文の文言は、単純執行文と同じである。以下は、具体例である。

(1)債権者(または第三者)の先給付

先給付の事実は、金員支払の領収書、供託書などにより証明する。なお、引換給付の場合には、前述した単純執行文の付与手続によることに注意してほしい。

(2)解除権留保

解除権留保は、「Yが賃料の支払を3か月以上怠ったときは、Xは、催告することなく直ちに本件契約を解除することができる。この場合には、Yは、Xに対し、直ちに本件建物を明け渡す。」というような条項がある場合である。

契約解除などの事実は、解除通知などの文書で証明する。なお、前述した失権約款との違いに注意すべきである。

(3)不確定期限

不確定期限は、債務名義に「Yは、Aが死亡したときは、Xに対し、直ちに本件建物を明け渡せ。」というような記載がされている場合である。この場合には、死亡の事実は、Aの除籍謄本・抄本、死亡診断書などで証明する。

【3】承継執行文

(1)意義

民事執行法27条2項は、「債務名義に表示された当事者以外の者を債権者又は債務者とする執行文は、その者に対し、又はその者のために強制執行をすることができることが裁判所書記官若しくは公証人に明白であるとき、又は債権者がそのことを証する文書を提出したときに限り、付与することができる」と規定している。

すなわち、債務名義の執行力は、債務名義に記載された当事者のみならず、第三者が訴訟担当した場合の被担当者や債務名義成立後の承継人、当事者のために目的物を所持する者にも及ぶ(23条1項各号)。債務名義に記載のない者に対して強制執行する場合には、債権者は、執行文付与機関に23条の要件の充足を証明し、それを審査させ、執行文の付与を受けなければならない(27条2項)。このように、債務名義に記載された当事者以外の者を債権者または債務者とする執行文のことを、一般に、承継執行文という。

(2) 承継執行文付与

自然人の死亡、法人その他の団体の合併、売買・賃貸借・債権譲渡等の当事者の処分行為、破産管財人・遺言執行者等の管理処分権の取得、競売・転付命令等による給付請求権の権利義務についての承継等がある。

承継の基準時についてであるが、判決の場合には、事実審の口頭弁論終結時が基準時であり(民訴115条1項3号、2項)、それ以外の場合には、その債務名義成立時が基準時である(民執23条1項3号、2項)。この基準時以後の承継人については、必ず承継執行文が必要である。基準時以前に承継があった場合には、当該債務名義の効力はその承継人に及ばないから、債権者は別訴提起などにより新たな債務名義を取得する必要がある。そのような事態に対処するため、当事者恒定効を有する民事保全が利用される。

また、本来、執行文付与を必要としない場合についても、債務名義成立後に承継があったときは、承継執行文が必要である(27条2項、174条1項ただし書、民保43条1項ただし書、52条1項)。

承継等の事実の証明は、執行機関に明白である場合を除き、債権者が文書で証明しなければならない。この文書としては、戸籍謄本、限定承認を証する文書、合併を証する商業登記事項証明書、不動産登記事項証明書、債権譲渡・売買契約等の契約書、代位弁済証明書等がある。債権者等の報告書も証拠能力はあるが、証明力が不十分である場合が多い。承継執行文は、承継などの事実が明らかになるよう記載される。

なお、執行手続開始後に債務者が死亡し相続が生じた場合には、相続人に対する承継執行文は不要である(民執41条)。

【4】不特定承継執行文

【3】で述べた承継執行文は、債務名義に表示されている当事者ではないが、債務名義の執行力の及ぶ主観的範囲に入る者を特定して債権者または債務者とするものであるところ、平成15年改正により、一定の場合には、債務者を特定しない承継執行文

(**不特定承継執行文**、**債務者不特定執行文**)の付与の制度が設けられた(27条3項)。不動産の占有者を次々に入れ替えるような執行妨害に対処するためである。

一定の場合とは、不動産の明渡しの請求権についての債務名義を本案とする占有移転の禁止の仮処分(民保25条の2参照)が執行されている場合、または不動産引渡命令の引渡義務者に対して競売手続上の占有移転禁止・公示保全処分(民執55条1項3号、77条1項3号、187条1項)が執行されている場合において、これらの債務名義に基づく強制執行をする前に不動産の占有者を特定することが困難となるような特別の事情があるときである。この場合には、明渡執行を受けた者が事後的に債務者として特定される(27条4項、5項)。

【5】意思表示擬制のための執行文

登記移転手続請求の場合など、債務名義の内容が意思表示を命じるものである場合には、その裁判の確定または和解などが成立した時に意思表示があったものとみなされる(民執174条1項本文)。そのため、執行手続は不要であり、執行文付与を受ける必要もない。

しかし、債務者の意思表示に条件などが付いている場合には、執行文付与の時に意思表示があったものとみなされるため、執行文付与が必要となる(174条1項ただし書)。これを**意思表示擬制のための執行文**という。ただし、この場合でも、執行手続は不要である。

3 執行文付与の手続

「執行文の付与は、債権者が債務者に対しその債務名義により強制執行をすることができる場合に、その旨を債務名義の正本の末尾に付記する方法により行う」(26条2項)。債権者が一定の事項を記載した申立書を執行文付与機関に提出することにより、執行文は付与される(民執規16条1項)。

条件成就執行文・承継執行文付与の要件については、承継執行文付与要件が執行文付与機関に明らかである場合を除き、債権者はその提出する文書により証明しなければならない(民執27条1項、2項)。そこで、申立書には、債務名義の正本、裁判の確定を要するものについてはこれを証明する文書(民執規16条1項2号、2項)のほか、請求が債権者の証明すべき事実の到来にかかる場合はこれを証明する文書(民執27条1項)、債務名義に記載された当事者以外の者に対する場合はこれを証明する文書(27条

2項)などを添付する。

　この執行文付与の申立てに対し、執行文付与機関は、独立かつ自己の責任で、執行文付与の必要性(25条ただし書)および付与の要件を調査する。

4 執行文の再度付与・数通付与

【1】意義

　重複執行の危険があるため、執行文付与は、原則として1回にとどめられるべきである。しかし、債務者が責任財産を隠匿したり、占有を移転したりするおそれがあるため、数通の執行力ある債務名義に基づき、複数の強制執行を同時に実施することを認める必要性がある。また、執行文の付された債務名義を紛失した場合には、新たに執行文の付された債務名義を交付してもらう必要性もある。

　このように、「執行文は、債権の完全な弁済を得るため執行文の付された債務名義の正本が数通必要であるとき、又はこれが滅失したときに限り、更に付与することができる」(28条1項)。この場合には、新たに債務名義の正本の交付を受け、それに執行文の数通付与・再度付与を受けることとなる。

【2】申立書の記載事項

　執行文付与の申立書には、①債権者および債務者ならびに代理人の記載、②債務名義の記載、③再度付与・数通通知を求める旨ならびにその事由を記載しなければならない(民執規16条1項)。そして、執行文には、再度付与・数通付与がなされたことが記載される(民執規17条3項)。

第2章 強制執行総論

4. 執行開始の要件

1 総説

　強制執行の開始・続行のためには、債権者からの執行力ある債務名義の正本に基づく申立て（2条）のほか、**債務名義の正本等の送達、執行機関の認定による執行開始要件**が必要である。なお、債務者について、破産手続、民事再生手続など法的整理手続が開始された場合には、強制執行を開始・続行することができない。これらは、その事由の不存在が執行開始・続行の要件となるので、執行開始の消極要件ともよばれる。

　執行裁判所は、この執行開始の要件を職権で調査し、その要件が認められないときは、債権者にその補正を求める。補正がなく、あるいは補正できない場合には、執行申立てを却下しなければならない。

2 債務名義の正本等の送達

　「強制執行は、債務名義又は確定により債務名義となるべき裁判の正本又は謄本が、あらかじめ、又は同時に、債務者に送達されたときに限り、開始することができる」（29条前段）。これは、債務者にどのような債務名義に基づいて強制執行が行われるかを知らせ、防御の機会を保障するためのものである。

　条件成就執行文・承継執行文が付与された場合においては、執行文付与のため債権者が提出した文書の謄本も、あらかじめ、または同時に、送達されなければならない（29条後段）。例外的に、仮差押えおよび仮処分の執行（民保43条3項）、不動産競売における売却のための保全処分、最高価申出人等のための保全処分、買受けの申出をした差押債権者のための保全処分および競売開始決定前の保全処分の執行（民執55条9項、68条の2第4項、77条2項、187条5項）については、送達前でも開始することができる。

　なお、執行裁判所は送達実施機関ではないため、執行裁判所が強制執行を行う場合

036　2章　強制執行総論

には同時送達はありえない。同時執行が可能なのは、現場に赴いて強制執行を行い、送達実施機関でもある執行官が強制執行を行う場合にかぎられる。また、判決や仮執行宣言付支払督促の場合には、判決手続や督促手続において、すでに送達されている。

　必要な事前の送達なしに行われた執行行為の効力については争いがある。この点について、裁判例の多くは、執行抗告や執行異議によって取り消されないかぎり有効であり、執行が取り消されるまでの間になされた送達により瑕疵は治癒するものと解している（東京高決昭和45年5月14日判タ253号273頁など）。

3 執行機関の認定による執行開始要件

　債務名義に記載されている給付請求権に期限や条件が付いている場合であっても、執行機関が容易に判断できるものは、条件成就執行文の付与を受けるのではなく、執行機関が審査して執行を開始することとなる。執行手続の迅速化のためである。この場合には、執行文付与の段階では、単純執行文が付与される。

【1】確定期限の到来後であること(30条1項)

　平成○年○月○日、というような確定期限の場合には、執行機関が執行開始要件として審査する。債権者は、期限到来後に強制執行を申し立てればよい。確定期限が到来したかは明白であり、執行文付与の段階であらかじめ審査しておく必要性はまったくないためである。

　なお、不確定期限の場合には、執行文付与の段階で審査される。

【2】担保の提供(30条2項)

　仮執行宣言付判決(22条2号)のように、担保を立てることを強制執行の開始要件とする場合である。この場合には、担保を立てたことの証明を文書で行わなければならないので、債権者は、供託証明書や支払保証委託契約書などで証明することになる。

【3】引換給付の場合の反対給付の履行または提供(31条1項)

　引換給付判決のように、債務者の給付が反対給付と引換えにすべきである場合において、反対給付の提供を執行文付与の要件としてしまうと、執行文付与の段階での先履行が要求され、同時履行の趣旨に反することとなってしまう。もっとも、手続が積み重なっていく執行手続のなかでは完全に引換えというのは現実には難しい。そこで、

反対給付の履行または提供は、執行開始要件となっている。すなわち、執行機関が執行官である場合を除き、債権者は執行する前に、つまり相手側の履行の前に、履行・提供をし、執行開始にあたって、それを証明することが要求されている。

履行または提供の証明は、具体的には、領収書・供託書などを提出することで行う。また、執行機関が執行官である場合には、債権者が執行官に同行して反対給付を提供し、執行官にその場で確認させる方法によることもできる。さらに、執行機関が裁判所である場合には、担保の提供の場合と異なり、文書による証明が要求されていないため、債権者を審尋することで提供を確認することも可能である。

このような反対給付の履行について、債権者が、債務名義記載の債権とは別の債権を自働債権として相殺した場合において、反対給付を履行したとして、執行開始の要件をみたしたとしてよいかが問題となる。たしかに、実体法上は、このような相殺は原則として有効であるし、また、民事執行法31条1項は、給付の履行の方法について特に制限していない。しかし、相殺は、自働債権の存否、相殺適状の有無、相殺の意思表示の存否・効力といった実体法上の要件について判断しなければならないところ、執行機関は、これらの点につき判断する能力をもっていない。よって、債務者が相殺を認める書面を提出するなど、執行機関が実体法上の問題につき判断する必要がないような特段の事情のないかぎり、執行手続を開始することはできないと解する（東京高決昭和54年12月25日判時958号73頁〔執保百選13事件〕）。

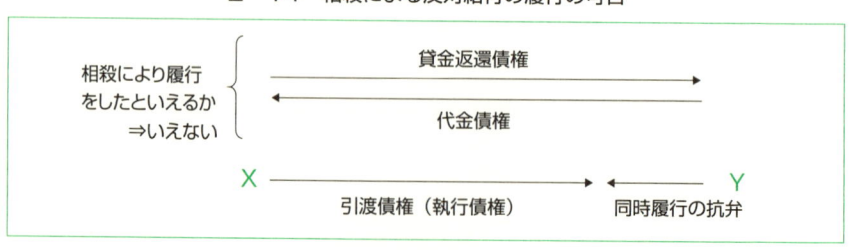

2—14　相殺による反対給付の履行の可否

【4】代償請求の場合の主たる請求の強制執行の目的不達成（31条2項）

「1　Yは、Xに対し、本件建物を明け渡せ。」、「2　前項の引渡しの強制執行が不能のときは、Yは、Xに対し、〇〇円を支払え。」というように、本来的給付ができないときに他の給付に代えてすべきものである場合には、債権者は、本来的給付が執行不能であると証明しなければ代償請求をすることができない。この場合には、債権者は、本来的給付の執行を担当した執行機関によって作成される執行調書（民執規13条1項7号）により、執行不能の事実を証明する。

第2章 強制執行総論

5. 執行の対象

1 意義

責任財産とは、特定の請求権の実現の引当てとなっている財産、すなわちその強制執行の対象(目的物)となりうる財産をいう。言い換えると、強制執行の対象として請求権の満足に用いられるべき財産である。

責任財産は、原則として執行開始当時における債務者の一般財産である。

2 範囲

【1】総論

責任財産の範囲は、執行開始当時に債務者に属する財産である。請求権の成立当時に債務者に属していても、強制執行開始当時にすでに債務者が有効に処分し対抗要件を具備した財産は、責任財産ではない。

強制執行の開始前に責任財産を保全する手続として、民事保全(仮差押え・仮処分)の手続がある。また、差押前に処分されて債務者に帰属しなかった財産を回復する手段として詐害行為取消権(民424条)の制度がある。

【2】範囲

前述したように、責任財産は、原則として執行開始当時における債務者の一般財産、すなわち債務者に属するいっさいの財産(債権者の共同担保で財産)である。

(1) **金銭執行の場合**

金銭執行の責任財産は、原則として執行開始当時に債務者に属し、金銭に換価しうる財産であって、かつ、差押禁止財産でないものである。言い換えると、人格権や身分権などは責任財産ではないし、一身専属権や不融通物など金銭に換価することがで

きない財産や、取消権・解除権など独立に財産的価値をもたないものも責任財産ではない。また、差押禁止財産は、責任財産ではない(民執131条、132条、152条、153条)。

責任財産である債務のうち、どの財産を執行の対象とするのかは、債権者の自由な選択に任されており、債権者がその執行申立てにおいて指定する。ただし、動産を対象とする場合には、申立てには対象の特定は必要ではなく、差押えは、執行官の選択により、債権額と執行費用に満つるまでなされる(民執規99条、100条)。

なお、債権者には、債務者がどこにどのような財産を有するかわからない場合がある。このような場合において、債務者自身に財産を開示させることができることがある(財産開示手続、民執196条から203条まで)。

(2)その他の場合

特定物の引渡し・明渡しを目的とする債権では、債務者の占有するその物、あるいは債務者の第三者に対する引渡請求権が執行の対象である。また、代替物の給付を目的とする債権では、債務者の所有するその種類の動産が執行の対象である。このような意味では、責任財産を論ずる実益はない。ただし、これらの請求権について間接強制が行われるときは(民執173条)、その強制金については金銭執行の場合と同様である。なお、これらの請求権であっても、債務不履行により損害賠償債権に転化すれば、債務者の一般財産が責任財産となる。

作為・不作為を目的とする債権は、財産を対象としないので、責任財産は観念することはできない。ただし、代替執行における費用の取立て、間接強制における強制金の取立てに関しては、金銭執行の場合と同様に、債務者の一般財産が責任財産である。

【3】責任財産帰属性の判断

強制執行の実体的な正当性が認められるためには、債務が執行対象として選択した財産が責任財産に含まれていることが必要である。しかし、執行手続の効率性という観点から、この点の執行機関による判断は、外形的事実によることとされている。

すなわち、不動産については債務者名義の登記があれば(民執規23条)、動産については債務者の占有があれば(民執123条1項)、それぞれ債務者の責任財産に属するものとして強制執行が開始される。また、債権については、執行機関は、債権者が申立てにより特定した債権の存否や帰属を審査せずに(145条2項)、強制執行手続を開始する。

したがって、債務者や第三者が、執行対象財産が責任財産に属さないことを主張して、強制執行を排除するためには、後述する第三者異議の訴え(38条)を提起しなければならないのである。

3 有限責任

【1】意義

　有限責任(**物的有限責任**)とは、特定の債権につき債務者の財産中の特定の物または財産のみが引当て(責任財産)になっている場合をいう。

　前述したとおり、債務者に属するいっさいの財産が執行の対象となるのが原則であるが、例外的に、その債権に基づいて強制執行をするかぎり、その執行の対象物が債務者の財産のうち特定の物または一定範囲の財産に限定され、それ以外の財産には執行することができないとされている場合がある。これを有限責任というのである。

【2】責任の限定

　有限責任は、法律または契約で特に定まっている場合に認められる。たとえば、
　　①一定の債権につき特別の定めがある場合(商607条、812条、船主責任制限33条など)
　　②債務者が相続の限定承認をした場合
　　③任務による当事者としてその管理財産にかぎって責任を負う場合
　　④当事者が特約によって責任を制限している場合
などである。

　有限責任における責任の限定は、特定の債権の特殊の性質に基づく実体法的な属性である。すなわち、前述した差押禁止債権は、執行債権とは無関係に執行の対象たるべき財産の性質に基づく執行法的な制限であるのに対し、有限責任は、債権の特殊性に基づく実体法的な制限である。

【3】有限責任の判断

　責任財産の帰属性の判断で述べたのと同様に、執行機関が有限責任の有無を調査したうえで、判断するべきではない。したがって、有限責任である債権について、その旨が債務名義あるいは執行文に付与されていなければ、責任財産でない財産に対する執行も違法ではなく、債務者は、既判力に抵触しないかぎり、後述する請求異議の訴え(民執35条)によって責任限定を求めることになる。

　反対に、有限責任である旨が執行力のある正本に表示されているにもかかわらず、執行機関が責任財産でない財産に対し執行するときは、執行異議(11条)または第三者異議の訴え(38条)によってその執行の排除を求めることになる。

第2章 強制執行総論

6. 強制執行における救済

1 総説

　これまで繰り返して述べてきたように、強制執行は、債務名義の存在を前提とし、執行文付与の申立てをして執行文を付与してもらい、執行機関に強制執行を申し立てて執行機関によって実行される。したがって、強制執行の違法・不当、各機関の処分の違法は、手続の各段階で問題となりうる。

　そこで、民事執行法は、債権者、債務者および利害関係のある第三者に、手続の各段階に適した救済手段を用意している。

　以下、**執行文付与に関する違法**、執行処分に関する違法（**違法執行**）、執行処分に関する不当（**不当執行**）、異議訴訟の本案提起に伴う強制執行停止・執行処分取消しの申立てに分けて説明していくことにする。

2－15　不服申立ての分類1

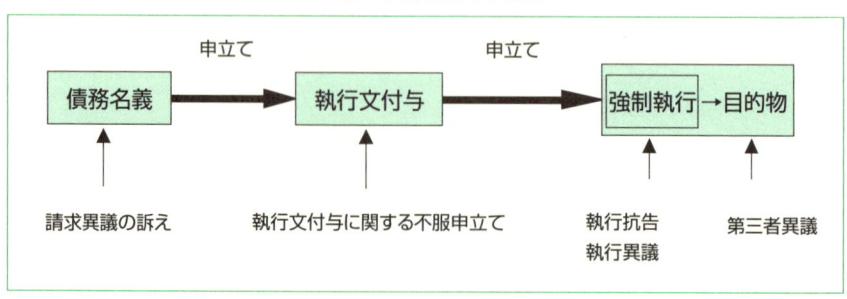

```
           申立て           申立て
債務名義  ───▶  執行文付与  ───▶  強制執行 → 目的物
   ▲              ▲                 ▲         ▲
   │              │                 │         │
請求異議の訴え  執行文付与に関する不服申立て  執行抗告  第三者異議
                                   執行異議
```

　なお、違法執行とは、執行機関の執行行為がその手続規定に背し、執行法上違法である執行をいう。これに対して、不当執行とは、実体上権利が存しないにもかかわらず執行が行われ、または債務者以外の第三者の財産に執行が行われるように、執行法上は適法であるが、それを認める実体上の根拠を欠く執行をいう。

2-16 不服申立ての分類2

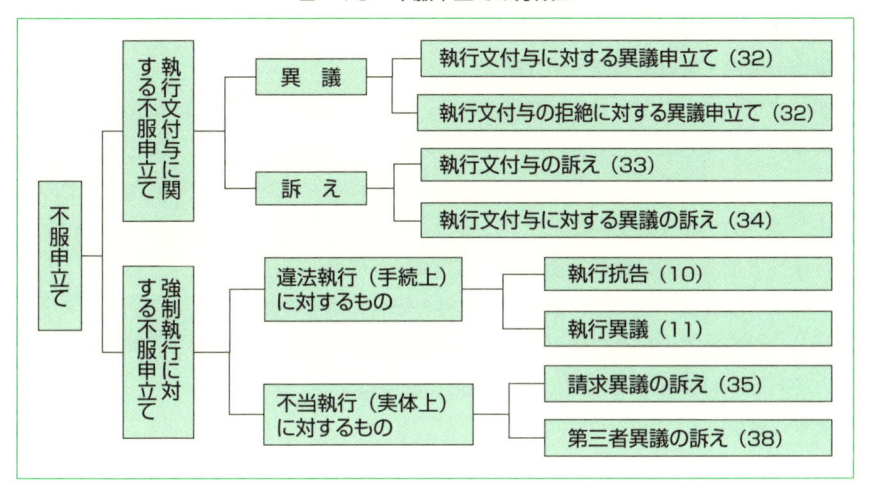

```
                          ┌─ 異議 ─┬─ 執行文付与に対する異議申立て (32)
                          │        └─ 執行文付与の拒絶に対する異議申立て (32)
         ┌─ 執行文付与に関 ─┤
         │  する不服申立て  └─ 訴え ─┬─ 執行文付与の訴え (33)
         │                          └─ 執行文付与に対する異議の訴え (34)
不服申立て─┤
         │                ┌─ 違法執行(手続上)─┬─ 執行抗告 (10)
         │                │  に対するもの      └─ 執行異議 (11)
         └─ 強制執行に対 ──┤
            する不服申立て  └─ 不当執行(実体上)─┬─ 請求異議の訴え (35)
                             に対するもの      └─ 第三者異議の訴え (38)
```

2 執行文付与に関する違法

「執行文の付与の申立てに関する処分に対しては、……異議を申し立てることができる」(32条1項)。すなわち、執行文付与の申立てが拒絶されたときは債権者が、執行文が付与されたときは債務者が、裁判所に異議を申し立てることができる。したがって、この異議には、**執行文付与の拒絶に対する(債権者の)異議**と、**執行文付与に対する(債務者の)異議**とがある。

なお、救済を求める手段としては、債権者には、執行文付与の拒絶に対する異議のほかに、**執行文付与の訴え**(33条)がある。他方、債務者には、執行文付与に対する異議のほかに、**執行文付与に対する異議の訴え**(34条)がある。

以下、順に説明していくことにする。

2-17 執行文付与について救済を求める手段

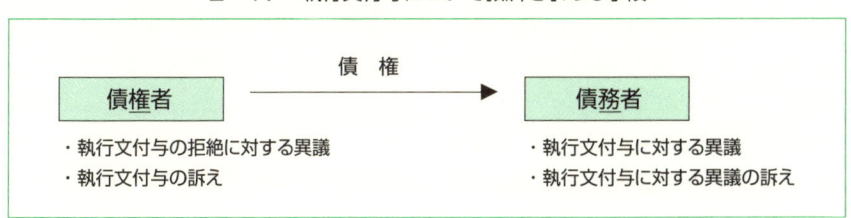

```
              債 権
  債権者 ─────────────▶ 債務者
  ・執行文付与の拒絶に対する異議    ・執行文付与に対する異議
  ・執行文付与の訴え                ・執行文付与に対する異議の訴え
```

【1】 債権者の救済①──執行文付与の拒絶に対する異議(32条)
(1)異議の理由・管轄裁判所・申立期間
　執行文付与の申立てに対し付与機関がその付与を拒絶した場合には、債権者は、異議の申立てをすることができる。いかなる理由で執行文付与が拒絶されたときであっても、この申立てをすることができる。すなわち、条件成就や承継を争う場合であっても、執行力が存在しないことを争う場合であってもよい。異議の理由は、執行文を付与すべきであるのに付与しなかった執行文付与機関の違法である。
　このような異議申立ては、執行証書以外の場合にはその裁判所書記官の所属する裁判所に、執行証書の場合にはその公証人の役場所在地を管轄する地方裁判所に対して、それぞれ行う(32条1項)。なお、申立期間に制限はない。

(2)審理・裁判
　執行文付与の申立てに対し、裁判所は口頭弁論を経ないで審理することができ、裁判は決定でなされる(32条3項)。この裁判に対しては、不服を申し立てることはできない(32条4項)。もっとも、その後、執行文付与の訴えをすることができる。

【2】 債権者の救済②──執行文付与の訴え(33条)
(1)訴えの理由
　条件成就や承継の事実は文書によって証明する必要があるが(27条1項、2項)、これを提出することができないとき、債権者は、債務者を被告として、執行文付与の訴えを提起することができる。その訴訟のなかで、実質審理によってその事実の存在を証明することで、証明文書の提出に代えて、執行文付与を受けることのできる判決を得ることができる(33条1項)。

(2)訴訟提起の期間
　訴え提起の期間は定められていないため、いつでも提起することができる。
　執行文付与の申立てが執行文付与機関に拒絶されたときばかりでなく、執行文付与機関に申し立てる前に、はじめから訴えを提起することもできる。これは、条件成就や承継の事実を既判力によって確定させ、相手方からの異議や異議の訴えを封じる意味がある。また、執行文付与の拒絶に対する異議が却下された後でもよい。

(3)管轄
　執行文付与の訴えにおいては、債権者の証明すべき事実の到来が認められるか否か、または債務名義に表示された当事者以外の者が債務名義の執行力の及ぶ主観的範囲に入るか否かが判断される。そのため、執行文付与の訴えについての管轄裁判所は、債務名義の作成に関与した裁判所などがふさわしいといえる。

そこで、債務名義の種類により、民事執行法33条2項に規定する各裁判所が専属管轄を有する。

2—18　執行文付与の訴えの管轄

	債務名義	管轄裁判所
①	(a)確定判決、(b)仮執行宣言付判決、(c)上級審で成立した和解・調停である場合	第一審裁判所
②	仮執行宣言付支払督促の場合	訴訟物の価額に従い、支払督促を発付した書記官が属する簡易裁判所または地方裁判所
③	簡易裁判所で成立した和解・調停である場合	訴訟物の価額に従い、和解・調停が成立した簡易裁判所または地方裁判所
④	執行証書の場合	債務者の普通裁判籍の所在地を管轄する裁判所
⑤	その他の場合	33条2項各号を参照

(4) 審理・裁判

　審理は必要的口頭弁論で、証拠方法には制限がない。請求の原因には、条件成就の事実や承継の事実などを具体的に記載する必要がある。これに対して、債務者は、審理対象である特別要件の存否を争うほか、執行文付与の一般要件の不存在も主張することができる。しかし、請求権の不存在・変更・消滅や裁判以外の債務名義の成立などの請求異議の事由を主張しうるかについては問題があり、この点は、後述する。

　裁判は、判決の形式により行われる。この訴えにおける請求認容の判決は、執行文に代わるものではないため、判決が確定し、または仮執行宣言が付されたときは、債権者はその正本を執行文付与機関に提出して執行文の付与を受けなければならない。

(5) 請求異議の事由の主張の可否

　請求異議の事由を執行文付与の訴えにおいても主張しうるかは問題であるが、主張できないとする消極的な考え方が一般的である。

　この点について、判例も、執行文付与の訴えは、条件成就や承継の事実を証明する文書を提出できないときのものであり、審理はそれらの事実の存否にかぎられること、請求異議事由は請求異議の訴えで主張すべきであることを理由に、執行文付与の訴えにおいては請求異議事由の主張をすることはできないとしている（最判昭和52年11月24日民集31巻6号943頁〔執保百選14事件〕）。

> ★重要判例（最判昭和52年11月24日民集31巻6号943頁〔執保百選14事件〕）
> 　「民訴法521条〔現民執法33条〕所定の執行文付与の訴は、債務名義に表示された給付義務の履行が条件にかかるものとされてその条件が成就した場合及び債務名義に表示された当事者に承継があった場合に、執行債権者において右条件の成就又は承継の事実を同法518条2項又は519

> 条所定の証明書をもって証明することができないとき、右訴を提起し、その認容判決をもって同法520条所定の裁判長の命令に代えようとするものであるから、右訴における審理の対象は条件の成就又は承継の事実の存否のみに限られるものと解するのが相当であり、他方また、同法545条〔現民執法35条〕は、請求に関する異議の事由を主張するには訴の方法によるべく、数箇の異議の事由はこれを同時に主張すべきものと定めているのである。してみれば、執行文付与の訴において執行債務者が請求に関する異議の事由を反訴としてではなく単に抗弁として主張することは、民訴法が右両訴をそれぞれ認めた趣旨に反するものであって、許されないと解するのが相当である。」

【3】 債務者の救済①——執行文付与に対する異議(32条)

⑴異議の理由等

　債権者の申立てが認められて執行文が付与された場合には、債務者は、その付与処分を争い、異議の申立てをすることができる(32条)。すなわち、32条は、前述した債権者のための救済手段(執行文付与の拒絶に対する異議)であるとともに、債務者のための救済手段(**執行文付与に対する異議**)でもある。

　異議の理由は、条件成就や承継を争う場合であっても、執行力が存在しないことを争う場合であってもよい。異議申立ての手続等については、【1】の執行文付与の拒絶に対する異議の場合と同様である。

⑵異議の申立てと執行の停止

　執行文が付与されれば執行申立ては適法であるから、異議の申立てがなされても執行手続は進行する。もっとも、「裁判所は、異議についての裁判をするまでの間、担保を立てさせ、若しくは立てさせないで強制執行の停止を命じ、又は担保を立てさせてその続行を命ずることができる」(32条2項前段)。さらに、「急迫の事情があるときは、裁判長も、これらの処分を命ずることができる」(32条2項後段)。そして、これらの裁判については、「口頭弁論を経ないですることができる」(32条3項)。

　なお、これらの裁判に対しては、「不服を申し立てることができない」(32条4項)。債務者が執行手続を停止させるためには、さらにこの裁判の正本を執行機関に提出しなければならない(39条1項6号・7号)。

【4】 債務者の救済②——執行文付与に対する異議の訴え(34条)

⑴訴えの理由

　条件成就や承継の事実を証明する文書を債権者が提出し(27条1項、2項)、その事実の存在が認められて条件成就執行文・承継執行文が付与されたときは、「異議のあ

る債務者は、その執行文の付された債務名義の正本に基づく強制執行の不許を求めるために、執行文付与に対する異議の訴えを提起することができる」(34条1項)。請求の原因には、条件成就の事実の不存在や承継の事実の不存在など具体的な異議事由を記載する必要がある。「異議の事由が数個あるときは、債務者は、同時に、これを主張しなければならない」(34条2項)。

(2)管轄等
管轄その他の手続は、執行文付与の訴えの場合と同様である(34条3項)。

(3)請求異議の訴えとの関係
執行文付与の訴えの場合と同様に(2章6 1 【2】参照)、後述する執行文付与に対する異議の訴えにおいても、請求異議事由を理由として訴えを提起することができるかが問題となる。

この点について、判例は、両訴は目的を異にする別個の訴えであるとの前提に立ち、両者の申立てを訴えの予備的併合があるものとして処理し(最判昭和43年2月20日民集22巻2号236頁)、執行文付与に対する異議の訴えにおける審理の対象は条件成就の有無・承継の事実の存否にかぎられるから、執行文付与に対する異議の訴えにおいて請求異議事由を理由とすることはできないとしている(最判昭和55年5月1日判時970号156頁〔執保百選15事件〕)。

(4)訴えの提起と執行停止の裁判
執行文付与に対する異議の訴えを提起しても、当然には執行は停止されない(執行不停止の原則)。そこで、債務者は、訴えの提起とは別に、受訴裁判所に対して、執行停止またはすでにした執行処分の取消しの裁判などの申立てをしなければならない(36条1項)。

この裁判は、「口頭弁論を経ないですることができる」(36条2項)。また、この裁判に対しては、「不服を申し立てることができない」(36条5項)。債務者が執行手続を停止させるためには、さらにこの裁判の正本を執行機関に提出しなければならない(39条1項6号、7号)。

(5)執行文付与の訴えと執行文付与に対する異議の訴え
両者とも、その口頭弁論終結時において執行文付与の要件の存否を既判力によって確定するものである。したがって、執行文付与の訴えに敗訴した債務者が、その口頭弁論終結前の事由を主張して、執行文付与に対する異議の訴えを提起しても、その訴えは却下されてしまう。また、執行文付与に対する異議の訴えに敗訴した債権者が、その口頭弁論終結前の事由を主張して執行文付与の訴えを提起しても、同様に却下されてしまう。

【5】執行文付与をめぐる訴訟と執行文付与等に関する異議の申立て

これらは、いずれも執行文付与に関する不服申立方法である。

それでは、執行文付与をめぐる訴訟と執行文付与等に関する異議申立ては、どのような関係にあるのであろうか。

執行文付与をめぐる訴訟は、条件成就執行文や承継執行文の付与に関してしか争えない。したがって、単純執行文が問題になっている場合には、執行文付与等に関する異議の申立てをするほかない。他方、条件成就執行文や承継執行文が問題となっている場合には、どちらの不服申立てを行うべきかについて何らの制限はなく、いきなり訴えを提起してもかまわないし、異議の申立てが認められなかった後に訴えを提起してもかまわないとされている。

3 執行処分に関する違法（違法執行）

【1】総説

執行手続に手続違反がある場合には、これを是正しなければならない。たとえば、執行官が、動産執行で、差押禁止財産を差し押さえたような場合などである。このように、執行処分または執行処分をしないことが執行法上違法である場合の不服申立てが民事執行法に用意されている。**執行裁判所**に対する不服申立てとしては**執行抗告**と**執行異議**とがあり、**執行官**に対する不服申立てとして**執行異議**がある。

2—19　違法執行に対する不服申立て

	不服の申立先	具体例
執行異議 (11)	執行裁判所	執行官が、差押禁止動産（生活に欠くことができない衣服など）を差し押さえた場合（民執131参照）
執行抗告 (10)	執行裁判所の上級裁判所	差押禁止動産の範囲の変更についての決定に対して、不服申立てをする場合（132Ⅳ）

なお、後述する不当執行とは、執行処分が、執行法上は適法であるが、実体法上許されない場合である。

もっとも、担保権実行手続においては、執行抗告、執行異議が、不当執行是正のための手段として機能することもある。担保権の不存在、消滅や非担保債権の一部の消滅を主張できるのである。

【2】執行抗告(10条)
(1)抗告の対象
　執行抗告とは、民事執行の手続に関する裁判に対する上訴審への不服申立てとしての抗告をいい、特別の定めがある場合にかぎって許される(10条)。その概略は、以下のとおりである。

　①各執行に共通する処分としては、民事執行の手続を取り消す旨の決定、民事執行の手続を取り消す執行官の処分に対する執行異議の申立てを却下する裁判、執行官に民事執行の手続の取消しを命ずる決定(12条1項)などがある。

　②不動産強制競売に関する処分としては、不動産強制競売の申立てを却下する裁判(45条3項)、配当要求を却下する裁判(51条2項)、引渡命令申立てについての裁判(83条4項)などがある。

　③債権執行に関する処分としては、債権差押命令についての裁判(145条5項)、配当要求を却下する裁判(154条3項)、転付命令の申立てについての決定(159条4項)などがある。

(2)抗告の手続
　執行抗告を提起できるのは、対象となる裁判によって自己の法的利益を侵害される者である。また、執行抗告の手続は必ずしも二当事者対立構造を前提としていないが、不動産明渡命令(83条4項)、債権差押命令(145条5項)など、原裁判の内容からその申立人である債権者などが、抗告人と対立する利益を有する者として相手方となることがある。

　「執行抗告は、裁判の告知を受けた日から1週間の不変期間内に、抗告状を原裁判所に提出してしなければならない」(10条2項)。抗告状を、抗告裁判所など、原裁判所(執行裁判所)以外に提出した場合には、移送はされず、不適法であるとして却下される(最決昭和57年7月19日民集36巻6号1229頁〔執保百選2事件〕)。

　「抗告状に執行抗告の理由の記載がないときは、抗告人は、抗告状を提出した日から1週間以内に、執行抗告の理由書(抗告理由書)を原裁判所に提出しなければならない」(10条3項)。抗告理由書の提出期間は不変期間でなく、裁判所により伸長が可能である。また、きわめて短い期間であり不提出の場合に執行抗告の却下、そして抗告権の喪失という重大な不利益を生じさせるため、追完(民訴97条)も認めるべきと解されている。抗告の理由には、原処分の取消し・変更を求める事由を具体的に記載し、法令違反のときは、その法令の条項または内容と、なぜ法令に違反するのかを、事実誤認のときはどの点が事実誤認かを具体的に示さなければならない。

　執行抗告は、まず原裁判所が審査し、以下の場合には執行抗告は却下される(民執

10条5項)。
　①抗告状または抗告理由書に執行抗告の理由が記載されていないとき
　②執行抗告の理由が形式的には記載されているが、原処分の取消し・変更を求める事由が具体的に記載されていないとき
　③執行抗告が不適法であってその不備を補正することができないことが明らかなとき
　④執行抗告が民事執行の手続を不当に遅延させることを目的としてされたものであるとき

　原裁判所は、再度の考案(20条・民訴333条)により執行抗告を理由ありと認めるときは、原裁判を取消しまたは変更することができる。理由なしと認めるときは、意見を付して事件を抗告裁判所に送付する(民執規15条の2・民訴規206条)。もっとも、原裁判所が民事執行の事件の記録を送付する必要がないと認めるときは、抗告事件のみ送付することもできる(民執規7条)。民事執行の事件の記録が執行裁判所の手元からなくなってしまうと、執行抗告の提起には執行停止効がないにもかかわらず、執行手続が事実上止まってしまうからである。

(3)審理・裁判

　抗告裁判所の調査は、抗告状または抗告理由書に記載された抗告理由にかぎられる(民執10条7項本文)。ただし、原裁判に影響を及ぼすべき法令の違反または事実の誤認の有無については職権で調査することもできる(10条7項ただし書)。

　審理は、口頭弁論を経る必要はない(4条)。口頭弁論をしない場合には、抗告裁判所は、当事者や当事者の申し出た参考人を審尋することができる(20条・民訴87条2項・187条)。

　裁判は決定をもってなされる。抗告に理由があるときは取り消し、必要に応じて自判、差戻しの裁判をする(民執20条・民訴331条・307条から309条まで)。

(4)執行抗告の効力

　通常の即時抗告には執行停止の効力があるが(民訴334条1項)、執行抗告には執行停止の効力はない。執行遅延を防ぐ趣旨である。もっとも、例外的に、手続の安定や関係人の利益の重視という趣旨から、確定しなければその効力を生じないとされているものもあり、その場合には、執行抗告の提起により確定が遮断され裁判の効力が生じない。具体例としては、執行手続の取消決定(民執12条2項)、売却のための保全処分・最高価買受申出等のための保全処分、買受けの申出をした差押債権者のための保全処分および不動産競売開始決定前の保全処分の事情変更による取消しや変更(55条6項・68条の2第4項・77条2項・187条5項)、引渡命令(83条5項)、転付命令(159条5

項)などの特に重大な影響のある決定の場合である。

　また、抗告裁判所(記録が原裁判所にあるときは原裁判所)は、原裁判の執行の一時停止などを命じることができる(10条6項)。この執行停止等の処分には不服申立てできない(10条9項)。

【3】執行異議(11条)
(1) 執行異議の対象
　執行異議は、①執行抗告の許されていない執行裁判所の執行処分、②執行官の執行処分およびその懈怠に対する不服申立て方法である(11条1項)。また、執行裁判所がなすべき執行処分をしない場合にも執行異議は可能である。

　①の執行異議は、執行処分を行った裁判所への不服申立てであって、再度の考案の申立てに相当し、②の執行異議は、執行官の執行処分またはその懈怠に対する唯一の不服申立て方法であり、上訴の実質をもつ。

　執行異議の理由は原則として執行機関の手続上の瑕疵にかぎられる。もっとも、担保権の実行に関しては、担保権の不存在または消滅を執行異議の理由とすることができる(182条)。

(2) 執行異議の手続
　執行異議の提起をすることができるのは、執行処分またはその懈怠により自己の利益を侵害された者である。第三者も、違法な執行処分によってその利益を害された場合には、執行異議の申立てが可能である。たとえば、第三者が債務者と誤認され、あるいは自己に対する執行正本に基づかずに強制執行を受けた者である場合(大判昭和9年3月30日民集13巻409頁)には、執行異議の申立てをすることができる。

　執行異議の手続は必ずしも二当事者対立構造を前提としていないが、異議の内容から申立人と対立する利益を有する者が特定されるときには、その者が相手方となる。

　執行異議の申立てにあたっては異議の理由を明らかにしなければならない(民執規8条2項)。申立ては、期日においては、口頭ですることもできるが、それ以外の場合は書面によってする必要がある(民執規8条1項)。また、申立期間の定めはなく、いつでも提起することができるが、執行手続全体の終了後は執行異議を提起する利益は失われ、却下される。

(3) 審理・裁判
　執行異議についての裁判は、口頭弁論を経る必要はなく、決定による(民執4条)。当事者等の審尋ができることなどは執行抗告の場合と同様である。執行裁判所はみずからの執行処分に対する異議に理由があると認めるときは、その処分を取り消し、改

めて処分をする。執行官の執行処分に対する異議に理由があると認めるときは、上級機関として、執行を許さない旨、もしくは執行処分の取消し、または執行の遅怠に対しては執行をすべき旨を命じる。異議に理由がないと認めるときは申立てを棄却し、申立てが不適法であるときは申立てを却下する。

　この裁判に対しては、不服申立ては原則として許されない。ただし、①民事執行の手続を取り消す旨の決定、②執行官がした民事執行の手続を取り消す処分に対する執行異議の申立てを却下する裁判、③執行官に対し民事執行の手続の取消しを命ずる決定に対しては、執行抗告することができる（12条1項）。これらの執行抗告できる裁判は確定しなければその効力を生じない（12条2項）。ただし、民事執行の手続の取消決定であっても、執行取消文書の提出によるものについては、執行抗告はできない（40条2項）。

(4)執行異議の効力

　執行異議には執行停止の効力がない。しかし、執行裁判所は、執行抗告における場合と同様、執行処分の一時停止などを命じることができる（11条2項・10条6項）。

【4】執行抗告と執行異議の異同

　それでは、ここで執行抗告と執行異議の異同をみていこう。

　第1に、その対象となるものに違いがある。執行抗告は、民事執行手続に関する執行裁判所の裁判に対する不服申立て方法である。したがって、執行裁判所の裁判に対する一種の上訴であるといえる。これに対して、執行異議は、執行裁判所の執行処分で執行抗告のできないもの、および執行官の執行処分一般に対して認められる不服申立て方法である。したがって、執行裁判所に対して、その裁判所がなした執行処分および執行官の執行処分についての是正を求める不服申立てである。

　第2に、その訴えられる期間に違いがある。執行抗告が、その抗告期間が限定されているのに対し、執行異議は、その申立て期間に限定はなく、異議の利益があるなら、いつでもすることができる。

2—20　執行抗告と執行異議の異同

	執行抗告	執行異議
①対象	民事執行手続に関する執行裁判所の裁判	①執行裁判所の執行処分で執行抗告のできないもの ②執行官の執行処分一般
②期間	抗告期間に限定あり	申立て期間に限定なし 異議の利益があるなら、いつでも可
③執行停止効	執行停止効なし （執行停止の仮処分が必要）	

以上に対して、共通点としては、執行停止効がある。執行抗告、執行異議ともに執行停止の効力はなく、停止のためには執行停止の仮処分を得なければならない。もっとも、両者とも、特定の裁判については、その裁判が確定しなければ効果を生じないものとして、事実上の執行停止効と同一の効果を認めている。

4　執行処分に関する不当（不当執行）

【1】総説

　民事執行においては、手続上は手続要件をみたし違法ではないが、執行処分の結果が、実際の権利関係と一致せず実体法上許されない場合がある。すなわち、債務名義に記載された請求権が実体法上存在しなかったり、執行対象物が第三者の所有物であったりする場合などである。このような問題は、民事執行手続の基本構造および権利判定機関と執行機関の分離の建前から生じてしまう。このような強制執行は、不当な執行であって、取り消されなければならない。

　そこで、民事執行法上、債務名義に記載された請求権の存否に関わる**請求異議の訴え**(35条)、強制執行の目的である財産に対する第三者の権利の存否に関する**第三者異議の訴え**(38条)が用意されている。これらは、権利判定機関と執行機関の分離という建前上、原則として、執行手続ではなくそれとは別個の訴訟手続において行われる。そして、この判決正本を執行機関に提出することによって、強制執行が停止、取り消される。

2-21　不当執行(実体上)に対する不服申立て

```
不当執行（実体上）┬─ 請求異議の訴え（35）
に対するもの　　　└─ 第三者異議の訴え（38）
```

【2】請求異議の訴え(35条)

(1)意義

　請求異議の訴えとは、債務者が特定の債務名義につき、そこに記載された請求権の存在または内容についての異議を述べ、または裁判以外の債務名義につきその成立についての異議を述べ、強制執行の不許を宣言する判決を求める訴えのことをいう。債務名義に記載された請求権と実体法上の権利関係に不一致がある場合において、その

債務名義の執行力を排除することを目的とするものである。

異議事由の具体例としては、貸金返還請求訴訟において請求認容判決が確定した後に、債務者が弁済を行った例があげられる。

請求異議の訴えにおける請求の趣旨の記載は、「被告から原告に対する○○法務局所属公証人○○○○作成平成○年○○○号債務弁済契約公正証書に基づく強制執行は、これを許さない。」というように行う。

請求異議の訴えにおいては、すでに執行手続が開始されている場合において、その具体的な執行行為（特定の財産に対する差押えなど）の排除のみを目的として、請求異議の訴えを提起することができるかが問題となっている。

この点について検討すると、請求異議の訴えは、債務名義の執行力排除という制度趣旨から、原則としてその債務名義に基づく強制執行一般を不許とするものである。そうだとすると、特定の具体的執行行為の排除のみを目的とすることは認められないとも思える。しかし、実務上、このような目的の訴えの提起も認められている（大判大正3年5月14日民録20輯531頁）。なぜなら、多額の債権が記載された債務名義に基づいて少額の財産に対する執行がなされた場合において、申立ての手数料等の費用が過大とならないようにするためである。なお、この際の請求の趣旨は第三者異議の訴えの請求の趣旨と同様である。

(2)訴えの法的性質と訴訟物

訴えの法的性質について、学説は分かれている。従来からの通説である形成訴訟説は、債務名義に記載された請求権に関し実体上の異議事由がある場合には、執行法上の異議権が発生し、この異議権に基づいて債務名義の執行力の排除を求める形成の訴えであるとする。

訴訟物についても、訴えの法的性質と関連して、学説は分かれている。形成訴訟説のなかにも、請求異議の訴えの訴訟物は、形成権である執行法上の包括的な1個の異議権であり、弁済などといった実体上の具体的異議事由は攻撃防御方法にすぎないとする説（大阪高判昭和55年5月28日高民集33巻2号73頁、札幌地判昭和59年2月27日判時1126号96頁）と、異議権の発生事実の性質上の分類に従い、その種類ごとに訴訟物が異なるとする説とがある。

(3)訴えの対象

請求異議の訴えの対象となるのは、民事執行法22条に定める債務名義のうち、仮執行宣言付判決または仮執行宣言付支払督促であって確定前のものを除いたすべての債務名義である。仮執行宣言付判決や仮執行宣言付支払督促であって確定前のものが、請求異議の対象とはならないのは、それぞれ上訴や異議申立てにより、効力を争うこ

とができるためである。

　債務名義成立後であれば、執行文付与前であっても、強制執行の開始前であってもよい。いったん強制執行手続が終了しても、債権者が債務名義に記載された請求権全額の満足を受けていないかぎりは、この訴えを提起することができる。また、債務名義である単一の文書に記載された数個の請求権の一部や債務名義に記載された1個の請求権の一部について執行力の排除を求める請求異議の訴えも許される。

　不動産引渡命令は、確定すれば債務名義になると解されるので(83条4項・5項、22条3号)、確定前は執行抗告、確定後は執行異議の対象となる。担保権実行手続は、債務名義を前提としないので、請求異議の訴えを提起することができない。条文上も、広く強制手続の規定を準用する民事執行法194条は35条を除外している。担保権実行手続では、執行異議または執行抗告で担保権の存否・被担保債権額を争うことができる(182条・189条・191条・193条)。もっとも、これは決定手続であるから、口頭弁論による審理を経て実体上の権利の確定を、既判力をもってするには、担保権不存在確認訴訟によるほかない(183条1項1号参照)。

(4)訴えの当事者

　原告は、債務名義上の債務者またはその承継人、その他債務名義の執行力の拡張を自己に対し受ける者である。被告は、債務名義上の債権者またはその承継人、その他債務名義の執行力の拡張を自己のために受ける者である。債務名義の執行力が及べばよく、債務名義や執行文に記載されていない段階でもこの訴えの当事者となることができる(大判昭和7年11月30日民集11巻2216頁)。さらに、債務者や承継人等の債権者が債権者代位権(民423条)に基づいて、または、これらの者の破産管財人がその管理処分権に基づいて、この訴えを提起することもできる。

(5)管轄

　管轄は、執行文付与の訴えの場合と同じである(民執35条3項・33条2項)。

(6)異議の事由

(a)請求権の存在・内容についての異議(35条1項前段)

　債務名義に記載された給付請求権と現在の実体上の権利関係の不一致がその事由となる。①意思の不存在・意思表示の瑕疵による無効など請求権の発生を妨げる事由、②弁済・相殺・解除・時効消滅など請求権を消滅させる事由、③債権譲渡・免責的債務引受など主体の変動に関する事由、および④期限の猶予・履行条件の変更・債務名義成立後の事情の変更により請求権行使が権利濫用にあたる等の請求権行使阻止事由などを主張することができる(権利濫用については、最判昭和37年5月24日民集16巻5号1157頁、最判昭和43年9月6日民集22巻9号1862頁)。

ただし、確定判決についての異議事由は既判力の基準時以後に生じたものにかぎられ、確定判決の場合には口頭弁論終結後に生じたものでなければならない(35条2項)。確定判決の基準時前の事由は既判力に抵触するので、主張することができないのである。したがって、確定判決の基準時前に存在した取消事由について基準時後に取消権を行使して請求異議の訴えを提起することはできない(最判昭和55年10月23日民集34巻5号747頁)。

しかし、相殺(最判昭和40年4月2日民集19巻3号539頁)や建物買取請求権(最判平成7年12月15日民集49巻10号3051頁〔執保百選16事件〕)などの形成権については、既判力の対象である訴訟物自体の瑕疵ではないので、基準時後にこれらの形成権を行使することができる。また、この異議事由の時期的制限については、基準時以前の限定承認も問題となるが、古い判例には、前訴の口頭弁論終結前に原告たる債権者が被告から限定承認をした事実の通知を受け了知しながら責任無制限の主張を維持し、無留保の判決を得て執行するのは不法行為に属するなどとして、執行異議の訴えは可能であるとしたものがある(大判昭和15年2月3日民集19巻110頁)。

また、不執行の合意や執行制限契約の存在も異議事由となる。これらにより、強制執行によって請求権の内容を実現できる効力が排除・制限され、強制執行が実体法上不当なものとなると評価されるからである(不執行の合意について、最判平成5年11月11日民集47巻9号5255頁〔執保百選4事件〕)。

そのほかにも、債務名義の不当取得が異議事由となるかについては問題がある。この点については、既判力のある債務名義の場合には、再審によらずに既判力の排除を認めてしまうことになるため、否定すべきである(最判昭和40年12月21日民集19巻9号2270頁〔執保百選17事件〕)。既判力のない債務名義の場合には、不当取得という事情を債務名義の成立に関する異議として主張したり、請求権の不存在等を異議事由として主張したりすることができる。

> ★重要判例(最判昭和40年12月21日民集19巻9号2270頁〔執保百選17事件〕)
> 「判決が確定した以上、……右判決が、専ら第三者の権利を害することのみを目的として、当事者の通謀による架空の事実の主張により、裁判所を欺罔して取得された等、所論の事実が存する場合においても、当事者の右行為が民法709条の不法行為を構成するかどうかは別論として、確定判決が既判力・執行力を生じないと解すべきものではない。」
> 「所論のような事実が存することを理由に、請求異議の訴えにより前記(確定判決の)執行力の排除を求めることは許されないと解するのが相当である。」

(b)裁判以外の債務名義についての異議事由(35条1項後段)

執行証書・和解調書・調停調書など裁判以外の債務名義については、債務名義の成

立に関する瑕疵も異議事由となる。和解が錯誤に基づく場合や無権代理人により執行証書が作成されたなどの場合にも、請求異議の訴えをすることができるのである。無権代理人により執行証書が作成された場合には、執行証書の作成委託は訴訟行為であるから、実体法上表見代理が成立したとしても、執行証書としては無効であり、異議事由となる。

　なお、確定判決以外の場合には、異議事由の生じた時期についての制限はない。

　他方、執行証書の要件である金額の一定性の欠如、公証人・作成嘱託人の署名捺印の欠缺など形式的事項で記録から容易に判断できる事由は、執行文付与に対する異議の申立てで主張すべきことであり、請求異議事由とはならない。

(7)異議事由の同時主張

　複数の異議事由があるときは、すべてを同時に主張しなければならない(35条3項・34条2項)。「同時に」とは、同一訴訟内でという意味であり、請求異議訴訟の事実審の口頭弁論終了時までは、別の異議事由を追加することができる。原告は、敗訴後、別の異議事由で別訴を起こすことはできない。手続の遅延を防止することが目的である。

(8)異議事由の主張・立証責任

　債務名義が存在することによって、そこに記載された請求権につき証明責任が転換するわけではないから、証明責任の分配は、その請求権の給付訴訟におけるのと同様である。したがって、債務者は、請求異議訴訟の請求原因事実については、債務名義の存在とその内容を主張すればよく、これに対して、債務名義に記載された請求権の発生原因事実と債務名義の成立を根拠づける事実が債権者の主張すべき抗弁事実となる。請求権の消滅などの異議事由は再抗弁事実となる。もっとも、訴状の作成にあたっては、審理の充実・促進を図るため、主張立証責任の分配にかかわらず、異議事由も具体的に記載すべきであると指摘されている。

　また、債務名義が確定判決の場合には、判決に記載された請求権の存在は既判力をもって確定しているため、原告は、この請求権の消滅などの異議事由にあたる事実をも請求原因事実として主張しなければならなくなる。

【3】第三者異議の訴え(38条)

(1)意義

　第三者異議の訴えとは、第三者が、他人間の強制執行によりその目的物となった財産について自己の有する権利が違法に侵害されることを主張し、その執行の不許を宣言する判決を求めて、債権者を相手方として提起する訴えのことをいう(38条1項)。

たとえば、債権者Aが債務者Bの占有下にある動産を差し押さえた場合において、その動産の所有者(第三者)Cは、その動産の自己の所有物であるとして、債権者Aに対して第三者異議の訴えを提起するような場合である。

2—22 第三者異議の訴え

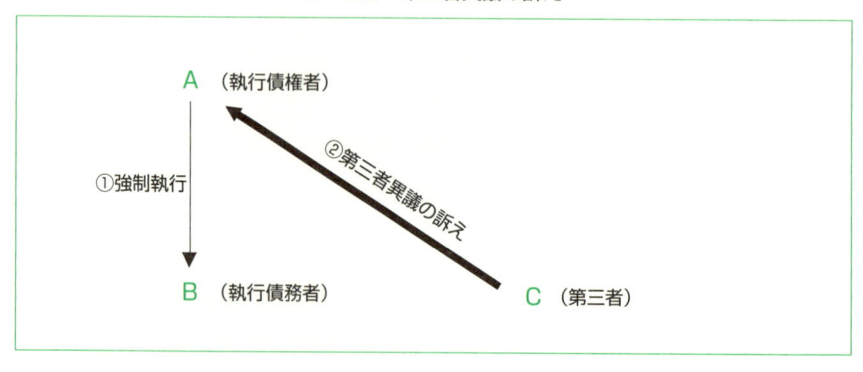

```
A （執行債権者）
↑ ②第三者異議の訴え
①強制執行
↓
B （執行債務者）         C （第三者）
```

　そもそも執行手続においては、執行機関は、執行の目的物が債務者の責任財産に属するかについて、実質的審査をせず、登記などといった外形的事実を基準に判断している(権利判定機関と執行機関の分離)。そのため、債務者の責任財産でない財産に対して強制執行がなされることもありうるため、これを取り消し、第三者を救済する必要がある。そして、執行の目的物が債務者の責任財産に属するか否か、これにつき第三者が執行により違法に侵害される利益を有するか否かは実体法上の問題であるから、第三者の救済方法は訴えによる判決手続によるべきである。これが第三者異議の訴えの制度趣旨である。

　第三者異議の訴えにおける請求の趣旨の記載は、「被告が訴外某に対する○○地方裁判所平成○年(ワ)第○○号事件の判決の執行力ある正本に基づき平成○年○月○日別紙物権目録記録記載の物件についてした強制執行は、許さない。」というように行う。

　第三者異議の訴えを提起できる時期については、この訴えが特定財産に対する執行を排除することを目的とすることから、原則として執行手続の開始から終了までである。もっとも、特定物の引渡し・明渡しの場合には、執行の対象はすでに特定しており、この執行は開始後まもなく終了するものであるから、強制執行のおそれが肯定されるかぎり、執行開始前でも、執行文付与前でも許される。

　第三者異議の訴えは、特定の財産に対する執行を排除するものであり、他の執行対象物に対する執行に影響を及ぼさない。この点で、その債務名義に基づく強制執行一般を不許とする、請求異議の訴えや執行文付与に対する異議の訴えと異なる。

2-23 訴えを提起できる時期

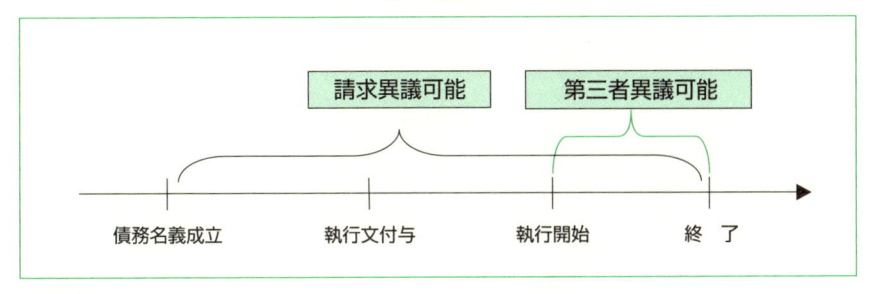

```
                    ┌─請求異議可能─┐  ┌─第三者異議可能─┐
  ─────┼──────────┼──────┼──────┼──→
     債務名義成立    執行文付与   執行開始    終 了
```

(2)管轄
　執行裁判所が管轄する(38条3項)。
(3)訴えの対象となる執行の種類
　第三者異議の訴えの対象となる執行は、金銭執行にかぎらず、引渡しまたは明渡し請求権の執行などの非金銭執行、引渡命令、担保権実行手続(194条)、さらに仮差押え、仮処分など民事保全法上の執行(民保46条)も含まれる。
(4)異議の事由
ⓐ所有権
　所有権は、一般に第三者異議事由となるが、対抗要件を具備した賃借権といった、所有権に対抗することができる利用権に基づく明渡し・引渡しの強制執行の場合には、異議事由とならない。第三者異議のためには、所有権は、債権者に対抗することができるものでなければならない。この点に関連して、仮登記を有するにすぎない者の地位が問題となる。この点については、仮登記には対抗力がないので、本訴を提起することはできないものと解されている。このように解すると、仮登記権者としては、執行債権者に対して本登記承諾請求の訴えを提起し、これを本案とする仮処分によって執行を停止し、本登記を得た後に、第三者異議の訴えを提起するほかないことになる。
　また、法人格否認の法理により第三者異議の訴えを排斥できるかが問題となる。すなわち、債権者が債務者の占有する動産に動産執行を行ったときに、債務者の背後者がその動産につき所有権を主張して第三者異議の訴えを提起したような場合である。執行手続において法人格否認の法理の適用を否定して，執行力の拡張を許さないとする判例との関係でも問題となった。この点につき、判例は、「第三者異議の訴えは、債務名義の執行力が原告に及ばないことを異議事由として強制執行の排除を求めるものではなく、執行債務者に対して適法に開始された強制執行の目的物について原告が所有権その他目的物の譲渡又は引渡しを妨げる権利を有するなど強制執行による侵害を受忍すべき地位にないことを異議事由として強制執行の排除を求めるものである。

そうすると、第三者異議の訴えについて、法人格否認の法理の適用を排除すべき理由はな」いとして、法人格否認の法理を適用して第三者異議の訴えを排斥した（最判平成17年7月15日民集59巻6号1742頁〔平17年重判・民訴5事件〕）。

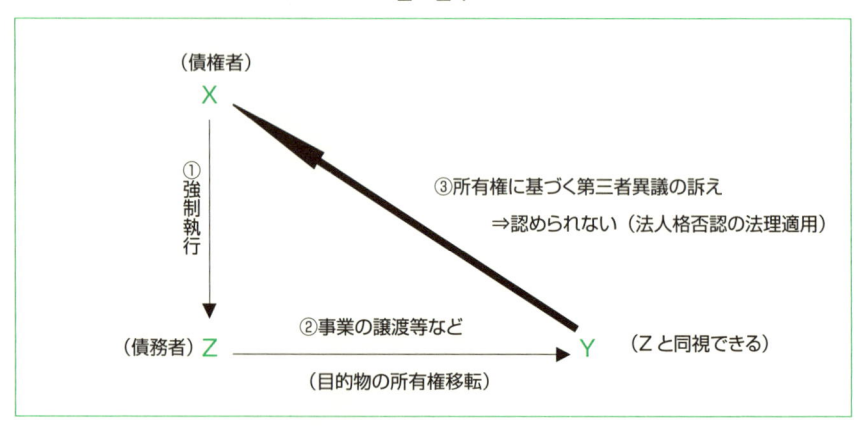

2―24

```
              （債権者）
               X
                ↖
   ①              ↖
   強              ↖ ③所有権に基づく第三者異議の訴え
   制               ↖ ⇒認められない（法人格否認の法理適用）
   執                ↖
   行                 ↖
   ↓                  ↖
  （債務者）Z ―――――――――→ Y （Zと同視できる）
              ②事業の譲渡等など
             （目的物の所有権移転）
```

　さらに、所有権に基づく第三者異議の訴えに対して、被告は、原告の所有権取得行為が詐害行為（民法424条）であるとして取り消すという主張をすることができるか、という点も問題となる。

　この点について、民法424条の明文からは、このように抗弁として主張することはできないと解するのが自然である。ただし、被告が反訴として詐害行為取消しの訴えを行うことは、反訴の要件（民訴146条、300条）をみたすかぎり、可能である。この場合には、併合審理の結果、口頭弁論終結時において詐害行為取消しの要件をみたしていると判断されたときには、第三者異議の訴えは棄却するべきである（最判昭和40年3月26日民集19巻2号508頁〔執保百選23事件〕）。

　しかし、別個に両訴が提起されたときには、弁論の併合がないかぎり、詐害行為取消判決の確定なしには、第三者異議の訴えを棄却することはできない（最判昭和43年11月15日民集22巻12号2659頁）。

> ★重要判例（最判昭和40年3月26日民集19巻2号508頁〔執保百選23事件〕）
> 　「詐害行為取消の効果は取消を命ずる判決の確定により生ずるのであるから、Xの本件動産所有権取得原因たる贈与契約が詐害行為に該当するとして右契約の取消を命ずる判決がなされても、右判決が確定しないかぎり、Xが右動産所有権を喪失するいわれのないことは明らかである。しかしながら、本件におけるごとく、贈与契約により右動産所有権を取得したことを前提とするXからの本訴第三者異議訴訟の繋属中に、右契約が詐害行為に該当することを理由と

> して右契約の取消を求める反訴がYから提起され、右本訴および反訴が同一の裁判所において同時に審理された結果、口頭弁論終結当時の状態において、Yに詐害行為取消権が存すると判断され、Xの本件動産所有権取得が否定されるべきことが裁判所に明らかな場合においては、X主張の前記所有権は民訴法549条〔現民執法38条〕の異議理由に該当しないものと解するのが相当である。」

(b) 占有権

占有権も、第三者異議事由となる。執行機関またはその補助者が目的物を占有することが執行の内容となっている場合である（間接占有につき大判昭和6年3月31日民集10巻150頁、直接占有につき最判昭和47年3月24日判時665号56頁）。

(c) 用益物権および賃借権

用益物権および**賃借権**は、強制競売においては異議事由となりえない。なぜなら、差押権者や仮差押権者に対抗することができるものは競売後も存続し、対抗することができないものは競売により消滅するからである。強制管理では、これらの権利が侵害されることもあり、異議事由となりうる。

(d) 担保物権

占有を伴わない担保物権は、原則として異議事由にならない。これは、目的物の換価代金から優先的に弁済を受ける権利にすぎず、配当手続のなかで保護されるからである。もっとも、抵当権の効力の及ぶ動産に対する強制執行については、抵当権者はこの訴えを提起できる（最判昭和44年3月28日民集23巻3号699頁）。

これに対して、**占有を伴う担保物権**は、執行によって占有が妨げられる場合には、異議事由となりうる。

(e) 譲渡担保・所有権留保

不動産譲渡担保では、登記が担保権者に移転しており、これらを設定者の財産として執行がなされることはない。他方、担保権者の財産としてその債権者が差し押さえた場合には、設定者は、被担保債権を弁済して当該不動産を受け戻し、第三者異議の訴えを提起することができる。

動産譲渡担保は、担保という実質で所有権という形式をとっていることから、第三者異議事由となるかが問題となる。この点について、判例は、譲渡担保権者は、特段の事情がないかぎり、第三者異議の訴えにより強制執行の排除を求めることができるとしている（最判昭和56年12月17日民集35巻9号1328頁、最判昭和58年2月24日判時1078号76頁〔執保百選20事件〕、最判昭和62年11月10日民集41巻8号1599頁〔執保百選21事件〕）。この特段の事情であるが、目的物の価額が被担保債権額を上回る場合をいい、目的物の

2―25　動産譲渡担保の場合

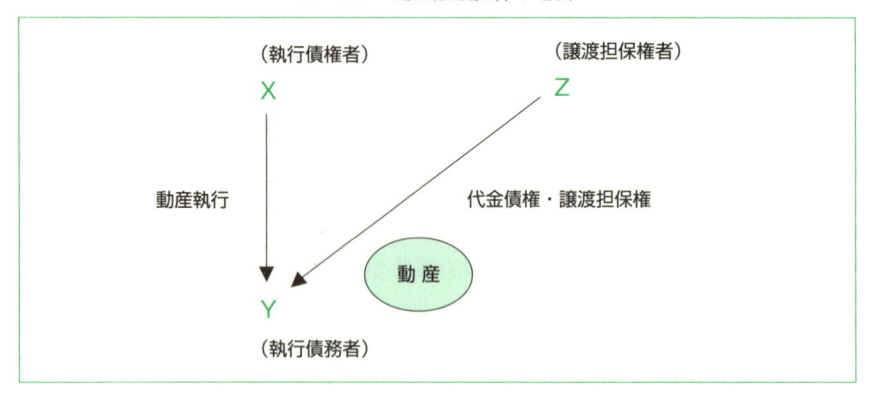

```
（執行債権者）        （譲渡担保権者）
    X                    Z
    │                   ／
動産執行          代金債権・譲渡担保権
    │               ／
    ▼          動 産
    Y
（執行債務者）
```

価額が被担保債権額を上回る場合には第三者異議の訴えは許されないと解されている。

所有権留保についても、譲渡担保の場合に準じて考えられる。

> ★重要判例（最判昭和58年2月24日判時1078号76頁〔執保百選20事件〕）
> 　「譲渡担保権者は、特段の事情がないかぎり、譲渡担保権者たる地位に基づいて目的物件に対し譲渡担保権設定者の一般債権者がした民事執行法122条の規定による強制執行の排除を求めることができるものと解すべきである（最高裁昭和……56年12月17日第一小法廷判決・民集35巻9号1328頁参照）。本件記録によれば、Yは右特段の事情について主張立証を尽していないから、Xの本訴請求を認容した原審の判断は、正当として是認することができ、その過程に所論の違法はない。」

(f) 仮登記担保

　仮登記担保については、さまざまな問題があったが、仮登記担保法の制定により、立法的に解決されている。仮登記担保権者の精算金支払が他の債権者の競売申立てより早ければ、仮登記権者は仮登記のままで所有権の取得を債権者に対抗することができ（仮登記担保15条2項）、これに基づき第三者異議の訴えを提起することができる。

　逆に、他の債権者の競売申立てが早ければ、仮登記担保権者は権利を届け出て（仮登記担保17条）、優先的な配当を受けられるにすぎず（仮登記担保13条）、権利を届け出ずに売却許可決定が確定したときは、仮登記担保権は消滅する（仮登記担保16条1項）。

(g) 債権的請求権

　目的物が債務者の責任財産に属していなければ、第三者の権利が**債権的請求権**であっても異議の事由となる。たとえば、転貸借の目的物が転借人の債権者によって差し押さえられた場合には、転貸人は、債権的請求権しかもっていないが、第三者異議の訴えを提起することができる。

執行目的物につき処分禁止の仮処分を得ている債権者が第三者異議の訴えを提起できるかが問題となるが、否定すべきである。なぜなら、強制執行手続が進行して売却がなされても、仮処分の効力は失われず、買受人は強制執行手続による権利取得を仮処分債権者に対抗できないと解されるため、仮処分権者は執行によってその利益を害されるといえないからである。

(5)債務者に対する訴えの併合

第三者が債権者に対し第三者異議の訴えを提起した場合において、債務者が、その権利は自己に属していると争っているときには、その第三者は、債務者に対して所有権確認または目的物の引渡し等を求める別訴を提起し、本訴に併合することができる（民執38条2項）。

5 異議訴訟の本案提起に伴う強制執行停止・執行処分取消しの申立て

【1】意義

執行文付与に対する異議の訴え、請求異議の訴えまたは第三者異議の訴えを提起しても、強制執行は当然には停止されない（**執行不停止の原則**）。そのため、これらの訴えを提起した原告は、強制執行の停止・取消しを求めるために、仮の処分として強制執行の停止または執行処分の取消し決定の申立てをしなければならない（36条1項、38条4項）。

これに対して、裁判所は、異議の訴えにおいて主張した強制執行を不許とする事情につき法律上理由があるとみえ、かつ、事実上の点について疎明があったときには、強制執行の停止・取消しを命じる。原告は、その裁判の正本を執行機関に提出し、強制執行を停止・取消しさせる（39条1項6号・7号）。

管轄は、原則として本案の異議訴訟の受訴裁判所である。実務上、本案提起と同時に強制執行停止決定や執行処分取消し決定の申立てを行う。裁判は通常、口頭弁論を経ず、決定でなされ（36条2項）、不服申立てをすることはできない（36条5項）。

裁判の性質は仮の処分であるが、民事執行法に定める特別の手続であり、これらの訴訟を本案として民事保全上の仮処分を求めることはできない。

【2】申立書の記載事項および審理

(1)申立書の記載事項

申立書には、「申立ての趣旨」、「申立ての理由」および「疎明方法」を記載する。

⑵ **審理**

　本来、請求権が存在し、かつ、それが請求しうる状態にあることは、債権者である被告が主張立証責任を負う。しかし、本案訴訟の請求原因事実だけでは具体的事情がわかりにくいため、申立ての理由には、主張立証責任の分配にとらわれずに、争点となる事実や紛争の背景・間接事実など、審理に必要な事実を主張しなければならないと指摘されている。特に執行証書の無効に関しては、被告が主張するであろう抗弁に対する積極的否認事実や再抗弁事実、たとえば作成嘱託に関する瑕疵、その他無効な執行証書が作成された事情などをも記載しなければならない。

　事実の記載には、関連する疎明方法を引用し、事実と疎明方法の対応を明示する。

⑶ **疎明の方法**

　疎明の方法は、民事保全の場合と同様である。書証のほか、人証に代わるものとして、本人、関係者の作成した報告書を提出する。報告書には、主要事実、間接事実、争点に関する事情のほか書証の趣旨や成立の経過など証拠についての説明も記載する。

⑷ **執行文付与に対する異議の訴え等にかかる執行停止の裁判**

　異議のため主張した事情について法律上理由があるとみえ、かつ、事実上の点について疎明があったときは、受訴裁判所は、終局判決において37条1項の裁判をするまでの間、通常は担保を立てさせて、強制執行の停止、もしくはすでにした執行処分の取消しを命ずることができる（36条1項）。

2－26　強制執行停止決定の例

強　制　執　行　停　止　決　定

　　　　　　申　立　人　　株式会社○○
　　　　　　被申立人　　　○　○　○　○

　申立人は、当裁判所が平成○年○月○日言い渡した仮執行の宣言を付した判決に対し、控訴を提起し、同判決に基づく強制執行の停止を申し立てた。

　当裁判所は、同申立を理由があるものと認め、申立人に被申立人○○○○のために金2000万円の担保を立てさせて、次のとおり決定する。

主　　　文

　上記債務名義に基づく強制執行は、本案控訴事件の判決があるまでこれを停止する。

```
　　平成○年○月○日
　　東京地方裁判所民事第11部
　　　　裁　判　官　　○　○　○　○
```

(5)終局裁判における執行停止の裁判等

　このような民事執行法36条1項の仮の処分については、終局判決において「認可」・「変更」または「取消し」を命ずることができ、この場合には、本案判決のときから確定までの間の効力を付与するため、この裁判について仮執行の宣言をしなければならない(37条1項)。

【確認問題】強制執行における救済

　Xは、Yから執行証書に基づく不動産強制競売の申立てを受け、裁判所により強制競売開始決定がなされた。しかし、Xには、執行証書に記載された原因債権に心あたりがなく、そもそもYのことを知らなかった。この執行証書は、Xと同居している娘婿のZがXの実印等を冒用して作成したものであった。Xは、Yからの強制執行に対して、どのような法的救済手段をとるべきか。

【考え方】

・Yによる執行は、**不当執行**にあたる。
　∵本件執行証書は、外見上成立しているが、偽造されており、これに基づく執行の結果は実体法上是認されないから。
・これに対して、執行債務者Xは、**請求異議の訴え**(民執35条1項後段)を提起すべきである。
　∵執行手続と権利判定行為の分離原則により、本件のような実体権に関する不服は、執行手続外で処理されるため。
・また、**強制執行停止決定の申立て**(民執36条1項)もすべきである。
　∵請求異議の訴えを提起しても執行手続は停止しないから。
・停止決定がなされれば、執行停止決定正本を執行機関に提出する(民執39条1項6号、7号)。

　　　　　　　　　　　　　　　　　　　　　　　　　　　　　　　　　以　上

第2章 強制執行総論

7. 強制執行の停止、執行処分の取消し

1 総説

強制執行の停止とは、法律上の事由により執行機関が執行を開始・続行しないことをいい、**執行処分の取消し**とは、執行機関がすでにした執行処分を除去することをいう。

強制執行の停止は、全部停止と一時停止に分けられる。**全部停止**とは、特定の債務名義に基づく執行全部または個々の執行手続全体の停止をいい、**一部停止**とは、複数の債権者、債務者、または執行目的物の一部など執行対象の一部に限定した停止をいう。また、すでになされた執行処分の取消しを伴う**終局的停止**と、将来続行の可能性のある**一時的停止**とにも分けられる。

執行停止・取消文書を取得しても、それだけでは強制執行が停止されたり、取り消されたりすることはなく、これを執行機関に提出しなければならない。民事執行法は、強制執行を停止する場合と、強制執行を停止し、さらにすでになした執行処分を取り消す場合を規定している（39条、40条）。

2 強制執行停止

執行機関は、民事執行法39条1項各号の文書が提出されたときは強制執行を停止しなければならない（39条1項柱書）。もっとも、39条1項1号から6号までの文書は執行取消しにまでいたる執行取消文書であって（40条1項）、単純な執行停止文書は、39条1項7号、8号の文書である。

【1】強制執行を停止すべき文書

(1) 債務名義(執行証書を除く)を取り消す旨を記載した執行力のある裁判の正本(1号文書)

上訴・再審等による原判決の取消判決(民訴305条、325条、348条)などである。

(2) 仮執行の宣言を取り消す旨を記載した執行力のある裁判の正本(1号文書)

上訴審における仮執行宣言のみを取り消す判決(民訴260条1項・2項)などである。

(3) 強制執行を許さない旨を記載した執行力のある裁判の正本(1号文書)

執行文付与に対する異議の訴え・請求異議の訴え・第三者異議の訴え等の認容判決、執行異議・執行文付与に対する異議等の認容決定などである。

なお、(1)、(2)および(3)でいう「執行力のある裁判の正本」とは、確定または仮執行宣言の付された裁判の正本のことをいい、広義の執行力を意味する。執行文の付されたものである、「執行力ある債務名義の正本」とは異なる点に注意してほしい。

(4) 債務名義にかかる和解、認諾、調停または労働審判の効力がないことを宣言する確定判決の正本(2号文書)

和解、認諾、調停等の無効確認の訴えについて、無効を確認する判決などである。

(5) 22条2号から4号の2までに掲げる債務名義が訴えの取下げその他の事由により効力を失ったことを証する調書の正本その他の裁判所書記官の作成した文書(3号文書)

仮執行宣言付判決や仮執行宣言付支払督促について、その基礎となる訴えや申立てが取り下げられたり、上訴、異議事件で和解が成立したりして、執行力を失ったことを証明する調書や証明書のことである。

(6) 強制執行をしない旨、またはその申立てを取り下げる旨を記載した裁判上の和解または調停の調書の正本(4号文書)

不執行合意または執行申立ての取下げを内容とする裁判上の和解、調停等の調書であることが必要であり、裁判外の和解は含まれない。

不執行合意または執行申立ての取下げを内容とする裁判上の和解、調停等が成立している場合は、請求異議の訴えの認容判決の確定や債権者の執行申立ての取下げを待たず、これらの調書の提出によりただちに執行を停止できるとするものである。

(7) 強制執行を免れるための担保を立てたことを証する文書(5号文書)

仮執行免脱宣言(民訴259条3項)のある仮執行宣言付判決に、債務者が担保を立てた場合の担保提供の証明書で、供託書などが該当する。

(8) 強制執行の停止および執行処分の取消しを命ずる旨を記載した裁判の正本(6号文書)

執行文付与に対する異議の訴え、請求異議の訴え、第三者異議の訴え、上訴、再審等に際して申し立てる執行処分取消決定申立てに対する認容判決である。

執行停止とあわせてすでになされた執行処分の取消しを命じる裁判(民訴403条1項

各号、民執36条1項・37条1項・38条4項など)を定めるものである。次号に掲げられた、単に執行の一時停止を命じる裁判とは異なる。

(9) **強制執行の一時の停止を命ずる旨を記載した裁判の正本(7号文書)**

　6号文書と同じ文書で強制執行停止のみを命じている場合(一時的執行停止命令)である(民訴403条1項各号、民執10条6項・11条2項・32条2項・36条1項・37条1項・38条4項・132条3項など)。異議訴訟、上訴等における仮の処分のほとんどが該当する。執行証書についての民事調停規則6条の民事執行手続停止命令もこれにあたる。

(10) **弁済受領文書(8号文書)**

　弁済受領文書は、債権者が債務名義成立後に弁済を受けた旨を記載した文書である。その典型例は領収書であるが、そのほか、債権転付命令、債権譲渡通知書、配当調書など債権者以外の者の作成文書も含む。

　ただし、弁済供託の場合には、弁済の受領について争いがあることが多い一方で、供託が有効であれば弁済の効果が生じることから、有効説(東京高決昭和54年3月9日東高民時報30巻3号52頁、東京高決昭和53年12月20日判時916号27頁など)と無効説(広島高決昭和39年1月10日下民集15巻1号1頁)との対立がある。執行実務上の扱いとしては、執行機関の裁量により期日を延期する扱いが相当であるとされている(民裁資料217号執行官事務に関する協議録第3版38頁)。

　停止期間については制限がある。

(11) **弁済猶予文書(8号文書)**

　弁済猶予文書は、債権者が債務名義成立後に弁済の猶予を承諾した旨を記載した文書である。

　停止期間については制限がある。

【2】 停止期間の制限

　弁済受領文書による停止期間は4週間にかぎられ(民執39条2項)、弁済猶予文書による停止は2回にかぎり、かつ、通じて6か月を超えることはできない(39条3項)。それ以上の停止を求めるためには、その間に請求異議の訴えなどを提起し、仮の処分により6号または7号文書を得て提出するか、他の執行停止文書を取得して提出する必要がある。すなわち、弁済や弁済猶予に争いがある場合には、弁済受領文書・弁済猶予文書の提出によって、請求異議の訴えの提起等のための時間的猶予が得られるのである。

【3】不動産強制競売における執行停止文書の提出

不動産強制競売では、弁済猶予、弁済受領文書（8号文書）の提出は、売却の実施前、すなわち売却期日の前でなければ、原則として強制執行の停止の効力を認められない（72条3項）。また、請求異議の訴えの提起に伴う強制執行の一時停止を命じる判決の正本（7号文書）は、それが売却決定期日の終了までの間に提出されれば、売却決定期日を開くことができなくなるが（72条1項）、売却決定期日後に提出された場合には、原則として強制執行の停止の効力を認められない（72条2項）。さらに、買受人による代金納付後に民事執行法39条1項1号から6号までの文書の提出があっても、手続は停止されない。不動産強制競売では買受人は代金を納付したときに所有権を取得してしまうためである（79条）。この場合には、ほかに売却代金の配当または弁済金の交付を受けるべき債権者があるときには、執行裁判所は、その債権者のために配当等を実施しなければならない（84条3項）。他の債権者等がいないときには売却代金は債務者に交付される。

【4】動産執行の特則

動産執行においては、7号文書または8号文書の提出があった場合において、「差押物について著しい価額の減少を生ずるおそれがあるとき、又はその保管のために不相応な費用を要するときは、執行官は、その差押物を売却することができる」（137条1項）。

3 執行処分の取消し

民事執行法39条1項1号から6号までに定められている文書（取消文書）が提出されたときは、執行裁判所または執行官は、ただちに強制執行を停止するとともに、「既にした執行処分をも取り消さなければならない」（40条1項）。執行処分の取消しは、強制執行の停止では回復できない損害が発生するおそれがある場合において、意味がある。

この執行処分取消しに対しては執行抗告することができない（40条2項）。

第2章 強制執行総論

8. 強制執行停止および取消しにおける担保

　強制執行の停止および取消しには、原則として、担保の提供が要求される（民訴403条、民執36条1項、38条1項・4項、民保27条1項）。

　これらの担保は債権者が被る損害の賠償のための担保であるが、この担保の額は裁判所の自由な裁量によって決定される。そこで，裁判所は、執行停止の決定を行うにあたって債権者に生ずべき損害を具体的に算定しなければならない。もっとも，債権者に生ずべき損害を事前に十分に算定することは困難であるから、専門部、集中部を設けているような都市部では一定の基準を設けていることが多い。ただし，この基準は、事件を類型化し、当該類型の事件において通常債権者に生ずることが予想される損害をもとに通常の疎明がなされることを前提としているにすぎないので、裁判所は、個々の事件においては、基準をいちおう参考にしつつも、当該事件の具体的事情および申立ての理由についての疎明の程度を考慮して、妥当な金額を決定している。

第3章 金銭執行

1. 総説

1 金銭執行の意義

金銭執行とは、強制執行のうち、実現すべき請求権が金銭債権であるものをいう。金銭執行は、さらに債権者が執行の対象として選択した財産の種類により、**不動産執行、動産執行**および**債権その他の財産権に対する執行**に分類される。

金銭執行は、債務者の責任財産を執行の対象とするため、不動産強制管理を除きいずれも、債権者の申立て→差押え→強制換価→配当(満足)という手続の流れとなる。

3—1　金銭執行の手続

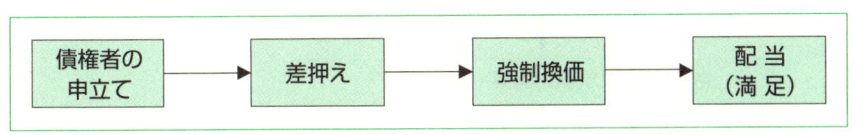

債権者の申立て → 差押え → 強制換価 → 配当(満足)

以下では、概略について説明していくことにする。

2 不動産執行

不動産執行(不動産強制競売) とは、執行裁判所が債務者の不動産を売却し、その代金をもって債務者の債務の弁済にあてる執行手続をいう。

不動産は一般的に価格が高く、個人の資産に占める割合も大きいため、債権者の不動産に対する期待は高い。しかし、不動産には担保権(主に抵当権)が不動産価値いっぱいに設定されている場合が多く、現実には無担保債権者による執行の実効性は低い。ただし、民事執行法は不動産執行について詳細な規定をおき、それらの規定を他の強制執行や担保権実行の手続に準用する形式をとっているため、重要である。

不動産執行には、不動産を換価してその換価代金から債権を回収する**強制競売**と、

3-1　総説　071

3−2 不動産強制競売の全体像

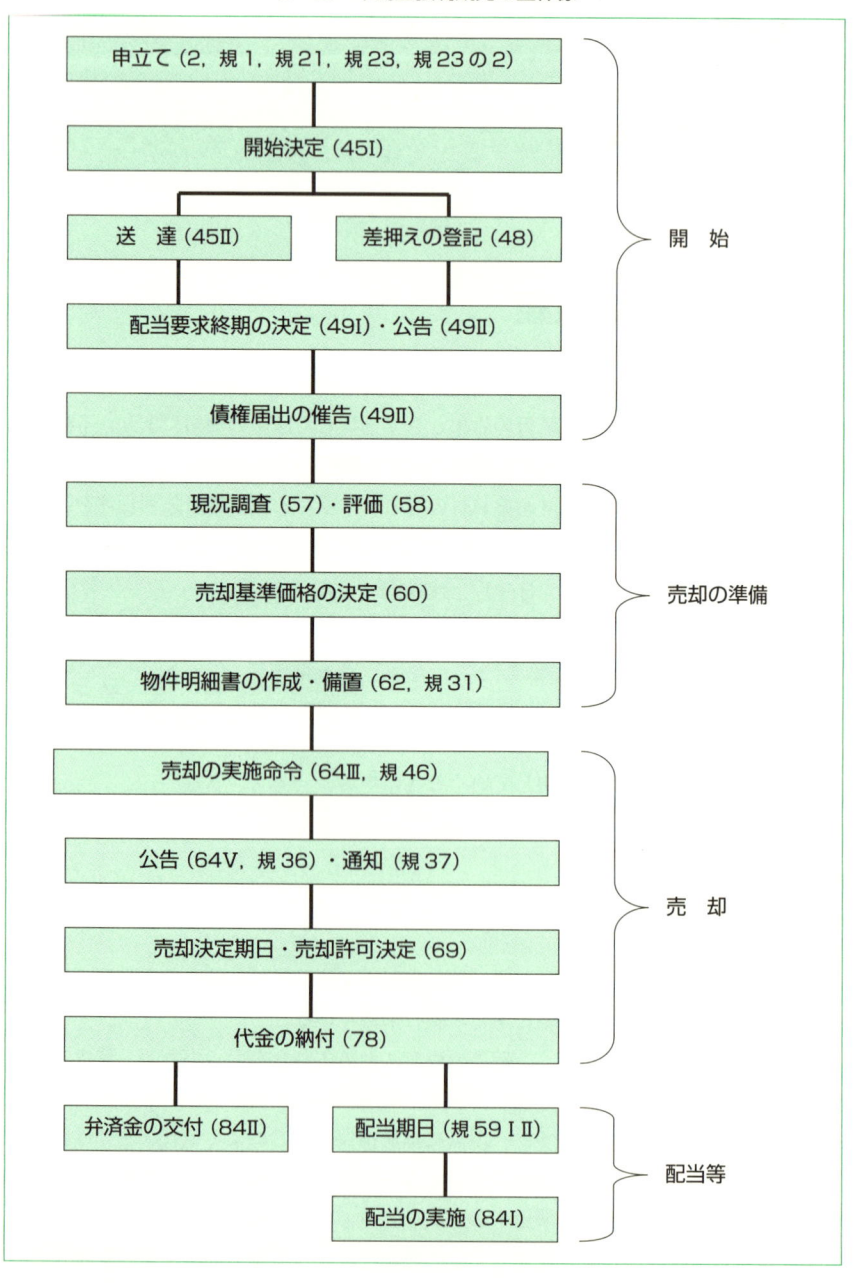

```
申立て（2, 規1, 規21, 規23, 規23の2）
          │
    開始決定（45Ⅰ）
      ┌───┴───┐
  送 達（45Ⅱ）  差押えの登記（48）
      │
配当要求終期の決定（49Ⅰ）・公告（49Ⅱ）
      │
  債権届出の催告（49Ⅱ）
```
〔開　始〕

```
  現況調査（57）・評価（58）
          │
    売却基準価格の決定（60）
          │
  物件明細書の作成・備置（62, 規31）
```
〔売却の準備〕

```
    売却の実施命令（64Ⅲ, 規46）
          │
    公告（64Ⅴ, 規36）・通知（規37）
          │
    売却決定期日・売却許可決定（69）
          │
        代金の納付（78）
      ┌───┴───┐
 弁済金の交付（84Ⅱ）  配当期日（規59ⅠⅡ）
                        │
                  配当の実施（84Ⅰ）
```
〔売　却〕

〔配当等〕

不動産を賃貸等に付してその収益金から債権を回収する強制管理の手続がある(43条1項)。

不動産執行の対象となる不動産は、民法上の不動産(民86条1項)のうち、登記することができない土地の定着物を除いたもの(民執43条1項、登記のできない土地の定着物は独立して不動産強制競売の対象とならず、動産執行の対象となる〔122条1項〕)、不動産の共有持分や登記された地上権等(43条2項)、そのほか特別法上不動産とみなされるもの(鉱業権、漁業権等)である。

不動産執行手続の執行機関は裁判所であり、不動産の所在地を管轄する地方裁判所(不動産とみなされるものについては、その登記をすべき地を管轄する地方裁判所)の専属管轄に属する(44条1項、19条)。

3 動産執行の意義

動産執行とは、執行官が債務者の占有する動産を差し押さえ、そこから得た売得金等を債務者の債務の弁済にあてる執行手続をいう。

動産は、不動産等と比較すると、経済的価値が低い。そのため、債権者としては、動産の売得金から多くの配当を得ることを期待することができない。そこで、動産執行の申立ては、債務者にとって使用価値の高い動産を差し押さえて精神的苦痛を与えることで、間接的に弁済を強制する目的でなされることが多い。このような動産執行の間接強制的機能に対する評価は分かれている。

4 債権その他の財産権に対する執行の意義

債権およびその他の財産権に対する執行は、無形の財産を対象とする強制執行であり、執行の対象が権利であることから、権利執行ともよばれている。

権利執行は、債権執行(143条から166条まで)、その他の財産権に対する強制執行(167条)、および少額訴訟債権訴訟(167条の2から167条の14まで)に区分される。

権利執行はさらに、金銭債権に対する強制執行と船舶・動産等の引渡請求権に対する強制執行に区分される。これらの執行のうち、実際に行われることがもっとも多いのは、金銭債権に対する強制執行である。なかでも預金債権は、第三債務者が銀行等であるため無資力の危険が少なく、執行の対象とされることが多い。

第3章 金銭執行

2. 不動産強制競売

1 強制競売の開始

［設例］

　Bは、Aに対する売買代金債権を有していたところ、Aの所有する建物を差し押さえ、競売開始決定による差押えの登記がされた。その後に、AがH銀行のためにその建物に抵当権を設定し、その登記がなされた。また、Dは、Aからその建物を借りて家族とともに住んでいる。

　Bの申立てによる競売手続開始後に、H銀行が、抵当権の実行として同建物に対する競売を申し立てた。この場合の法律関係はどうなるか。

```
B差押え      A→H抵当権設定   A→D賃借権設定   H競売申立て
・登記       ・登記          ・建物引渡し
```

【1】強制競売の申立て

　強制競売は、債権者が裁判所に対し、不動産強制競売の申立書を提出することにより始まる（2条、民執規1条）。

　申立書には、債権者、債務者、債務名義および対象不動産を表示し（民執規21条）、原則として、執行力のある債務名義の正本、対象不動産の登記事項証明書、公課証明書などの書面を添付して提出しなければならない（民執規23条）。なお、申立てにあたっては、手続費用として執行費用を賄うに足りる予納金を納付しなければならない（民執14条）。

　競売申立ては、開始決定後であっても、債権者が自由に取り下げることができるの

が原則である。競売手続は、基本的には差押債権者のための手続だからである。差押債権者の申立取下げにより、配当要求債権者などは配当を受けられなくなるが、それを避けたい債権者はみずから二重に差押えをなすべきである。ただし、買受申出後に取り下げる場合には、最高価買受申出人(または買受人)および次順位買受申出人の同意が必要である(76条1項本文)。

3－3　申立書の例

```
                    強制競売申立書

┌─────┐
│印  収│
│   　│                                     平成○年○月○日
│紙  入│
└─────┘

東京地方裁判所民事第21部　御中

                    申立債権者　　株式会社　　○○○○
                    代表者　　　　代表取締役　○○○○㊞


                                電　話　○○-○○○○-○○○○
                                ＦＡＸ　○○-○○○○-○○○○
                                担当者　○○○○


                        当　事　者  ⎫
                        請　求　債　権  ⎬ 別紙目録のとおり
                        目的不動産  ⎭


　債権者は、債務者に対し、別紙請求債権目録記載の執行力のある公正証書の正本に表示
された上記債権を有しているが、債務者がその支払をしないので、債務者所有の上記不動産
に対する強制競売手続の開始を求める。


                        添付書類


1　執行力のある公正証書の正本　　1通
2　同謄本送達証明書　　　　　　　1通
3　不動産登記事項証明書　　　　　1通
4　公課証明書　　　　　　　　　　1通
5　資格証明書　　　　　　　　　　1通

                                                              以上
```

【2】強制競売開始決定

民事執行法45条1項は、「執行裁判所は、強制競売の手続を開始するには、**強制競売の開始決定**をし、その開始決定において、債権者のために不動産を差し押さえる旨を宣言しなければならない」と規定している。そして、開始決定は、債務者に送達されなければならず(45条2項)、申立債権者に告知される(民執規2条2項)。開始決定に対しては、執行異議が可能である。開始決定の付随処分として、裁判所書記官により、差押登記の嘱託(民執48条1項)、配当要求の終期の決定(49条1項)、開始決定および配当要求終期の公告(49条2項)がされる。

3―4　強制競売開始決定

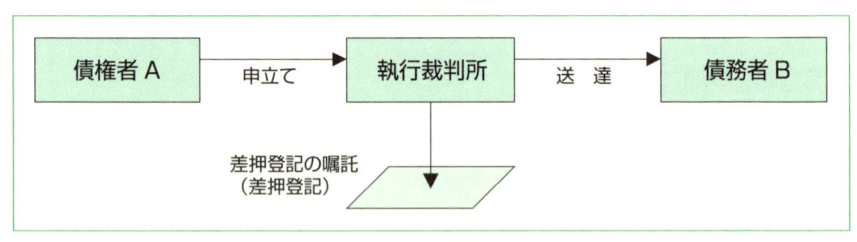

```
債権者A ──申立て──→ 執行裁判所 ──送達──→ 債務者B
                         │
                         ↓
                   差押登記の嘱託
                    (差押登記)
```

3―5　登記簿

順位番号	登記目的	登記原因	権利者その他
1	所有権移転	年月日売買	所有者　　B
2	差押え	年月日○○地方裁判所強制競売開始決定	債権者　　A

【3】差押えの効力

差押えの効力は、原則として、「強制競売の開始決定が債務者に送達された時に生ずる。ただし、差押えの登記がその開始決定の送達前にされたときは、登記がされた時に生ずる」(46条1項)。差押えの効力を第三者に対抗するためには、対抗要件である差押登記を具備しなければならない。そのため、登記前に債務者に差押えを知らせると、差押不動産の登記名義を第三者に移転するなど、執行を妨害する行為がなされるおそれがある。そこで実務では、債務者への送達より差押えの登記嘱託を先行させている。差押えには、執行債権の時効を中断する効果が認められる(民147条2号)。時効の中断が生ずるのは、債権者が競売申立てをしたときである。

差押えにより、債務者は、不動産に対する処分権を制限される。執行売却の手続をしている最中に債務者が不動産を処分して売却ができなくなれば、債権者の権利保護が図れないからである。差押えの効力が及ぶ範囲は、抵当権の効力が及ぶ範囲と同様

に、不動産の従物や従たる権利にも及ぶ。したがって、借地上の建物の差押えは、その従たる権利である土地賃借権にも及ぶ（東京地判昭和33年7月19日判時164号31頁〔執保百選26事件〕）。

　このような処分禁止は、あくまで当該強制競売手続との関係でのみ生じ、それに違反した処分は絶対的に無効となるものではない。すなわち、差押えにかかわらず債務者が不動産を第三者に譲渡した場合であっても、その効力は譲渡当事者の間では有効である（差押えの相対効）。さらに、債務者の抵触処分と差押えに基づく事後の執行手続との関係をどのように規律するかにつき、民事執行法は手続相対効を採用している。すなわち、差押えの処分禁止に抵触して債務者が処分した場合には、その処分は差押債権者に対抗することができないだけでなく、その差押えに基づく事後の執行手続が存するかぎり、これに参加するすべての債権者に対しても、その効力を対抗することができないのである。

　たとえば、債務者A所有の土地に対し、Aの債権者甲が差押えの登記をした後（①）、Aの債権者である乙が抵当権の設定登記をしたとする（②）。この場合には、乙は、抵当権者であるということだけでは配当を受けることができず（87条1項4号・2項）、配当を受けるためには、Aに対する債務名義を取得して配当要求をするか（51条1項・87条1項2号）、みずから不動産強制競売の申立てをしなければならない（③）。

　なお、Aの債権者甲が差押えの登記をした後（①）、債務者Aが買主Bに当該土地を売却（処分）した場合には、この売却は、AとBとの間では有効であるが、Aと甲・乙との間では無効となる（手続相対効説）。

　以上のように、差押えにより処分禁止効が発生するが、差押えによっても、原則として、「債務者が通常の用法に従って不動産を使用し、又は収益することを妨げない」（46条2項）。差押えの目的は、あくまで不動産の交換価値の把握・維持にあるので、それを害しないかぎり債務者の利用を排除する必要はないからである。したがって、

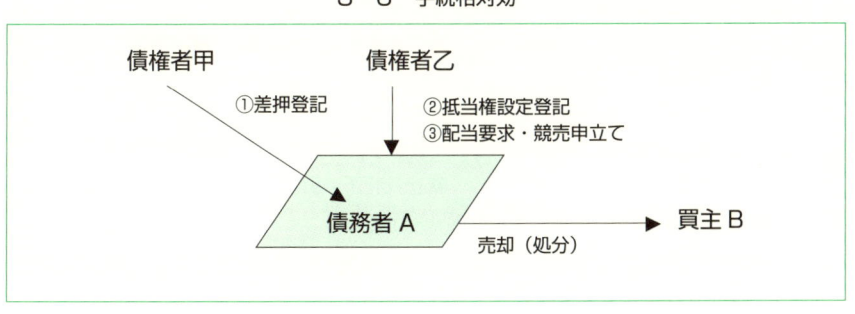

3−6　手続相対効

賃貸中の不動産の差押えの場合において、賃借権譲渡の承諾をすることは、原則として交換価値の減少をきたさないので、差押えによっても禁じられない（最判昭和53年6月29日民集32巻4号762頁〔執保百選25事件〕）。ただし、債務者の使用収益により不動産の価値が著しく減少するおそれがあるときは、後述するような保全処分による介入の余地が認められている。

【4】債権者の競合
(1)二重開始決定
　すでに競売開始決定がなされている不動産についても、他の債権者は競売の申立てをすることができ、申立てによって裁判所は二重に競売開始決定をする（47条1項）。二重開始決定がなされると、先の競売手続が申立ての取下げや手続の取消しにより終了した場合でも、後になされた開始決定に基づいて手続は当然に続行される（47条2項）。また、先の競売手続が停止された場合でも、二重差押債権者の申立てによって続行決定をすることもできる（47条6項）。

［設例の具体的検討］

　債権者であるBの差押えがあり、その登記がなされた後に債務者AがH銀行のために差押え不動産に抵当権を設定してその登記を経ている場合には、H銀行は、その抵当権取得をBに対抗することができない。また、Bの申立てによる競売手続にも対抗することはできない。H銀行が配当を受けるためには、債務名義を得ているかあるいは仮差押えをしなければならない（民執51条1項）。

　Bの申立てによる競売手続が進行中であっても、H銀行が自分の抵当権の実行として競売を申し立てることはでき、H銀行の申立てがあれば執行裁判所は競売開始決定をするが、その手続の進行は、その後事実上ストップする。なぜなら、Bの申立てによる競売手続が進行し、不動産が売却されたら、H銀行の抵当権は失効し（59条2項）、執行裁判所は競売手続を取り消さなくてはならないことがわかっているので、今すぐH銀行の申立てによる競売手続を進めるわけにはいかないからである。

　Bの差押え後に、Aから同建物を賃借したDは、たとえ建物の引渡しを受けたとしても、Bに対抗することはできない。競売手続が進行して不動産が売却されれば、Dの賃借権は失効し、買受人は、執行裁判所の引渡命令（83条）を得て、Dおよびその家族に対する建物引渡しを強制執行できる。

(2)配当要求

　民事執行法は、配当要求制度(49条以下)を採用している。

(a)意義

　配当要求とは、他人の申立てにより行われている競売手続に参加して配当等を受けようとする債権者の執行法上の意思表示をいう。

　前述した二重の開始決定も配当を受けるための方法のひとつであるが、二重開始決定の場合には、先行手続が取下げまたは取消しにより終了しても、後行手続が続行し、二重開始決定の申立債権者が差押債権者になる。これに対して、配当要求は、手続の参加にすぎず、参加手続が取下げまたは取消しにより終了すれば、その効力を失う。

(b)配当要求の終期

　強制競売の開始決定にかかる差押えの効力が生じた場合には、執行裁判所は、二重の開始決定の場合を除いて、配当要求の終期を定めなければならない(49条1項)。終期が定められると、裁判所書記官は、開始決定がされた旨および配当要求の終期を公告しなければならない(49条2項)。配当要求が許されるのは、差押え発効後、この終期までにかぎられる。

　裁判所書記官は、配当要求の終期の公告をするとともに、債権の存否ならびにその原因および額を配当要求の終期までに執行裁判所に届け出るべき旨を催告しなければならない(49条2項)。

　催告の相手は、差押えの登記前に登記された仮差押えの債権者、差押えの登記前に登記された担保権を有する債権者(知れている抵当証券の所持人を含む)および租税その他の公課を所管する官庁または公署である(49条2項各号)。これら催告を受ける債権者のうち、仮差押債権者と担保権者については、その登記された仮差押えや担保権の帰すうによっては、売却条件に大きな変動を生ずることもあり、また、担保権者と官庁等についてはいずれも優先権者であるから、その債権の額によっては剰余を生じないことになって手続の取消し(63条)ということにもなりうる。そこで、手続の安定を図るために、これらの者に強制競売手続への協力義務(届出義務)を課しているのである(50条1項)。これらの者が配当要求の終期までに、故意または過失によりその届出をしなかったとき、または不実の届出をしたときは、これによって生じた損害を賠償しなければならない(50条3項)。

　なお、所有権の移転に関する仮登記がされている土地等に対する強制競売または担保権実行としての競売において配当要求の終期が定められたときは、仮登記権利者に対しても、裁判所書記官は、催告しなければならず、仮登記権利者は届出の義務を負わされている(仮登記担保17条)。

(c)配当要求をすることができる債権者

配当要求をすることができる債権者は、以下の者にかぎられる(民執51条1項)。

①執行文の付された債務名義の正本を有する債権者

すなわち、少額訴訟における確定判決または仮執行宣言付少額訴訟の判決もしくは仮執行宣言付支払督促を除き、配当要求をするにも執行文の付与を受けなければならない。なお、執行文の付された債務名義の正本を有する債権者は、二重の強制競売を申し立てることができる。

②差押えの登記後に仮差押えの登記をした仮差押債権者

すなわち、債務名義のない債権者は、仮差押手続によって仮差押えの登記を経て(民保47条1項から3項まで)、配当要求をすることができる。

③一般の先取特権を有する債権者

ただし、不動産競売の申立てにより必要な証明文書(民執181条1項各号の文書)によりその権利を証明しなければならない。

(d)手続

配当要求は書面でしなければならない(民執規26条)。配当要求があったときは、裁判所書記官は、差押債権者および債務者に対して、そのことを通知しなければならない(民執規27条)。配当要求を却下する裁判に対しては、執行抗告をすることができる(民執51条2項)。

配当要求に対して、債務者は、その債権がすでに弁済されていたり、虚偽であったりする場合には、債務名義によるものについては請求異議の訴えにより(90条5項)、仮差押えによるものについては仮差押命令に対する保全異議の手続により(民保26条)、先取特権によるものについては債務不存在確認の訴えまたは配当異議の訴えにより(民執90条1項)、それぞれ争うことができる。配当等を受けるべき他の債権者も配当異議の訴えによって争うことができる(配当異議の申出。89条1項)。配当異議を申し出ることができるのは、配当期日に呼出しを受けた債権者および債務者である。判例は、配当表に記載がない債権者はまず配当表に対する執行異議の申立てをすべきであり、ただちに配当異議を申し立てることはできないとしている(最判平成6年7月14日民集48巻5号1109頁〔執保百選50事件〕)。

なお、配当異議を申し出ずまたは異議を申し出ても異議の訴えを提起しなかった債権者が、配当実施後に、他の債権者に対して、その権利が存在しなかったこと等を理由として、不当利得返還請求権を行使することができるかが問題となる。この点について判例は、抵当権者による不当利得返還請求権を認めつつも(最判平成3年3月22日民集45巻3号322頁)、一般債権者についてこれを否定している(最判平成10年3月26日民

集52巻2号513頁〔執保百選49事件〕)。これに対して、異議等を述べなかった債務者による不当利得返還請求権については、認められている(最判昭和63年7月1日民集42巻6号477頁〔執保百選92事件〕)。

2 売却準備

　不動産は一般に価値が高く、執行目的物としての重要度も高い。そこで、債権者、債務者双方にとって適正に競売手続がなされるよう、慎重な手続が必要とされる。そのため、不動産競売手続においては、他の手続以上に売却準備手続が重要な役割を果たしている。

> [設例]
> 　Aの所有する土地には、Bが1番の根抵当権(債権極度額1400万円)、Cが2番目の抵当権(被担保債権500万円)の設定を受けている。Cは、その抵当権の被担保債権の期限はまだ到来していないが、Aに対して別口の貸し金債権100万円があり、その執行証書を債務名義としてこの土地の強制競売の申立てをした。競売開始決定がなされ、手続が進行中である。土地の売却基準価額は2000万円と定められた。この場合において、競売手続の無剰余取消しをすべきか。

【1】売却のための保全処分

　執行裁判所は、債務者または不動産の占有者が不動産の価格を減少させる行為またはそのおそれがある行為(価格減少行為)をするときには、差押債権者の申立てにより、次の保全処分または公示保全処分(不動産の所在場所に当該保全処分の内容を公示書等により執行官に公示させることを内容とする保全処分)を命ずることができる(55条1項本文)。
　　①当該価格減少行為を禁止し、または一定の行為を命じる保全処分(執行裁判所が必要と認めるときは公示保全処分を含む)(1号)
　　②執行官保管の保全処分(執行裁判所が必要と認めるときは公示保全処分を含む)(2号)
　　③占有移転禁止の保全処分および保全公示処分(3号)
　②および③の保全処分は、債務者または占有権原が差押債権者等に対抗することが

3―7 売却準備手続

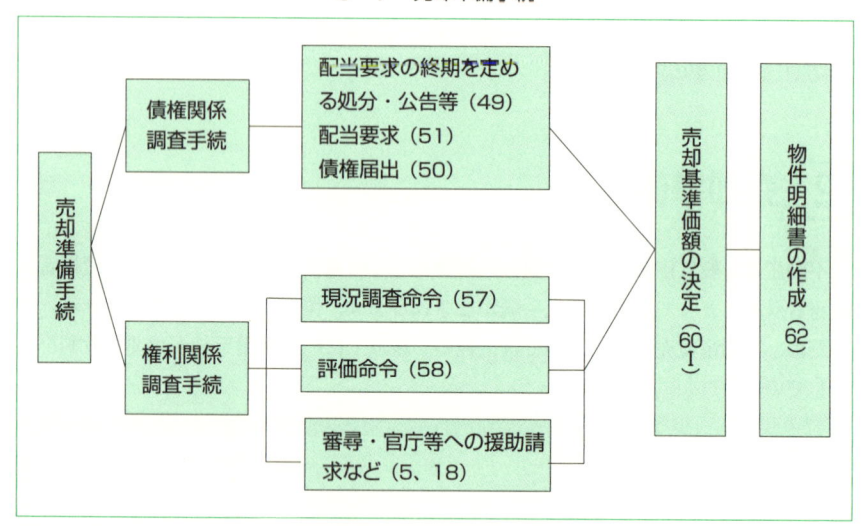

```
売却準備手続 ─┬─ 債権関係調査手続 ─── 配当要求の終期を定める処分・公告等（49）
              │                        配当要求（51）
              │                        債権届出（50）                            ─┐
              │                                                                    ├→ 売却基準価額の決定（60Ⅰ）→ 物件明細書の作成（62）
              └─ 権利関係調査手続 ─── 現況調査命令（57）                        │
                                       評価命令（58）                              ─┘
                                       審尋・官庁等への援助請求など（5、18）
```

できない者が占有する場合にかぎられる(55条2項)。また、②および③の保全処分または公示保全処分については、相手方を特定することを困難とする特別の事情があるときは、執行裁判所は、相手方を特定しないで発令することができる(55条の2第1項)。もっとも、不動産の占有を解く際に相手方を特定できないときは、執行することができない(55条の2第2項)。

③の保全処分がなされたときは、民事保全法上の占有移転禁止保全処分と同様の<u>当事者恒定効</u>が生じ、悪意の占有者や善意の承継人に対して、引渡命令の執行力を及ぼすことができる(83条の2)。

ここでいう価格減少行為としては、不動産の物理的な損傷行為のほか、不動産の競争売買を阻害することによってその交換価値を下落させる行為も含まれる。たとえば、暴力団関係者等が執行妨害を目的として占有すること(東京地決平成4年7月3日判時1424号86頁〔執保百選29事件〕)や更地に建物を建築することも、それらが不動産価格の著しい下落にいたるときは、保全処分の対象となる。

【2】現況調査と評価

差押不動産の事実関係・法律関係を正確に把握しなければ、適正な売却基準価額を定め、売却条件を明確にすることができない。そこで執行裁判所は、執行官に対し、差押不動産の現況調査を命じ(57条1項)、現況調査報告書を提出させるとともに(民執規29条)、<u>評価人</u>を選任してこれに不動産の評価を命じ(民執58条1項)、評価書を提出

させる(民執規30条)。

現況調査報告書は、競売の対象物件の状況や第三者の利用状況とその権原の内容など、物件に関する現況の調査報告書であるのに対し、評価人が作成する**評価書**は、その現況から物件の経済的な評価を示すために作成される書面である。

現況調査を行うにあたっては、執行官は、不動産に対する強制立入権、強制開扉権を有し、債務者・占有者に対し質問をし、文書の提示を求めることができる(民執57条2項、3項)。正当な理由がなく陳述を拒否したり、虚偽の陳述をしたり、あるいは、文書の提示に応じなかったりする債務者または不動産占有者には、罰則規定がある(205条1項2号)。さらに、執行官は、市町村等に対して固定資産税に関して保有する図面その他の資料の写しの交付を請求したり、電気・ガス会社等に対して必要な事項の報告を求めたりすることも認められる(57条4項、5項)。

現況調査の違法に対しては執行異議が可能であり、また、執行官の調査・判断過程が合理性を欠き、そのため現況調査報告書の記載内容と実際の状況との間に看過しがたい相違が生じたようなときは、国家賠償が認められる場合もある(最判平成9年7月15日民集51巻6号2645頁〔執保百選30事件〕)。

【3】 売却基準価額の決定

執行裁判所は、配当要求の終期の到来後遅滞なく、評価人の評価に基づいて**売却基準価額**を定めなければならない(60条1項)。買受申出の額は売却基準価額の8割(これを**買受可能価額**という)を下回ってはならない(60条3項)。また、売却基準価額は一括売却の許否(61条ただし書)、換価の前提である剰余の有無(63条)の判定基準ともなる。

なお、執行裁判所は、必要があると認めるときは、売却基準価額を変更することができる(60条2項)。売却基準価額の変更のためには、原則として評価人の評価を経るが、評価に基づかない売却基準価額の変更も認められる。

【4】 無益執行(無余剰執行)の禁止

執行手続は、私権の実現のために国家権力を発動して、強制的に債務者の財産権を処分するものであることから、その結果がまったく申立債権者の利益にならないような場合には、執行は排除されるべきである。また、差押債権者の申立てによる目的物の換価により、優先債権者がその意に反した時期に、自己の債権の不十分な回収を強制されるのは妥当でない。

そこで、執行裁判所は、不動産の買受可能価額で手続費用および差押債権者に優先する債権を弁済して剰余を生ずる見込みがないときは、その旨を差押債権者に通知し

なければならない(**無益執行(無余剰執行)の禁止**。63条1項)。

　差押債権者が手続の続行を望む場合には、その通知から1週間以内に、剰余の見込みがあることを証明するか、手続費用と優先債権の合計額を超える額でみずから買い受ける旨の申出をして、申出額に相当する保証を提供しなければならず、それがない場合には、強制競売手続は原則として取り消される(63条2項本文)。

【5】物件明細書の作成

　裁判所書記官は、現況調査と評価の結果を踏まえて、買受人が引き受けるべき不動産の権利関係および仮処分の執行ならびに法定地上権の概要等を記載した**物件明細書**を作成し、この写しを前述した**現況調査報告書・評価書**の写しとともに執行裁判所に備え置いて、あるいはインターネットで閲覧に供さなければならない(62条1項、2項、民執規31条)。これは、買受人が引き受けなければならない負担等をあらかじめ開示し、正しい情報に従った適切な買受申出の判断を可能にするためである。物件明細書・現況調査報告書・評価書の各写しは、いわゆる**3点セット**といわれ、これらの開示によって、競売へのアクセスが容易になるのである。

　もっとも、物件明細書に記載される権利関係は、現況調査報告書等の資料に基づく裁判所書記官のいちおうの判断であって、その内容に既判力や形成力は生じず、また、公信力もない。ただ、記載に重大な誤りがあれば、売却不許可事由となる(民執71条6号)。

［設例の具体的検討］

　本問では、執行債権に優先して弁済されるべき優先債権は合計1900万円であり、買受可能価額は1600万円である(2000万円×0.8)。そうすると、このままでは無剰余になってしまう。しかし、差押債権者Cに優先する債権者は、Bだけであり、売却すればCに優先するBが完全な満足を受けられることは間違いなく、差押債権者以外の優先債権者がその望まない時期に不十分な債権の回収を強いられるということはない。また、Cとしては執行債権についての満足は得られなくても、2番抵当の被担保債権につき、200万円分は満足を受けることができるので、まったく無益な執行に終わるわけではない。したがって、このまま競売手続を進めても、無剰余措置の制度趣旨に反するとはいえない。逆に、無剰余措置をとれば、それまで進んできた競売手続はまったくむだになってしまう。したがって、優先債権者が差押債権者だけである場合、または、優先債権者が差押債権者以外にもいるが、優先債権者の全員が満足を受ける場合(一部の満足を受ける場合も

含む)には、競売手続の無剰余取消しをすべきではない。
　よって、本問は取消しをすべきではない。

3 売却の手続・効果

　売却準備が終了すると、いよいよ強制競売の本来の目的である、売却が行われることになる。

3—8　売却手続

```
売却手続 ── 売却期日 (64)　　　　　　　　　── 売却決定期日 ── 代金納付
　　　　　　売却方法の指定　　　　　　　　　　　(69)　　　　　(78)
　　　　　　入札期間等の通知・公告
　　　　　　最高価買受申出人の決定
```

【1】売却の方法

　民事執行法上、売却の方法として、期間入札、期日入札、競り売り、特別売却が設けられている(64条2項、民執規34条、51条)。
　売却方法は、裁判所書記官が決定し(民執64条1項)、入札または競り売りによるときは売却期日を定めて執行官に売却させる(64条3項)。
　現在では、まず**期間入札**の方法で売却を図り、売却できなかった場合に**特別売却**の方法によるという運用が定着している。

【2】内覧

　内覧とは、不動産の買受けを希望する者をこれに立ち入らせて見学させることをいう(64条の2第1項本文参照)。
　不動産は一般的に価格が高く、特に一般個人にとってみれば、その購入というのは

通常、一生に一回の買物である。それに際して実際に物件の中を見ることができないというのでは、買受申出を躊躇させてしまうであろう。たしかに、物件明細書等で一定の情報は提供され、特に現況調査報告書には建物内部の写真も添付されるが、実際に内部を見ることには到底比肩することはできない。そこで、不動産競売市場を一般の不動産市場に少しでも近づけ、不動産の売却を促進するために設けられたのが、内覧の制度である。

「執行裁判所は、差押債権者……の申立てがあるときは、執行官に対し、内覧……の実施を命じなければならない」(64条の2第1項本文)。ただし、当該不動産の占有者の占有の権原が差押債権者等に対抗することができる場合で当該占有者が同意しないときは、このかぎりではない(64条の2第1項ただし書)。

【3】買受けの申出

買受けの申出の資格については一般に制限はないが、法令上取得が制限されている不動産については、執行裁判所が買受申出人を所定の資格を有する者にかぎることができる(民執規33条)。また、債務者は買受の申出をすることができない(民執68条)。債務者は不動産を買い受ける資金があるのであれば、まず債務を弁済すべきであり、買受けによる担保権等の消除を享受することができるとするのは妥当でないからである。

買受けの申出をしようとする者は、保証を提供しなければならない(66条)。保証の額は売却基準価額の2割が原則であるが(民執規49条、39条)、特別売却の場合は執行裁判所の裁量による(民執規51条3項)。

【4】買受申出のない場合の措置

売却を実施しても買受けの申出がない場合には、売却手続が繰り返されることになるが、市場価値の乏しい不動産については、売却を繰り返してみてもなお売れ残る公算が高い。そのような事件にまで執行裁判所や執行官の労力を費やすことは、制度の負担となるとともに、他の事件の進行の妨げともなる。そこで、売却できない物件の売却について、差押債権者の努力を促すため、一定の要件のもとに執行裁判所が手続の停止・取消しをすることができるとされている(民執68条の3)。

売却を実施しても買受申出がなかった場合において、債務者または買受人に対抗できない占有者が、売却を困難にする行為をし、またはその行為をするおそれがあるときは、執行裁判所は、差押債権者の申立てにより、担保を立てさせて、その不動産を執行官または差押債権者に保管させる旨を命ずることができる(68条の2第1項)。相手方を特定することを困難とする特別の事情があるときは、特定しないで発令するこ

とができる(68条の2第4項・55条の2)。これは、次回売却での差押債権者による買受けの保証を前提に、55条の保全処分よりもゆるやかな要件で占有を排除し、執行官・差押債権者による占有を可能にしたものである。

【5】最高価買受申出人および次順位買受申出

　執行官は、開札期日における開札が終わったときは、最高価買受申出人を定め、その氏名・名称および入札価額を告げる(民執規49条前段、41条3項)。

　最高価買受申出人は、代金相当額を納付したときは不動産の価格を減少させ、引渡しを困難にするような行為の禁止・不動産の執行官保管等の保全処分を求めることができる(民執77条)。その内容は、売却のための保全処分と基本的に同じである。このような保全処分の申立適格が認められるのは、買受希望者も最高価買受申出人となった時点で、物件価格の維持に利害関係を有するからである。

　最高価買受申出人に次いで高額の買受申出で、その額が買受可能価額を超え、かつ、最高価買受申出額から買受申出の保証額を控除した額以上の額で申出をした者は、売却実施の終了までに、執行官に対し次順位買受の申出をすることができる(67条)。たとえば、買受可能価額が1億円で、保証額が4000万円、最高価買受申出額が2億円の場合には、1億6000万円以上の額で買受申出をした次順位者は、次順位買受申出をすることができる。

　次順位買受申出をした者は、買受人が代金を納付せず売却許可決定が失効したときに、売却許可決定を受けうる地位に就く(80条2項)。この場合には、代金不納付の買受人の保証は没取されて配当に回されるので、配当額は常に最高価買受申出額を上回ることになり、配当財団は維持される。

3—9　次順位買受申出

最高価買受申出額 2億円 － 保証額 4000万円 ＝ 1億6000万 ＞ 買受可能価額 1億円

【6】売却決定

　売却が実施されると、執行裁判所は売却決定期日を開き、最高価買受申出人に対する売却の許否を審査して、売却の許可または不許可を言い渡す(69条)。売却決定期日では、不動産の売却の許可または不許可に関し利害関係を有する者は、自己の権利に影響のある売却不許可事由について意見を陳述することができる(70条)。

民事執行法71条各号に定める事由があるときは、執行裁判所は売却不許可決定をしなければならない。また、数個の不動産を売却した場合において、そのうちのある不動産の買受申出の額のみで、各債権者の債権および執行費用の全部を弁済できる見込みがあるときは、他の不動産についての売却許可決定を留保しなければならない(73条1項)。

　このような売却不許可事由、超過売却の留保に該当する事情、買受申出の適法な取消しのいずれもない場合には、執行裁判所は売却許可決定をしなければならない。

　この売却許可決定または売却不許可決定に対しては、自己の権利を害されると主張する者による執行抗告が可能であり(74条1項)、当該決定は確定しなければその効力を生じない(74条5項)。

【7】代金納付とその効果

　「売却許可決定が確定したときは、買受人は、裁判所書記官の定める期限までに代金を裁判所書記官に納付しなければならない」(78条1項)。納付すべき額は買受申出額であるが、保証を金銭で供している場合には代金に当然に充当され(78条2項)、また、配当を受けるべき債権者が買受人となったときは、みずからが受けるべき配当額を控除して代金を納付することができる(78条4項本文)。

　「買受人は、代金を納付した時に不動産を取得する」(79条)。ただし、債務名義を騙取した場合(最判昭和43年2月27日民集22巻2号316頁〔執保百選10事件〕)、無効な債務名義の場合(最判昭和50年7月25日民集29巻6号1170頁)には、買受人は、競売による売却によって所有権を取得することはできない。

　さらに、不動産の上に存する先取特権、使用および収益をしない旨の定めのある質権ならびに抵当権は売却により消滅し(消除主義。59条1項)、一定の場合には法定地上権が設定されたものとみなされる(81条)。そして、裁判所書記官は登記所に嘱託し、買受人の費用負担により(82条4項)、所有権移転登記や消滅・失効する担保権・用益権・差押え・仮差押え・仮処分執行等の登記の抹消がされる(82条1項各号)。

【8】代金の不納付

　「買受人が代金を納付しないときは、売却許可決定は、その効力を失」い、買受人は、原則として保証金の返還を請求することができない(80条1項)。この保証金は、売却代金の一部として保管され、配当に充当される(86条1項3号)。

【9】不動産引渡命令

　民事執行法83条1項は、「執行裁判所は、代金を納付した買受人の申立てにより、債務者又は不動産の占有者に対し、不動産を買受人に引き渡すべき旨を命ずることができる。ただし、事件の記録上買受人に対抗することができる権原により占有していると認められる者に対しては、この限りでない」と規定している。

　本来、買受人は、その占有権原が実体法上自己に対抗できない不動産占有者に対して当然に実体法上の引渡請求権を有するが、その実現に際して常に訴訟が必要であるとすると、買受人にとって不便である。そこで、買受人の便宜のため、執行手続の一種のアフターサービスとして、簡易な決定手続により不動産引渡しの債務名義を買受人が取得することを可能としたのである。

　申立人は、代金を納付した買受人およびその一般承継人である。引渡命令の申立期間は、原則として代金を納付した日から6か月以内であるが、賃借建物について建物使用者があり、6か月の明渡猶予期間が適用される場合には（民395条）、9か月に延長される（民執83条2項括弧書）。

　引渡命令の許否の決定に対しては執行抗告が可能であり（83条4項）、引渡命令は確定するまでその効力を生じない（83条5項）。確定した引渡命令は民事執行法22条3号括弧書の債務名義に該当するから、引渡命令を実行するには、執行文の付与を受けて不動産引渡しの強制執行をすることになる。このように、引渡命令は債務名義となるから、それに対しては請求異議の訴えをすることができる（最判昭和63年2月25日判時1284号66頁〔執保百選47事件〕）。

4 債権者の満足

　不動産が売却されると、売却代金が債権者に分配されることになる。売却代金の分配形式には、配当表に基づいて実施する手続（84条1項）と売却代金交付計算書を作成して弁済金を交付する手続とがある（84条2項）。前者を配当、後者を弁済金交付といい、両者を総称して配当等という。

[設例]

不動産競売の配当手続において、次のような配当表が作成された。

売却代金　4000万円

順位	債権者	債権額	配当額
1	A	3000万円	3000万円
2	B	4000万円	1000万円
3	C	2200万円	0円

　配当期日に、2番抵当権者Bは配当異議の申出をしなかったが、3番抵当権者Cは、1番抵当権者Aの抵当権につき被担保債権の弁済による消滅を主張して配当異議の申出をし、Aを被告として配当異議の訴えを提起した。この場合、各々の配当額はどうなるか。

　弁済金交付手続は、債権者が1人である場合と、債権者が2人以上であっても売却代金で各債権者の債権および執行費用の全部を弁済できる場合に行われる。それ以外の場合に、**配当手続**が行われる。手続上の両者の主要な違いは、配当異議の申出 (89条) の有無にある。

　配当等を受けるべき債権者には、当然に配当等を受けられる債権者と、**配当要求**をしなければならない債権者とに分けられる。配当要求をすることができるのは、前述したように、①執行力ある債務名義の正本を有する債権者、②差押登記後に登記された仮差押債権者および③民事執行法181条1項各号所定の文書により、一般の先取特権を有することを証明した債権者である (51条1項)。旧法では、債務名義を有しない一般債権者も自己の債権の存在を立証して配当要求をすることを認める徹底した平等主義を採用していたが、その結果、虚偽の配当要求が多発し、手続の遅滞にいたったことにかんがみ、原則として債務名義の存在を配当要求の要件としたのである。

【1】配当等を受けるべき債権者

　売却代金から配当・弁済金交付を受けられる者は、次の各債権者である (87条)。
　①差押債権者 (87条1項1号)
　なお、二重開始決定 (47条1項) については、配当要求の終期までに強制競売または一般の先取特権の実行としての競売の申立てをした差押債権者にかぎられる。
　②配当要求の終期までに配当要求・交付要求をした債権者 (87条1項2号)
　③最初の競売開始決定にかかる差押えの登記前に登記された仮差押債権者 (87条

1項3号）
④最初の競売開始決定にかかる差押えの登記前に登記された担保権者(87条1項4号)

【2】配当金等の交付と受領

　不動産の代金が納付されたときは、執行裁判所は配当期日または弁済金交付の日を定めなければならない(民執規59条1項)。

　執行裁判所は、代金の納付があった場合には、原則として、配当表に基づいて配当を実施しなければならない(84条1項)。ただし、「債権者が1人である場合又は債権者が2人以上であって売却代金で各債権者の債権及び執行費用の全額を弁済することができる場合には、執行裁判所は、売却代金の交付計算書を作成して、債権者に弁済金を交付し、剰余金を債務者に交付する」(84条2項)。

　債権者は、配当期日に請求書と領収書を執行裁判所に提出して、裁判所の会計から配当金等の支払いを受ける。配当等を受けるべき債権者の債権が仮差押債権者の債権等である場合には、これらの債権者が受けるべき配当等の額に相当する金銭は供託される(91条1項)。この供託金については、供託事由が消滅したとき(仮差押債権者の債権であれば、本案勝訴の確定などにより債務名義を得たか、あるいは敗訴判決が確定したとき)に供託金について配当が実施される(92条1項)。供託金支払委託手続は、裁判所書記官が行う(民執規61条)。

　弁済金交付後の剰余金は債務者に交付され(民執84条2項)、差押え後に登記された所有権者や抵当権者に交付されることはない。

【3】不服申立手続

　「配当表に記載された各債権者の債権又は配当の額について不服のある債権者及び債務者は、配当期日において、異議の申出(以下「配当異議の申出」という。)をすることができる」(89条1項)。

　配当異議の申出は訴えによって完結されなければならず、配当期日から1週間以内(差引納付の場合は2週間以内)に執行裁判所に対する提訴の証明がされないときは、配当異議の申出は取り下げたものとみなされる(90条6項)。

　訴えは、債権者の異議または無名義債権者に対する債務者の異議の場合は配当異議の訴えであり(90条1項)、有名義債権者に対する債務者の異議の場合は請求異議の訴え(35条)または確定判決変更の訴え(民訴117条)である(民執90条5項)。なお、有名義債権者とは判決や和解調書などの執行力のある債務名義の正本を有する債権者であり、

無名義債権者とはこのような執行正本を有していない債権者のことである。

［設例の具体的検討］

　裁判所が配当異議を理由ありとする場合の判決では、被告から取り上げる係争配当額を原告の有する債権の額にみつるまで原告の配当額にそのまま加えるべきものとする。それが、通説・判例(最判昭和40年4月30日民集19巻3号782頁〔執保百選51事件〕)の立場である。そうすると、裁判所がAの債権の全額弁済を認定してCの配当異議を認容する場合は、「執行裁判所が作成した配当表のうち、被告Aに交付すべき金3000万円の部分を取り消し、原告Cへの配当額を金2200万円にし、被告Aへの配当額を0円とする」と判決することになる。

　一方、Bは自分がCより順位が上なのに、1000万円しか受け取れないのはおかしいと不満をもつかもしれないが、配当異議の申出をしなかったのであるから、仕方がない(相対的処理)。

　配当異議を容認する判決において、被告に対する当初の配当表の配当額を原告の債権額に満ちるまでプラスして、なお剰余がでる場合(本問では800万円)は、その剰余額は被告の配当額にとどめるとする学説も有力であるが、判例は、債務者に返還すべきだとする(前記最判昭和40年4月30日)。

　以上より、Aは0円、Bは1000万円、Cは2200万円となる。

【確認問題】不動産強制競売

　XはYに対して貸金返還請求訴訟を提起し、A地方裁判所は、YはXに対し1000万円を支払えとの判決をだし、この判決は確定した。Yは甲土地を所有している。そこでXは、この判決に基づいて、甲土地を売却して弁済を受けたい。

(1)　Xは、どのような手続を行えばよいか。
(2)　この場合、どのような手続によって執行されるか。
(3)　Zは、Yに対して500万円の損害賠償請求権を有する。そこで、Zは強制競売手続に参加して配当要求できるか。
(4)　Bは、入札によりY所有の土地を買い受けたが、Yがいまだに居座っている。そこでBは、どうすればよいか。

【考え方】

小問(1)
- 甲土地の所在地を管轄する地方裁判所(44条1項)に対して、**不動産強制競売の申立て**を行う(2条)。
- 申立書のほかに、①債務名義たる確定判決(22条1号、民執規21条)、②甲の登記事項証明書などの添付書類(民執規23条)を提出する。また、執行開始要件をみたすために債務名義の送達証明書も提出する(民執29条参照)。

小問(2)
- 執行裁判所は、債権者のために不動産を差し押さえる旨の宣言を記載した**強制競売開始決定**をする(45条1項)。
- 開始決定が**債務者**に**送達**され、差押えの効力が生じる(46条1項)。
- 執行裁判所は、差し押さえられた不動産を入札等により**売却**する。
- 債権者その他の配当等を受けられる者に、売却代金から**配当**または**弁済金交付**をする。

小問(3)
- 配当要求できるのは、原則として**債務名義を有する債権者**である(51条1項)。
  ∵強制執行の簡易迅速性の確保。
- Zは、Yに対する損害賠償請求権を有するのみで、その強制執行を実施することができる債務名義を取得していない。
  よって、債務名義を取得しないかぎり、Zは配当要求できない。
  ＊旧法は、平等主義の観点から、無名義債権者にも広く配当要求を認めていた。

小問(4)
- Bは、執行裁判所に対して、**引渡命令の申立て**をすべきである(83条1項)。
- 執行裁判所は、Yに対して、不動産をBに引き渡すべき旨を命ずることができる(**引渡命令**)。

以 上

第3章 金銭執行

3. 不動産の強制管理

1 序説

【1】金銭執行としての強制管理

　強制管理とは、債務者所有の不動産を換価することなく、その収益を執行裁判所の選任する管理人に収取させ、これを金銭債権の弁済にあてる強制執行手続をいう。すなわち、不動産から生ずる果実の収取権を債務者から奪って、その収取等の管理を執行裁判所の選任する管理人に行使させることにし、その法定果実または換価金(天然果実の場合)でもって債権の満足にあてようとする制度である。

　このように強制管理は、不動産の交換価値を把握する強制競売に対して、不動産の使用価値を把握するものといえるが、実際の利用は多くない。

　不動産執行には、以上のような強制競売と強制管理の2方法があり、債権者はいずれか一方を選択することができ、また、両者を併用することもできる(43条1項)。併用の場合には、強制競売により債権者が所有権を喪失するまで(79条参照)強制管理が行われ、他の債権者のための強制競売手続中でも強制管理をすることができる。また逆に、強制管理中の不動産に対して同一の債権者または他の債権者が強制競売の申立てをすることもできる。

【2】担保不動産収益執行への準用

　平成15年の改正により、従来、認められていなかった不動産上の担保権に基づく収益執行(担保不動産収益執行)が認められるようになり(民371条、359条、民執180条2号)、その執行手続は、原則として、強制管理の手続に準じて行われることになった(188条)。この新制度の導入に伴い、強制管理に関する規定に修正や追加がなされている。

　なお、担保不動産収益執行が認められるようになったからといって、物上代位権の行使が否定されるわけではない。物上代位の手続では、管理人を選任しないため手続費用が低額であり、債権者に直接の取立権が与えられるなど簡易・迅速な債権回収か

可能となる利点があるからである。

2 強制管理の手続

【1】強制管理開始決定

　強制管理は、強制競売と同じく金銭債権についての不動産に対する強制執行であるから、その申立てに際して執行力ある債務名義の正本を必要とし、原則として不動産の所在地を管轄する地方裁判所に申立書を提出して申し立てる(申立書の記載事項については、民執規63条参照)。

　執行裁判所は、申立てを適法と認めるときは、強制管理の開始決定をする(93条1項)。その開始決定において、債権者のために不動産を差し押さえる旨を宣言し、かつ、債務者に対し収益の処分を禁止し、また収益の給付義務を負う第三者(給付義務者)があるときは、その第三者に対し収益を管理人に給付すべき旨を命じる(93条1項)。

　対象となる「収益」は、後の収穫すべき天然果実、および弁済期が到来しまたは後の到来すべき法定果実(賃料等)である(93条2項)。収益処分禁止等の部分は一種の債権執行であるので、それは給付義務者に対する開始決定の効力はその送達の時点で生じ(93条4項)、開始決定に対しては執行抗告も認められる(93条5項)。したがって、開始決定の前提として、その不動産について債務者が収取権を有し、かつ、不動産が収益を生じる見込みのあるものでなければならない(札幌高決昭和57年12月7日判タ486号92頁〔執保百選52事件〕)。

　なお、不動産の収益給付請求権に対して債権執行がされた後に、給付義務者に対して強制管理の開始決定が送達されたときは、先行する債権差押命令・仮差押命令等は原則としてその効力を停止し、強制管理の手続に吸収される(93条の4第1項、2項)。これは、債権執行が物上代位に基づく場合でも同様である。先行する差押え等が吸収された場合には、先行手続で配当資格を有するものは、後行の強制管理において配当要求をすることなく配当を受けることができる(93条の4第3項)。

【2】管理人の選任・管理人による管理および収益の収取

　強制管理は、執行裁判所が管理人を選任し(94条1項)、これに実施させる。管理人は不動産を管理し、収益を収取し、または収取した天然果実を換価する(95条1項)。そのため、管理人は、債務者が直接不動産を占有しているときはその占有を解いてみずから占有し(96条1項)、賃貸する等の方法により収益を得ることができる。

なお、管理人は執行裁判所の監督に服し(99条)、善管注意義務を負う(100条1項)。

3 配当等の実施

　収益(その換価金を含む)について弁済金の交付または配当(「配当等」)は、執行裁判所の定める期間ごとに、配当等にあてるべき金額を計算して実施される(107条1項)。ただし、配当等について債権者間の協議が調わないときは、管理人が事情を執行裁判所に届け出て(107条3項、5項)、執行裁判所が配当等を実施する(109条)。
　そして、各債権者が配当等により債権・執行費用の全額の弁済を受けたときは、強制管理の手続は取り消され(110条)、管理人は、執行裁判所に計算報告書を提出する(103条)。

3—10　強制管理の手続

①	強制管理の申立て(93)
②	管理人の選任(94Ⅰ)
③	管理人による管理および収益の収取(95Ⅰ)
④	配当等の実施(107)

第3章 金銭執行

4. 船舶に対する強制執行（船舶執行）

1 総説

【1】 船舶執行の特殊性

　総トン数20トン以上の船舶は、民法上は動産であるが、それについて登記がなされ（商686条）、登記が所有権移転の対抗要件とされ（商687条）、また、その経済的価値は高く、しかも、抵当権の設定も認められるなど不動産に類する性格を有している。そこで、船舶に対する強制執行は、性質上船舶には関係しないような規定を除いて、不動産に対する強制競売に関する規定が準用されている（民執112条、121条）。

　ただ、船舶については、強制管理の方法は認められない。船舶を管理人に管理させ、これを賃貸しあるいはみずから運航に供して収益をあげることは、管理上の困難や経営上の不安定性があるし、船舶運行上の利益は天然果実というよりも営業利益とみられるなどの事情で、執行方法として現実的でないからである。

【2】 船舶の動産執行的性格

　船舶は、不動産とは異なり可動性を有するので、特則が必要であることも否定できず、民事執行法は、船舶に対する強制執行の規定をおいている（112条以下）。

　たとえば、船舶は航行によって所在を移動するが、執行手続中は執行裁判所の管轄区域内にその所在を確保する必要があり、その限度では、船舶執行は動産執行的性格を有する。そこで、執行裁判所は、強制競売の開始決定において執行官に対し、船舶の国籍を証する文書その他の船舶の航行のために必要な文書（船舶国籍証書等）の取上げを命じ、また、債務者に対し船舶の出航禁止命令を発する（114条）。

2 船舶執行の概要

【1】意義

　船舶執行の対象となる船舶は、「総トン数20トン以上の船舶(端舟その他ろかい又は主としてろかいをもって運転する舟を除く。)」である(112条)。

　なお、登録された小型船舶(小型船舶登録3条)に対する強制執行および先取特権の実行としての競売については、後述する自動車執行に準じる。製造中の船舶は動産執行の方法により、船舶の共有持分に対する強制執行は権利執行(民執167条)による。

　船舶は債務者が占有していることが必要であり、第三者(第三債務者)が占有中の船舶に対する執行は、船舶の引渡請求権の執行としてなされる(162条)。

【2】執行機関

　「船舶執行については、強制競売の開始決定の時の船舶の所在地を管轄する地方裁判所が、執行裁判所として管轄する」(113条)。所在地主義を採用しているのは、執行対象を登簿船にかぎらず、かつ差押えに船舶抑留を伴うからである。

【3】船舶執行の申立て前の船舶国籍証書等の引渡命令

　船舶執行の目的は、移動する船舶の捕捉にある。したがって、「船舶執行の申立て前に船舶国籍証書等を取り上げなければ船舶執行が著しく困難となるおそれがあるときは、その船舶の船籍の所在地(船舶のない船舶にあっては、最高裁判所の指定する地)を管轄する地方裁判所は、申立てにより、債務者に対し、船舶国籍証書等を執行官に引き渡すべき旨を命ずることができる」(115条1項前段)。債権者がこの「申立てをするには、執行力のある債務名義の正本を提示し、かつ、同項に規定する事由を疎明しなければならない」(115条3項)。

　船舶競売の先行処分たる建前上、「執行官は、船舶国籍証書等の引渡しを受けた日から5日以内に債権者が船舶執行の申立てをしたことを証する文書を提出しないときは、その船舶国籍証書等を債務者に返還しなければならない」(115条4項)。

【4】船舶強制競売開始決定

(1)船舶強制競売開始決定

　執行裁判所は、強制競売の手続を開始するには、強制競売の開始決定をし、かつ、執行官に対し、船舶国籍証書等を取り上げて執行裁判所に提出すべきことを命じなけ

ればならない(114条1項本文)。「ただし、その開始決定前にされた開始決定により船舶国籍証書等が取り上げられているときは、執行官に対する命令を要しない」(114条1項ただし書)。このような船舶国籍証書等が取り上げられると、船舶に対する執行はできないことになる。

(2)差押えの宣言と船舶出航禁止命令

船舶差押えは、目的船舶の処分禁止にとどまらず、その捕捉のための処分を伴う。すなわち、「強制競売の開始決定においては、債権者のために船舶を差し押さえる旨を宣言し、かつ、債務者に対し船舶の出航を禁止しなければならない」(114条2項)。

(3)競売開始決定の債務者への送達・差押えの登記の嘱託

強制競売の「開始決定は、債務者に送達しなければならない」(121条・45条2項)。「強制競売の開始決定がされたときは、裁判所書記官は、直ちに、その開始決定に係る差押えの登記を嘱託しなければならない」(121条・48条1項)。登記官は、これに基づいて差押えの登記をする。

(4)差押えの効力が生じる時

差押えの効力は、開始決定の債務者への送達、差押えの登記、船舶国籍証書等の取上げ、のうちもっとも早い時点において生ずる(114条3項、121条、189条、46条1項)。

(5)船舶国籍証書等を取り上げることができない場合の競売手続の取消し

差押えの効力が生じても、執行官が強制競売の開始決定の発せられた日から2週間以内に船舶国籍証書等を取り上げることができないときは、対象船舶の抑留ができないものとして、執行裁判所は、強制競売の手続を取り消さなければならない(120条)。

【5】保管人の選任

「執行裁判所は、差押債権者の申立てにより、必要があると認めるときは、強制競売の開始決定がされた船舶について保管人を選任することができる」(116条1項)。信託会社、銀行その他の法人も、保管人になることができる(116条4項・94条2項)。

保管人は、船舶について、債務者の占有を解いてみずからこれを占有することができ(116条4項・96条1項)、善良な管理者の注意をもってその職務を行わなければならない(116条4項・100条1項)。保管人は、執行裁判所が監督する(116条4項・99条)。

その他、保管人には、管理人の報酬等(101条)、管理人の解任(102条)および計算の報告義務(103条)の各規定が準用されている(116条4項)。

【6】保証の提供による強制競売の手続の取消し

差押債権者の債権について、強制執行の一時停止文書が提出されている場合におい

て、債務者が差押債権者および保証の提供の時(配当要求の終期後にあっては、その終期)までに配当要求をした債権者の債権および執行費用の総額に相当する保証を買受けの申出前に提供したときは、執行裁判所は、申立てにより、配当等の手続を除き、強制競売の手続を取り消さなければならない(117条1項)。このような強制執行の一時停止文書の提出による執行停止がその効力を失ったときは、執行裁判所は、提供された保証について、債権者のために配当等を実施しなければならない(117条2項前段)。

【7】 船舶の航行許可

船舶強制競売手続は、競売開始決定時の船舶所在地を管轄する地方裁判所が執行裁判所となり、船舶を出航させないで進めるのが原則である。

しかし、「執行裁判所は、営業上の必要その他相当の事由があると認める場合において、各債権者並びに最高価買受申出人又は買受人及び次順位買受申出人の同意があるときは、債務者の申立てにより、船舶の航行を許可することができる」(118条1項)。この場合には、執行裁判所は、取り上げた船舶の航行に必要な船舶国籍証書等を債務者に交付する。許可にかかる船舶の航行が終了した場合には、債務者は船舶国籍証書等を執行裁判所に返還することになるが、返還されないときは、執行裁判所は、差押債権者等の申立てにより、執行官に対し、債務者から船舶国籍証書等を取り上げて執行裁判所に提出すべき旨を命ずることができる(民執規81条)。

【8】 事件の移送

船舶が管轄区域外の地に所在することとなった場合には、船舶の所在地を管轄する地方裁判所に事件を移送することができる(119条1項)。

【9】 船舶の換価・配当等

船舶執行のその他については、不動産の強制競売の諸規定が準用される(121条)。具体的には、配当要求に関する諸規定(49条、51条、52条)、催告を受けた者の債権の届出義務(50条)、目的物の滅失による競売手続の取消しの規定(53条)、現況調査の規定(57条)、評価人による評価の規定(58条)、売却による権利の消滅等に関する規定(59条)、売却基準価額の決定に関する規定(60条)、物件明細書に関する規定(62条)、売却の方法および公告に関する規定(64条)、売却の場所の秩序維持に関する規定(65条)、買受け申出に関する諸規定(66条から68条まで)、売却許可・不許可に関する諸規定(69条から75条まで)、代金納付に関する諸規定(78条から80条まで)、配当等に関する諸規定(84条から92条まで)などである。

第3章……金銭執行

5. 航空機・自動車・建設機械・小型船舶に対する強制執行

1 序説

　航空機、自動車、建設機械および小型船舶は、いずれも動産であるが、登記または登録の制度が存在し、登録された航空機・自動車・小型船舶については、登録が所有権移転や抵当権設定などの対抗要件となっており(航空3条の3、車両5条、自抵5条、小型船舶登録4条)、建設機械については、登記が所有権移転や抵当権設定などの対抗要件となっている(建抵7条)。

　そこで、登記または登録のあるこれらに対する強制執行については、動産執行の手続ではなく、船舶執行に類似した手続によることとし、原則として地方裁判所が執行裁判所としてこれを管轄するものとし、かつ、強制執行、仮差押えならびに仮処分の執行および競売に関し必要な事項は最高裁判所規則で定めるものとされ(航空8条の4第2項、車両97条2項、建抵26条2項、小型船舶登録27条2項)、これに基づいて民事執行規則に所要の規定が設けられている。

　以下では、これらの概要を説明することにする。

2 各論

【1】航空機執行

　新規登録(航空5条)を受けた飛行機・回転翼航空機(以下「航空機」という)に対する強制執行については、おおむね船舶執行に準じて行われるが(民執規84条、175条)、若干の手続特則がある(民執規85条)。

　上記以外の航空機、すなわち外国航空機、飛行船等に対する執行は、一般の動産執行による。

【2】自動車執行

　新規登録(車両7条以下)を受けた自動車に対する強制執行については、強制競売の方法で行い(民執規86条)、その強制競売には不動産の強制競売に関する規定が広く準用される(民執規97条)。ただし、開始決定において自動車を差し押さえる旨の宣言のほか、債務者に対し自動車を執行官に引き渡すべき旨を命じ(民執規89条から94条まで)、また、現況調査は行わないなど、自動車の特質に基づく異なった取扱いもなされている。

　ただし、登録自動車でも大型特殊自動車(自抵2条ただし書)で登記されたものに対する執行は建設機械執行の方法による(民執規86条。なお、自抵2条ただし書参照)。また、大型特殊自動車で未登記のもの、登録できる自動車で未登録のものおよび登録できない自動車(軽自動車・小型特殊自動車・二輪の小型自動車)は、動産執行の方法による。

　なお、執行実務においては、自動車執行の比重は意外に低いといわれている。

【3】建設機械執行

　建設工事(建設2条1項)の用に供される政令所定範囲の機械類で登記されたもの(建抵2条、3条1項、建抵施行令1条)に対する強制執行は、登録自動車に対する強制執行に準じて行われる(建抵26条、民執規98条)。

【4】小型船舶執行

　登録された小型船舶(小型船舶登録3条)に対する強制執行および先取特権の実行としての競売については、その小型船舶の小型船舶登録原簿に登録された船籍港を管轄する地方裁判所が執行裁判所として管轄し、その執行方法は、登録自動車に対する強制競売に準じる(小型船舶登録27条1項、民執規98条の2)。小型船舶は、総トン数20トン未満の船舶のうち漁船を除くものをいい、高度の移動性を有し、陸上での運搬や保管の可能なものもあり、自動車と同じく登録が対抗要件とされるので、自動車執行の手続に準じるものとしたのである。

　なお、未登録の小型船舶に対する執行については、動産執行の方法による。

第3章 金銭執行

6. 動産執行

1 序説

【1】意義
動産執行とは、執行官が債務者の占有する動産を差し押さえ、そこから得た売得金等を債務者の債務の弁済にあてる執行手続をいう。

【2】対象
動産執行の対象となる動産は、①民法86条にいう動産のほか、②(ア)登記することができない土地の定着物、(イ)土地から分離する前の天然果実で1か月以内に収穫することが確実であるもの、および(ウ)裏書の禁止されている有価証券以外の有価証券である（122条1項）。

3—11 動産執行の対象動産

①	民法上の動産（民86）	
②	民法上の動産以外のもの（民執122Ⅰ括弧書）	
	(ア)	登記することができない土地の定着物 ex. 庭石、植木、ガスタンクなど
	(イ)	土地から分離する前の天然果実で1か月以内に収穫することが確実であるもの ex. 穀物、野菜、果物など
	(ウ)	裏書の禁止されている有価証券以外の有価証券

2 差押え

【1】動産執行の申立て
動産執行は、執行官の目的物に対する差押えによって開始する（122条1項）。動産執行の申立ては、差し押さえるべき動産の所在場所を特定して申立書に記載し（民執

規99条)、差し押さえるべき動産の所在地の執行官に対して行う(執行官4条、民執規101条)。個々の動産のいずれを差し押さえるかは、執行官が、債権者の利益を害しないかぎりにおいて債務者の利益を考慮して決定するため(民執規100条)、債権者は、不動産執行等におけるのと異なり、執行対象を個別に特定する必要がない。

なお、申立人は、手数料および職務の執行に要する費用の概算額を予納する(執行官15条1項)。

3-12　動産執行の申立て

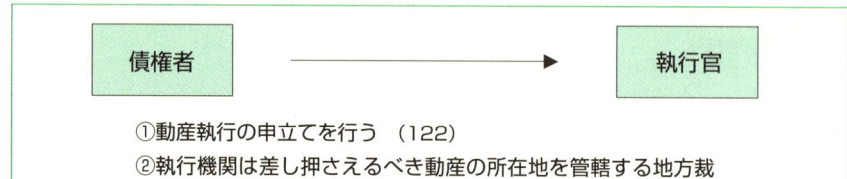

```
債権者  ――――→  執行官
```
①動産執行の申立てを行う（122）
②執行機関は差し押さえるべき動産の所在地を管轄する地方裁判所に所属する執行官（2、執行官4）

【2】差押えの方法と物の保管

差押えは、執行官が債務者の占有する動産、または債権者が提出する動産もしくは第三者が提出を拒まない動産を占有して行う(民執123条1項、124条)。

債務者の占有する動産の差押えに際しては、執行官は、債務者の住居その他債務者の占有する場所に立ち入り、金庫その他の容器について目的物を捜索し、捜索のため必要があるときは、閉鎖した戸および金庫その他の容器を開くため必要な処分をすることができる(123条2項)。

差し押さえた動産は、執行官が保管するが、相当であると認めるときは、債務者、債権者または第三者に保管させることができ、この場合には、封印その他の方法で差押えの表示をしたときにかぎり、差押えの効力を有する(123条3項・124条)。さらに、執行官は、必要があると認めるときは、債務者、債権者または第三者に対し、その保管する差押物の使用を許可することができる(123条4項・124条)。

【3】差押えの効力

(1)差押物の処分禁止効

差押えがなされると、債務者はその動産に対する収益および処分権能を失う。この**処分禁止効**は、強制執行の目的を達するのに必要な限度にとどまる相対的なものである。また、差押え後になされた処分行為の効力は、差押債権者のほか、その差押えに

基づく執行手続に参加したすべての債権者に対して対抗することができない(**手続相対効**)。これは、不動産執行の場合と同様である。

(2)第三者による差押物の即時取得

　差押え後、執行官がその意に反して差押物の占有を失い、または差押えの表示(民執規104条2項)が損壊・脱落しても、差押えの効力に影響はない。しかし、第三者が差押物を譲り受けて即時取得によりその所有権を取得すると、差押えの効力は消滅する。

(3)差押物の引渡命令

　執行官の措置によらずに、第三者が差押物を占有することになったときは、執行裁判所は、差押債権者の申立てにより、その第三者に対し、差押物を執行官に引き渡すべき旨の命令(**引渡命令**)を発することができる(民執127条1項)。

　この引渡命令は、差押え当時の占有状態に回復することを目的とする制度であるから、その要件は差押物を第三者が占有する事実のみで足り、第三者の占有取得経過や占有権原の内容は問題とならない。

　この引渡命令は、差押物を即時取得した第三者に対しても発することができる。引渡命令に不服のある第三者は、いったん物を執行官に引き渡したうえで、第三者異議の訴え(38条)を提起して実体法上の権利を主張することになる。

【4】差押えの制限

(1)超過差押えの禁止

　動産の差押えは、執行債権および執行費用の弁済に必要な限度を超えてはならない。差押え後に超過差押えが明らかになったときは、執行官はその超過部分の差押えを取り消さなければならない(**超過差押えの禁止**。128条)。

(2)無剰余差押えの禁止

　債務者が価値の低い動産しか所持していないため、その売得金の額が手続費用の額を超える見込みがない場合には、執行官は差押えをしてはならない。差押えの後、差押債権者の債権に優先する債権の配当要求や交付要求があり、その売得金の額が手続費用および差押債権者の債権に優先する債権の額の合計額以上となる見込みがないときは、執行官は差押えを取り消さなければならない(**無剰余差押えの禁止**。129条)。

(3)差押禁止動産

　債務者等の生活や生業の維持、プライバシーの保護、その他の政策的考慮に基づき、一定の範囲の動産については差押えが禁止されている(**差押禁止動産**。131条)。

　差押禁止動産の差押えに対しては、債務者は、執行異議(11条)を申し立てることができる。

3 債権者の競合

【1】 事件の併合（二重差押えの禁止）

　動産執行は、不動産執行や債権執行と異なり、執行官による目的物の現実の占有取得という方法でなされる。そのため、すでに差し押さえられた物および仮差押えのなされた物の差押えは許されない（**二重差押えの禁止**。125条1項）。

　同一の差押えの場所について、二重執行の申立てがなされたときは、執行官は、その場所にまだ差し押さえられていない動産があるときはそれを差し押さえ、そのような動産がないときはその旨を明らかにして、後行の動産執行事件と先行の動産執行事件とを併合する。併合の効果として、後行の事件で新たに差し押さえられた動産は、先行の事件において差し押さえられたものとみなされる。また、後行の事件の申立ては、先行の事件につき配当要求の効力を生ずる（125条2項前段、3項前段）。

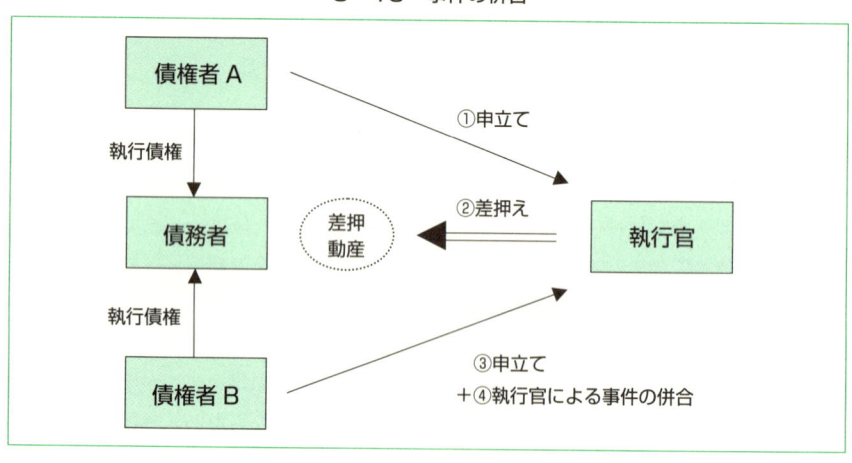

3－13　事件の併合

【2】 配当要求

　動産執行で配当要求ができるのは、先取特権者と質権者にかぎられる（133条）。債務名義を有するにすぎない債権者は、二重執行の申立てをして事件併合を経ないかぎり、配当を受けることができない。超過差押えが禁止されているため、単純な配当要求を認めると差押債権者が不利益を受けることになるからである。

4 換価

　差押物の換価は、売却による。売却の方法は、入札、競り売りまたは特別売却である(134条、民執規121条、122条)。実務では、ほとんど競り売りの方法によっている。
　競り売りの方法による動産の売却については、執行官が競り売り期日を開く日時および場所を定め、所定の事項を公告し、各債権者および債務者に競り売り期日を開く日時および場所を通知する(民執規114条、115条)。競り売り期日においては、買受申出額を競り上げる方法で競り売りを行う(民執規116条3項、50条1項)。

5 配当等

【1】配当を受けるべき債権者の範囲
　差押債権者、事件の併合の手続がなされた申立債権者(民執125条3項、4項)のほか、売得金については原則として執行官がその交付を受けるまで、差押金銭についてはその差押えをするまで、手形等の支払金についてはその支払を受けるまでに配当要求をした者が配当を受けるべき債権者である(140条)。

【2】配当等の実施
(1) 執行官による配当等の実施
　債権者が1人である場合または債権者が2人以上であって、売得金、差押金銭もしくは手形等の支払金(売得金等)で各債権者の債権および執行費用の全部を弁済することができる場合には、執行官が、債権者に弁済金を交付し、剰余金を債務者に交付する(139条1項)。それ以外の場合であっても、売得金等の配当について債権者間に協議が調ったときは、執行官はその協議に従って配当を実施する(139条2項)。
(2) 執行裁判所による配当等の実施
　執行裁判所は、執行官から配当について債権者間の協議が不調であった旨の事情届けがあったときは、ただちに配当手続を実施する(139条3項、142条1項)。
　また、執行停止文書等の提出により供託がなされ、事情届けがなされた場合には、供託の事由が消滅したときに配当手続を実施する(141条1項、142条1項)。
　なお、この場合の配当等は、不動産の強制執行における配当等の手続に準じた手続でなされる(142条2項)。

> **【確認問題】動産執行**
> 　XはYに対して貸金返還請求訴訟を提起し、A地方裁判所は、YはXに対し1000万円を支払えとの仮執行宣言付き判決をだした。Xは、この判決に基づいて、Yの所有する動産を売却して弁済を受けたい。
> (1)　Xは、どのような手続を行えばよいか。
> (2)　この場合、どのような手続によって執行されるか。
> (3)　本説例においてYが高価な金製の仏像を所有している場合、Xはこれを差し押さえることができるか。

【考え方】

小問(1)

- 差し押さえるべき動産の所在地を管轄する地方裁判所の執行官(執官4条、民執規101条)に対して、**動産執行の申立て**を行う(民執122条)。
- 申立書のほかに、債務名義たる仮執行宣言付判決(民執22条2号、民執規21条)を提出する。また、執行開始要件をみたすために債務名義の送達証明書も提出する(民執29条)。

小問(2)

- 執行官は、債権者のために動産を占有することにより**差し押さえる**(123条1項)。
- 執行裁判所は、差し押さえられた動産を入札等により**売却**する。
- 債権者その他の配当等を受けられる者に、売却代金から**配当等**をする。

小問(3)

- 仏像は、差押禁止動産にあたる(131条8号)。
　∵信教の自由の尊重と精神生活の安泰を保護するため。
　　よって、原則としてXはこれを差し押さえることができない。
- もっとも、Bは差押禁止動産の範囲の縮小を求める申立てをすることができる(132条1項)。
- 執行裁判所は、債権者B側の事情を考慮して、本件仏像の差押えを命ずることができる。

以　上

第3章……金銭執行

7. 債権執行

1 序説

【1】債権執行の意義

債権執行とは、債務者の第三債務者に対する債権を差し押さえ、これを換価して債務者の債務の弁済にあてる執行手続をいう。

債権(特に給料債権など)以外に見るべき責任財産を有しない債務者もあり、他方、現在では、債権その他のさまざまな形態の財産権が、不動産にも劣らない重要な価値をもつようになっており、金銭債権の対象としての重要性が増大している。なかでも預金債権は、第三債務者が銀行等であるため無資力の危険が少なく、執行の対象とされることが多い。

【2】債権執行の対象

債権執行の対象は、金銭債権、動産、船舶、自動車および建設機械の引渡請求権である(143条、162条、163条、民執規142条、143条)。

3—14 債権執行の対象債権

①	金銭債権
②	動産、船舶、自動車、建設機械の引渡請求権

当事者間において譲渡禁止の合意がなされた債権であっても、差押えの対象になる。また、裏書の禁止されている有価証券に表章されている債権も執行の対象となるが、裏書の禁止されていない有価証券は、その有価証券自体が動産執行の対象となる。

物の引渡請求権が金銭執行の対象となるのは、その引渡請求権を強制的に実現して債務者にその物の占有を移転し、その後に改めて強制執行によって換価することが必要だからである(債務者が占有している動産でなければ強制執行することはできない)。そこで、差押えと占有の移転までが債権執行の方法により、それ以後はそれぞれの換価

方法によることになる(162条、163条、民執規142条、143条)。

これに対して、不動産の引渡請求権は、金銭執行の対象とはならない。強制競売および強制管理は、いずれも債務者が占有していなくても執行できるため、不動産の引渡請求権を執行の対象とする必要がないからである。

> ［設例］
> Aは、B会社に対する売掛代金請求訴訟で勝訴判決を受け、確定した。Aとしては、すぐにB会社のもっている銀行預金債権を差し押さえて転付命令をとりたい。しかし、Bの取引銀行がH銀行であることまではわかっているものの、BがH銀行のどの支店にどういう種類の預金をもち、預金額がいくらなのか知らない。このような場合にも、転付命令を得ることができるか。

【3】 差押禁止債権の範囲

金銭債権のうち、下記①から③までの債権については、各支払期に受けるべき給付の4分の3に相当する額は差押えが禁止される。

①債務者が私人から生計を維持するために支給を受ける継続的給付にかかる債権(民執152条1項1号)

②給料、退職年金、賞与等給付の性質を有する債権(152条1項2号)

③退職手当等給与の後払い的性質を有する債権(152条2項)

ただし、①と②については、その額が標準的な世帯の必要生計費を勘案して政令で定める額(月額33万円〔民執令2条1項〕)を超えるときは、その額を超える部分の全額を差し押さえることができる。具体的には、手取りが月額44万円以下の場合には、その4分の3にあたる金額が差押禁止であり、手取りが月額44万円以上の場合には、33万円が差押禁止となり、それを超える部分はすべて差し押さえることができる。

差押禁止債権の範囲は、個別の事案の具体的事情に応じて変更することができる。すなわち、債権執行の具体的妥当性を図るため、執行裁判所は、債権者および債務者の生活状況その他の事情を考慮して、債務者の申立てにより、差押命令の全部または一部を取り消して差押禁止の範囲を拡張し、あるいは債権者の申立てにより、差押禁止債権の部分につき差押命令を発することができる(民執153条1項)。

2 債権執行の申立て

【1】債権執行の申立て

　執行の申立ては、債権差押命令申立書に、申立手数料として所定の収入印紙をちょう付して、執行裁判所に提出する。この場合の執行裁判所は、原則として、債務者の普通裁判籍の所在地を管轄する地方裁判所である(144条1項)。

　申立書の記載事項は、①債権者、債務者および第三債務者の表示、②債務名義の表示、③差し押さえるべき債権の種類および額その他の債権を特定するに足りる事項、④債権の一部を差し押さえる場合にはその範囲、である(民執規133条)。

　債権の特定が要求されているのは、差押えが禁止されている債権かどうかを執行裁判所が判断できるようにするとともに、第三債務者および債務者がどの範囲で差し押さえられたかを認識できるようにするためである。この特定は、取引通念上、第三債務者および債務者が識別しうる程度に記載すれば足りるとされている。

3—15　債権執行の申立て

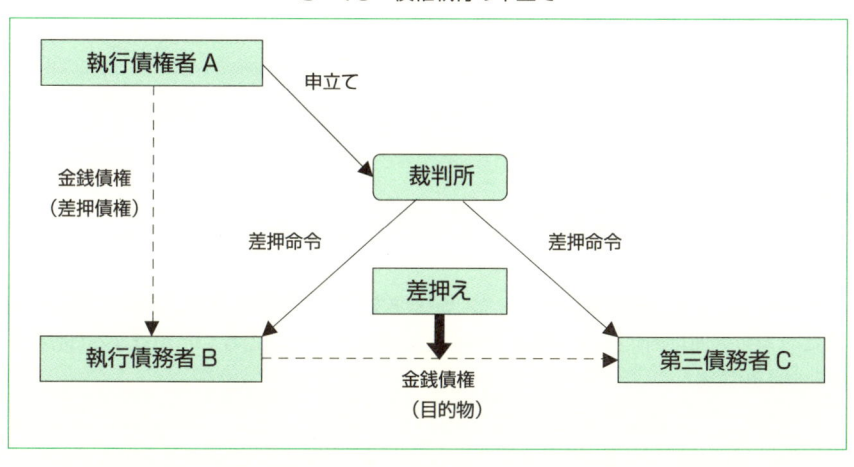

【2】予備差押え

　確定期限の付された請求権に基づく強制執行は、期限の到来後にかぎり開始することができる(民執30条1項)。執行債権が定期金債権である場合でも、強制執行を開始することができるのはすでに期限が到来している部分にかぎられ、将来期限が到来する部分については、期限が到来するのを待って、改めて差押え命令を申し立てなけれ

ばならない。

しかし、例外として離婚後の子の養育費の支払義務等にかかる定期金債権を有する債権者は、期限が到来している部分について債務者の不履行があれば、期限が到来していない部分についても債権執行を開始することができる(**予備差押え**。151条の2第1項)。これは、債権者の生計を維持するうえで不可欠の定期金債権に関する特則であり、差押えの対象も、定期金債権の確定期限の到来後に弁済期が到来する給料その他継続的給付にかかる債権に限定されている(151条の2第2項)。

【3】執行の申立てについての裁判

執行裁判所は、申立てが適式であるか否か、差し押さえるべき債権について差押えが禁止されていないか、超過差押え(146条2項)に該当しないかを審査する。もっとも、差し押さえるべき債権の存否については審査せず、また差押命令の発令前には、債務者および第三債務者を審尋しない(145条2項)。これは、債務者が差押えを予知して、目的債権を取り立てるなどの行動にでることを防ぐためである。存在しない債権を対象とする差押命令も有効であり、差し押さえるべき債権の存否の確定は、取立訴訟(157条)等においてなされることになる。

この執行の申立てについての裁判(申立ての却下または差押命令の発令)に対しては、執行抗告をすることができる(145条5項)。

3 第三債務者に対する陳述の催告の申立て

債権者は、裁判所書記官に対し、第三債務者に被差押債権の存否、種類、額等の事項につき2週間以内に書面で陳述すべき旨の催告を申し立てることができる(147条1項、民執規135条)。

この申立ては、被差押債権が支払を受けられる債権かどうか、ほかに競合する債権者が存在するかどうか等を第三債務者に陳述させ、債権者に債権の取立あるいは転付命令等の申立てなど、その後の手続選択の判断資料を得させようとする制度である。もっとも、その陳述によって債権関係が確定するわけではない。この点について判例は、第三債務者が被差押債権の存在を認めて支払の意思を表明し、相殺の意思を表明しなかったとしても、債務の承認・抗弁権の喪失等の実体上の効果は生じないとしている(最判昭和55年5月12日判時968号105頁〔執保百選64事件〕)。

陳述の催告を受けた第三債務者は、催告の事項に関し陳述する義務を負い、故意ま

たは過失により陳述しなかったとき、または不実の陳述をしたときは、これによって生じた損害を賠償しなければならない（民執147条2項）。

4 差押命令とその効力

【1】差押命令とその効力の発生時期

差押命令は債務者および第三債務者に送達され（145条3項）、差押えの効力は、差押命令が第三債務者に送達されたときに生じる（145条4項）。なお、差押命令が債務者に送達されないと、債権者の取立権は発生しない（155条1項本文）。

【2】差押えの効力
(1)総説

執行裁判所は、差押命令において債務者に対しては債権の取立てその他の処分の禁止を命じ、第三債務者に対しては債務者への弁済の禁止を命ずる（145条1項）。したがって、差押えの効力が生ずると、債務者が、差押えの効力が生じた後に当該債権を譲渡したり、免除したりしても、当該債権執行手続との関係においては、その効力は無視される（166条2項・84条2項・87条2項・3項）。また、第三債務者は、債務者へ弁済することができなくなり、差押債権者への支払（155条1項・2項）または供託（156条1項、2項）によらなければ債務を免れることができない。以下、債務者に対する効力と第三債務者に対する効力に分けて、詳述しよう。

(2)債務者に対する効力

前述したように、債務者は、差押えの効力が生じた後に当該債権を譲渡したり、免除したりしても、当該債権執行手続との関係においては、その効力は無視される（166条2項、84条2項、87条2項・3項）。これに違反してなされた処分行為は、差押債権者のほか差押えに基づく債権執行手続に参加したすべての債権者に対する関係で無効である（手続相対効）。

差押えの効力に抵触する処分行為には、被差押債権そのものの処分のほか、被差押債権の帰属の変更を伴う行為も含まれる。判例は、賃料債権に対する差押えが効力を生じた後に、債務者（建物所有者・賃貸人）が建物を譲渡した結果、賃貸人の地位が譲受人に移転した場合には、譲受人は賃料債権の取得を差押債権者に対抗することはできないとしている（最判平成10年3月24日民集52巻2号399頁〔執保百選63事件〕）。

これに対して、被差押債権を発生させた基本的法律関係の処分は、差押えによって

も禁止されることはない。たとえば、賃料債権・売買代金債権の差押え後に賃貸借契約・売買契約を解除する場合や、給料債権の差押え後に退職により雇用関係を解消する場合などである。この点について判例は、給料債権が差し押さえられた後に債務者が第三債務者たる勤務先を退職し、その後に同勤務先に再雇用された場合でも、再雇用まで6か月余を経過しているなどの事情のもとでは、上記債権差押えの効力は、再雇用後の給料債権には及ばないと判示している（最判昭和55年1月18日判時956号59頁〔執保百選62事件〕）。

なお、「差押えに係る債権について証書があるときは、債務者は、差押債権者に対し、その証書を引き渡さなければならない」(148条1項)。

(3)第三債務者に対する効力

第三債務者は、債務者へ弁済することができなくなり、差押債権者への支払(155条1項・2項)または供託(156条1項、2項)によらなければ債務を免れることができない。これに違反して弁済しても、差押債権者から取立てを受ければ、二重に債務を弁済しなければならない(民481条1項)。

第三債務者が差押命令の送達を受けた時点で差押えを受けた債務の弁済のために取引銀行に振込依頼をしていた場合について、判例は、(仮)差押命令の送達後にされた当該振込依頼による(仮)差押債権者に対抗することができるのは、(仮)差押命令の送達を受けた時点で第三債務者に人的または時間的余裕がなく、振込依頼を撤回することが著しく困難であるなど特段の事由がある場合にかぎられるとしている(最判平成18年7月20日民集60巻6号2475号〔平18年重判・民訴5事件〕)。

第三債務者は、差押えの効力が生じた時に債務者に対して有していた抗弁を差押債権者に対抗することができる。民法511条は、「支払の差止めを受けた第三債務者は、その後に取得した債権による相殺をもって差押債権者に対抗することができない」と規定しているが、この点に関連して判例は、弁済期の先後を問わず、相殺適状に達しさえすれば、差押え後も相殺は可能としている(無制限説。最大判昭和45年6月24日民集24巻6号587号〔執保百選65事件〕)。

【3】 差押えの客観的範囲

差押えの対象が抵当権付債権の場合には、従たる権利である抵当権についても差押えの効力が及ぶため、債務者(抵当権者)は抵当権の実行をすることができなくなり、取立権を有する差押債権者が抵当権の実行として、競売の申立てをすることになる。なお、抵当権の処分制限については登記が対抗要件となるため、裁判所書記官は、申立てがあるときは被担保債権について差押えがなされた旨の登記を嘱託しなければな

らない(民執150条)。

　給料、賃料、割賦弁済金などの継続的給付にかかる債権に対する差押えの効力は、執行債権および執行費用の額を限度として、差押えの後に債務者が受けるべき給付にも及ぶ(151条)。継続的給付は、本来１つひとつが別々の債権であるから個別的に差し押さえるべきものであるが、手続の煩雑さを避けるために１個の差押えでその効力を及ぼすものとしたのである。

3－16　債権差押命令の例

```
                                    平成　　年（ル）第　　号

              債　権　差　押　命　令

                    当事者　　　別紙目録のとおり
                    請求債権　　別紙目録のとおり

１　債権者の申立により、上記請求債権の弁済に充てるため、別紙請求債権目録記載の
  執行力のある債務名義の正本に基づき、債務者が第三債務者に対して有する別紙差押
  債権目録記載の債権を差し押さえる。
２　債務者は、前項により差し押さえられた債権について取立てその他の処分をしてはな
  らない。
３　第三債務者は、第１項により差し押さえられた債権について債務者に対し弁済をしては
  ならない。

              平成○年○月○日
                  ○○地方裁判所○○部
                    裁判官　○　○　○　○
```

［設例の具体的検討］

　裁判所に差押えをしてもらいたい場合には、差押えの申立てをしなければならない。そして、差押えの申立書には、どの債権を差し押さえてほしいのかを、他の債権との誤認・混同がないように「特定」して表示しなければならない。

　預金は、実務上、預けられた銀行の取扱店舗ごとに別個の債権であるとして、被差押債権の特定のためには取扱店舗ごとの特定が必要とされている。なぜなら、

3-7　債権執行　115

取扱店舗の検索を銀行の負担とするのでは膨大な預金総量と業務分担の実体に照らし迅速な執行を阻害するおそれが大きく、差押申立てにおける取扱店舗の特定は欠かせないからである。
　もっとも、預け入れられた銀行の取扱店舗が特定されれば、預金の種類や口座番号による特定については、直接の特定でなくとも、特定基準を具体的に指定する間接的特定で十分とされる。実務では、差押債権目録を付してする差押申立てが行われている。

5 債権者の競合

【1】 差押えの競合（二重差押え）

　すでに差し押さえられている債権について債権執行の申立てがなされたときは、執行裁判所はさらに差押命令を発することができる。このような二重差押えがあったときは、第三債務者は、1人の差押債権者に被差押債権の弁済をすることができず、供託をしなければ債務を免れることができない（**義務供託**。156条2項）。
　債権の一部差押えが競合し、その総計が被差押債権の額を超えるときは、各差押えの効力は債権全額に及ぶ（149条）。その結果、各債権者は差し押さえられた債権全額について、各自の請求債権の割合に応じて配当を受けることになる。
　たとえば、100万円の貸金債権のうち、甲が50万円を差し押さえた後、乙が80万円を差し押さえた場合には、100万円の債権全額について5対8の割合で競合し、配当を受ける（149条前段）。また、甲が100万円全額を差し押さえた後、乙が30万円を差し押さえた場合には、100万円の債権全額について10対3の割合で競合し、配当を受ける（149条後段）。

【2】 配当要求

　執行力のある債務名義の正本を有する債権者、および文書により先取特権を有することを証明した債権者は配当要求をすることができる（154条1項）。
　これらの債権者は、第三債務者が供託した時、取立訴訟の訴状が第三債務者に送達された時、債権の売却命令により執行官が売得金の交付を受けた時、動産引渡請求権の差押えの場合にあっては執行官がその動産の引渡しを受けた時までに配当要求して

いなければ配当を受けることができない(165条)。

なお、差押債権者および仮差押債権者は、配当要求をすることなく配当を受けることができる(165条)。

6 換価手続

換価手続は執行機関が執行目的物の金銭価値を現実化する手続であるが、債権執行の換価は、差押債権者の取立てにおいては差押債権者の行為に依存する点で、また、転付命令においては執行手続外で現実の金銭化がなされる点で、不動産執行や動産執行と異なる。

【1】差押債権者による金銭債権の取立て

差押債権者は、差押命令が債務者に送達された後１週間を経過したとき、被差押債権を取り立てることができる(155条１項本文)。差押債権者は、被差押債権の取立てのために必要な裁判外、裁判上のいっさいの行為をすることができる。たとえば、生命保険契約の解約返戻金請求権を差し押さえた債権者は、これを取り立てるため、債務者の有する解約権を行使することができる(最判平成11年９月９日民集53巻７号1173頁〔執保百選70事件〕)。

3―17　差押債権者による取立ての要件

①	差押命令
②	債務者に差押命令が送達された日から１週間を経過すること(155Ⅰ)
③	債権者が競合しないこと(156Ⅱ)

差押債権者は、取立権の行使にあたり善管注意義務を負い、これを怠って十分な取立てができなかったために債務者に損害が生じた場合には、それを賠償しなければならない(158条)。

差押債権者が第三債務者から支払を受けると、その債権および執行費用は、支払を受けた額の限度で弁済されたものとみなされる(155条２項)。

第三債務者は、債務者に主張できた抗弁をすべて差押債権者に主張することができる。相殺の主張も、第三債務者の債務者に対する債権が差押え後に取得したものでないかぎり、自働債権および受働債権の弁済期の前後を問わず、相殺適状に達しさえすれば、差押え後においても、第三債務者はすることができる。

【2】第三債務者による供託

　第三債務者は、差押えにかかる金銭債権の全額を供託して債務を免れることができる(権利供託。156条1項)。一部差押えの場合には、被差押部分に相当する額だけを供託することもできるし、また、全額を供託することもできる。

　第三債務者は、取立訴訟の訴状の送達を受けるときまでに、①重複差押え(仮差押えを含む)の合計額が被差押債権の額を超えたときは、被差押債権の全額を、②配当要求があった旨の文書の送達を受けたときは、差し押さえられた部分に相当する金額を、それぞれ供託しなければならない(義務供託。156条2項)。

　なお、判例のなかには、同一の債権について差押命令の送達と転付命令の送達とを競合して受けた第三債務者が民事執行法156条2項に基づいてした供託は、転付命令の効力を生じているため法律上は差押えの競合があるとはいえない場合であっても、第三債務者に転付命令の効力の有無についての的確な判断を期待しえない事情があるときは、同項の類推適用により有効であると判示したものがある(最判昭和60年7月19日民集39巻5号1326号〔執保百選69事件〕)。

　供託をした第三債務者は、供託した旨の事情届に供託書正本を添えて執行裁判所に提出しなければならない(156条3項、民執規138条)。供託がなされると、その時までに差し押さえ、仮差押えの執行または配当要求した債権者を対象として配当等の手続がなされ、剰余金は債務者に交付される(民執165条1号、166条2項・84条2項、85条)。

【3】取立訴訟
(1)意義

　民事執行法157条1項は、「差押債権者が第三債務者に対し差し押さえた債権に係る給付を求める訴え(以下「取立訴訟」という。)を提起したときは、受訴裁判所は、第三債務者の申立てにより、他の債権者で訴状の送達の時までにその債権を差し押さえたものに対し、共同訴訟人として原告に参加すべきことを命ずることができる」と規定している。すなわち、差押債権者は、前述した取立権の行使として、第三債務者に対し、被差押債権の給付を求める訴えを提起することができる(取立訴訟。157条1項)。

　このような取立訴訟において、被告である第三債務者の申立てがあるときは、受訴裁判所は、訴状の送達の時までに同一の債権を差し押さえて他の債権者に対し、共同訴訟人として原告に参加すべき命令(参加命令)を発する(157条1項)。この「裁判〔参加命令の申立てについての裁判〕は、口頭弁論を経ないですることができる」(157条2項)。

(2)効力

　「取立訴訟の判決の効力は、第1項の規定により参加すべきことを命じられた差押

債権者で参加しなかつたものにも及ぶ」(157条3項)。すなわち、当事者(取立訴訟を提起した差押債権者、参加命令により原告に参加した差押債権者、第三債務者)のほか、参加命令を受けた差押債権者で取立訴訟に参加しなかったものに対しても及ぶ。

【4】転付命令
(1)意義
　転付命令とは、差し押さえられた金銭債権を支払に代えて券面額で差押債権者に転付する執行裁判所の裁判をいう(159条1項)。

　差押債権者は、取立てに代えて転付命令の申立てをすることもできる。転付命令が確定してその効力を生じると、転付命令の第三者への送達時に弁済があったものとみなされることになり(160条)、**第三債務者の無資力の危険を負担**することになるが、その反面、転付命令送達後は、他の債権者は、二重差押えや配当要求をなしえなくなるから、事実上、優先弁済を受けたと同じ結果となる。

(2)要件
　転付命令が発令されるための要件は、①被差押債権が譲渡可能なものであること、②被差押債権が券面額を有すること、③転付命令が第三債務者に送達される時までに、被差押債権について、他の債権者が差押え、仮差押えの執行または配当要求をしていないこと等である。

　①の要件は、言い換えると譲渡が法律上または性質上許されない場合でないことである。譲渡することができない債権は、原則として差押えが許されないし、転付もすることができない。被差押債権に譲渡禁止の特約場合における転付命令の可否について、学説の多数説は、民法466条2項は裁判(転付命令)による移転の場合に及ばないことや債務者の責任財産中に占める金銭債権の重要性等を根拠に、転付債権者の善意・悪意にかかわらず転付命令は常に有効とし、判例もこれに従っている(最判昭和45年4月10日民集24巻4号240頁〔執保百選73事件〕)。

　②にいう券面額とは、債権の目的として表示されている一定の金額をいう。したがって、非金銭債権には券面額はなく、転付の対象とはならない。また、金銭債権であっても、将来の債権または条件付債権には、一般的に券面額がない。たとえば、将来の給料債権・賃料債権・保険事故発生前の保険金請求権などには券面額がないのが通常である。ただし、停止条件付債権であっても、転付命令の確定時において停止条件が成就すれば、券面額の要件をみたすと解されている(自賠15条の保険金請求権についてこの点を認めた判例(最判昭和56年3月24日民集35巻2号271頁〔執保百選74事件〕)がある)。また、判例は、他人の質権の目的たる債権にも券面額があるとしている(最決平

3-7　債権執行　119

成12年4月7日民集54巻4号1355頁〔執保百選75事件〕）。

③は、転付命令が第三債務者に送達される時までに、転付される債権（被差押債権）について（一部差押え、一部転付命令のときは、その転付部分について）、他の債権者が、差押え、仮差押えの執行または配当要求していないこと、および滞納処分としての差押えもなされていないことである（民執159条3項、滞調36条の5）。すでに競合する債権者が現れている以上、平等主義のもとでは、特に優先権のないかぎり、1人の債権者に独占的な満足を与えることは許されないからである。

3—18 転付命令の例

```
                                           平成　　年（ル）第　　号

              債 権 差 押 え 及 び 転 付 命 令

                当事者      別紙目録のとおり
                請求債権    別紙目録のとおり

   1 債権者の申立により、上記請求債権の弁済に充てるため、別紙請求債権目録記載の執
     行力のある債務名義の正本に基づき、債務者が第三債務者に対して有する別紙差押債権
     目録記載の債権を差し押さえる。
   2 債務者は、前項により差し押さえられた債権について取立てその他の処分をしてはなら
     ない。
   3 第三債務者は、第1項により差し押さえられた債権について債務者に対し弁済をしては
     ならない。
   4 債権者の申立てにより、支払に代えて券面額で第1項により差し押さえられた債権を債権
     者に転付する。

              平成○年○月○日
                ○○地方裁判所○○部
                  裁判官　○　○　○　○
```

(3) 効果

　転付命令が確定すると、第三債務者に送達された時にさかのぼって転付の効力が生ずるため（159条5項、160条）、第三債務者への送達後に二重差押えや配当要求があっても、確定するとそれらは無視され、転付命令の実体的効果が発生する。

　転付命令の実体的効果は、転付債権がその同一性を保ちながら債務者から差押債権

者に、法律上当然に移転し、差押債権者の債権および執行費用が、転付債権の券面額に相当する範囲で弁済されたものとみなされることである（160条）。転付命令時に差押債権が不成立または不存在である場合には債権移転の効果は生ぜず、その差押え、転付命令は実質的に無効である。

　このように、転付命令は差押債権者に独占的満足をもたらすが、転付により弁済されたとみなされるので、第三債務者の無資力の危険は差押債権者が負担しなければならない。

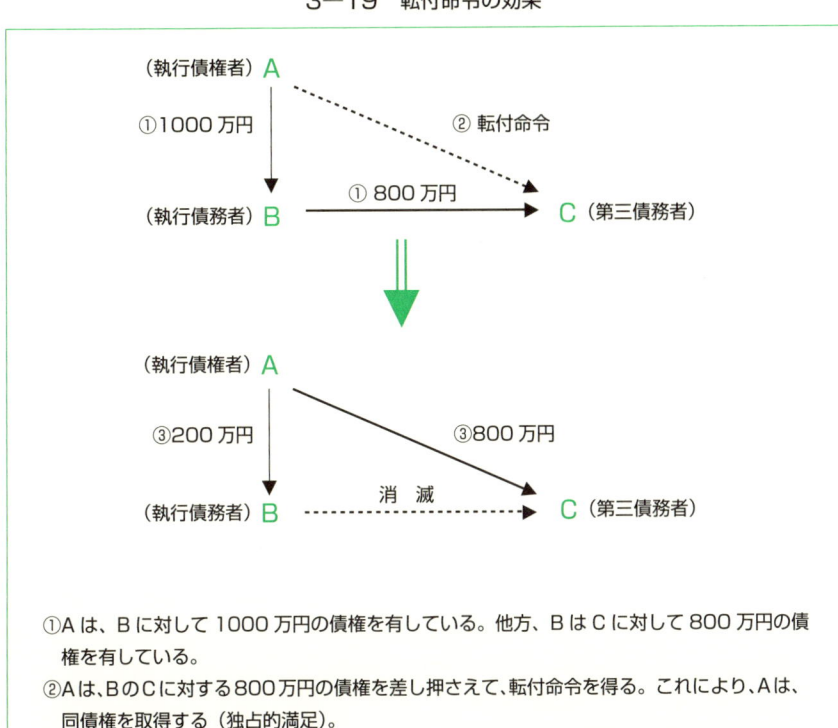

3-19　転付命令の効果

①Aは、Bに対して1000万円の債権を有している。他方、BはCに対して800万円の債権を有している。
②Aは、BのCに対する800万円の債権を差し押さえて、転付命令を得る。これにより、Aは、同債権を取得する（独占的満足）。
③結局、Aは、Cからは転付命令により800万円を、Bからは残額の200万円を回収できることになる。

【5】譲渡命令、売却命令、管理命令
(1)総説
　被差押債権が条件付または期限付であったり、または反対給付にかかったりする

などして、その取立てが困難な場合もある。このような場合には、執行裁判所は、差押債権者の申立てにより、券面額でなく執行裁判所の定めた価額で支払に代えて債権者に譲渡する命令(譲渡命令)や、執行官に売却させる命令(売却命令)、管理人を選んで管理させる命令(管理命令)、その他相当な方法による換価を命ずる命令を発することができる(161条1項)。

執行裁判所は、上記の各決定をする場合には、債務者を審尋しなければならない(161条2項本文。ただし、同項ただし書)。この決定に対しては、執行抗告をすることができる(161条3項)。この決定は、確定しなければその効力を生じない(161条4項)。

以下では、各決定について、概略のみを説明する。

(2)**譲渡命令**

譲渡命令は、被差押債権を執行裁判所が定めた価額で支払に代えて差押債権者に譲渡する命令である(161条1項)。譲渡命令は、転付命令に類似しているが、差押債権者に対して代物弁済と同様の効果を生ずるのは、券面額ではなく、執行裁判所が定めた価額である(161条6項・160条)。

判例は、価額を0円とする譲渡命令は差押債権者の債権等を消滅させる効果をもたらさないので、執行裁判所がこのような譲渡命令を発することはできないとしている(最決平成13年2月23日判時1744号74頁〔執保百選79事件〕)。

(3)**売却命令**

売却命令は、被差押債権の取立てに代えて、執行裁判所の定める方法による被差押債権の売却を執行官に命ずる命令である(161条1項)。執行官による売却の手続には、競売不動産の売却に関する規定が準用されている(161条6項・65条、68条)。

(4)**管理命令**

管理命令は、執行裁判所が管理人を選任して、被差押債権の管理を命ずる命令である(161条1項)。管理命令には、不動産の強制管理に関する規定が広く準用される(161条6項、民執規145条)。

7 配当等の実施

債権執行で配当等の手続が行われるのは、第三債務者による供託の場合、売却命令による売却がなされた場合、動産の引渡請求権の執行により引渡しを受けた動産の売得金が執行裁判所に提出された場合、および管理命令により管理がなされた場合である(166条1項)。

配当等実施の手続は、不動産強制競売の配当等の手続が準用される（166条2項）。

8 動産の引渡請求権に対する執行

　金銭債権に対する執行以外の債権執行には、船舶または動産の引渡請求権に対する執行があるが、ここでは、動産の引渡請求権に対する執行について説明する。
　債務者所有の動産であっても、それを占有する第三者が提出を拒む場合には、動産執行の方法によることはできない（124条参照）。そのため、この場合には、その第三者が債務者に対してその動産を引き渡す義務を負っているときには、差押債権者は、債務者がその第三者に対して有する動産の引渡請求権を差し押さえ、これを換価することによって債権者の満足を図ることになる。
　すなわち、「動産の引渡しを目的とする債権（動産執行の目的となる有価証券が発行されている債権を除く。……）に対する強制執行（第167条の2第2項に規定する少額訴訟債権執行を除く。……）は、執行裁判所の差押命令により開始する」が（143条）、「動産の引渡請求権を差し押さえた債権者は、債務者に対して差押命令が送達された日から1週間を経過したときは、第三債務者に対し、差押債権者の申立てを受けた執行官にその動産を引き渡すべきことを請求することができ」（163条1項）、第三債務者が動産の引渡しに応じないときは、差押債権者は、第三債務者に対し、動産引渡請求訴訟を提起し、執行官への動産引渡しを命ずる判決を得て、執行官への動産引渡しの強制執行を行う。そして、「執行官は、動産の引渡しを受けたときは、動産執行の売却の手続によりこれを売却し、その売得金を執行裁判所に提出しなければなら」ず（163条2項）、執行裁判所が配当等の手続を実施することになる（166条1項3号）。

9 少額訴訟債権執行

【1】総説
　簡易裁判所の少額訴訟においては、簡易迅速に判決その他の債務名義を取得することができる。ところが、従来は、その債務名義に基づいて強制執行をするためには、簡易裁判所ではなく、地方裁判所に申立てをしなければならず、より迅速かつ効率的な権利実現を図ることが要求されていた。
　そこで、平成16年改正により、少額訴訟債権執行が創設され（167条の2以下）、少額

訴訟にかかる債務名義に基づいて強制執行の申立てをする場合には、金銭債権に対する強制執行にかぎり、その債務名義を作成した簡易裁判所において債権執行を行うことができるものとされた。

ただし、簡易裁判所の特性を考慮して、転付命令等の申立てがあった場合や配当が必要となる場合には、地方裁判所における通常の債権執行の手続に移行させなければならないとされた（167条の10、167条の11）。

なお、債権者は、少額訴訟債権執行の制度を利用できる場合であっても、従来どおり、地方裁判所に対し通常の債権執行の申立てをすることができる。

【2】手続

(1)申立て・差押処分等

少額訴訟債権執行は、少額訴訟にかかる債務名義（①少額訴訟における確定判決、②仮執行の宣言を付した少額訴訟の判決、③少額訴訟における訴訟費用または和解の費用の負担の額を定める裁判所書記官の処分、④少額訴訟における和解または認諾の調書、⑤少額訴訟における民事訴訟法275条の2第1項の規定による和解に代わる決定）に基づき、債権者の申立てにより、その債務名義を作成した簡易裁判所の裁判所書記官の差押処分により開始する（民執167条1項から4項まで）。少額訴訟債権執行では、執行処分を行う書記官が所属する簡易裁判所が執行裁判所となる（167条の3）。

「裁判所書記官は、差押処分において、債務者に対し金銭債権の取立てその他の処分を禁止し、かつ、第三債務者に対し債務者への弁済を禁止しなければならない」（167条の5第1項）。差押処分については、その発令前に債務者および第三債務者を審尋しないと、債務者および第三債務者に送達しなければならず、第三債務者に送達された時にその効力が生じること（167条の5第2項・145条2項から4項まで）等、通常の債権執行に関する規定が準用されている（167条の14）。

少額訴訟債権執行において、被差押債権の換価は、原則として差押債権者みずから被差押債権を取立てる方法によって行う。少額訴訟債権執行においても、通常の債権執行と同様に、「債務者に対して差押命令が送達された日から1週間を経過したときは、その債権を取り立てることができる」（167条の14・155条1項）。

(2)移行

少額訴訟債権執行において、①差押債権者が執行裁判所に対して被差押債権について転付命令または譲渡命令、売却命令、管理命令その他相当な方法による換価を命ずる命令を求め、債権執行手続に事件を移行させることを求める旨の申立てをしたとき（167条の10第1項）、②第三債務者により執行供託（167条の14・156条1項、2項）がされ、

または取立訴訟の判決に基づく供託(167条の14・157条5項)がされ、かつ、配当を実施すべきときは(167条の11第1項)、執行裁判所は、その所在地を管轄する地方裁判所における債権執行の手続に事件を移行させなければならない(**必要的移行**。167条の10第2項、167条の11第1項)。

また、少額訴訟債権執行において、「執行裁判所は、差し押さえるべき金銭債権の内容その他の事情を考慮して相当と認めるときは、その所在地を管轄する地方裁判所における債権執行の手続に事件を移行させることができる」(**裁量的移行**。167条の12第1項)。

【確認問題】債権執行

XはYに対して貸金返還請求訴訟を提起し、A地方裁判所は、YはXに対し500万円を支払えとの判決をした。Xの調査の結果、Yは現在、B会社に勤務し、給料を得ていることと、Zに対して400万円を貸していることが判明した。そこでXは、この判決に基づいて、Yの有する債権から弁済を受けたいと考えている。

(1) Xは、どのような手続を行えばよいか。
(2) この場合、どのような手続によって執行されるか。
(3) Xは、どのようにして自己の債権の満足を受けることができるか。
(4) Xは、Yの給与債権から弁済を受けることができるか。
(5) XがYの有する債権に対する債権執行に基づいて独占的に弁済を受けうる手段はあるか(Yの貸金債権が質権の目的となっている場合は、どうか)。

【考え方】

小問(1)
・執行機関に対して、**債権執行の申立て**を行う(民執143条)。執行機関は、原則として、債務者の普通裁判籍所在地の地方裁判所である(144条1項)。
・申立書のほかに、債務名義たる確定判決(22条1号、民執規21条)を提出する。また、執行開始要件をみたすために債務名義の送達証明書も提出する(民執29条)。

小問(2)
・執行裁判所は、債務者に対しては債権の取立てその他の処分の禁止を命じ、第三債務者に対しては債務者への弁済の禁止を命ずる差押命令を発する(145条1項)。
・差押命令が債務者および第三債務者に送達され、差押えの効力が生じる(同条3項)。

小問(3)

- 差押債権者は、差押命令が債務者に送達された後1週間を経過したとき、被差押債権を取り立てることができる(155条1項本文)。
- 差押債権者が第三債務者から支払を受けると、その債権および執行費用は、支払を受けた限度で弁済されたものとみなされる(同条2項)。
- 第三債務者が任意の支払に応じない場合、取立訴訟を提起する(157条)。

小問(4)
- 給料債権については、各支払期に受けるべき給付の4分の3に相当する額は差押えが禁止される(152条1項2号)。
- ただし、標準的な世帯の必要生活費を勘案して政令で定める額(給料であれば1か月あたり33万円〔民執令2条1項〕)を超える部分については全額差し押さえることができる(民執152条1項)。
- Xは、B会社から給料の金額や差し押さえることができる金額の回答を求めるため、第三債務者たるB会社に対する陳述催告の申立てを行うことができる(147条1項)。

小問(5)
- Xは、被差押債権の転付命令を受けることにより、独占的に弁済を受けられる。
- そのためには、Xは執行裁判所に対して転付命令の申立てを行う必要がある(159条1項)。
- 給料債権については、転付命令はなしえない。
  - ∵将来の給料債権は、不代替的な反対給付の履行にかかる将来の債権であり、券面額がない。
- 貸金債権については、転付命令はなしうる。質権の目的となっている場合でも、券面額があり、転付命令はなしうる。

以 上

第3章 金銭執行

8. その他の財産権に対する強制執行

1 意義

「その他の財産権」とは、不動産、準不動産、船舶、動産および債権以外の財産権をいう(167条1項)。

具体例としては、電話加入権、預託株券等共有持分、振替社債等、不動産の賃借権、知的財産権(特許権、実用新案権、意匠権、著作権など)、持分会社の社員の持分権、有限責任事業組合の組合員の持分、信用金庫の会社の持分、預託金会員組織のゴルフの会員権(東京高決昭和60年8月15日判タ578号95頁〔執保百選82事件〕)、船舶または動産の共有持分権、条件付き所有権などがあげられる。

これらの財産権は、いずれも無形の財産である点で債権と共通性を有している。そのため、強制執行については、原則として債権執行(143条以下)の例による(167条1項)。執行の対象となることができる財産権でありながら、それに対する執行規定が存在しないことがないようにするため、このような規定が設けられている。

登記・登録制度のある権利については、その登記等と結びついた規定がおかれ、管轄についてはその登記等の地の地方裁判所が執行裁判所と定められ(167条2項)、差押えの登記等が差押命令の送達前にされた場合には、差押えの登記等がされたときに差押えの効力が生じ、特許権等のように登録を処分制限の効力発生要件とするものについては、差押えの登録がされたときに差押えの効力が生ずる(167条4項)。

なお、無体財産権のように、第三債務者が想定できない権利については、差押命令が債務者に送達されたときに差押えの効力が生ずる(167条3項)。

「その他の財産権」に対する執行方法については、特別の規定が設けられている(電話加入権につき、民執規146条から149条まで、預託株券等につき、民執規150条の2から5まで、振替社債当につき、民執規150条の6から11まで)。

第4章 非金銭執行

1. 非金銭執行の全体像

　これまでは、民事執行の一態様である強制執行のうち、金銭執行についてみてきたが、ここからは、民事執行の一態様である強制執行のうち、非金銭執行、すなわち金銭の支払を目的としない請求権についての強制執行についてみていくことにする。まずは、その全体像をしっかりと押さえてほしい。

1 非金銭執行の態様

　非金銭執行とは、金銭債権以外の債権の強制的実現を図るための強制執行をいう。要するに、金銭の支払を目的としない請求権の満足のためにする強制執行である。
　このような非金銭執行は、その内容が多様であって、執行方法もその内容に応じて異なるが、およそ次の4種の請求権に対する執行が認められている。

4-1 執行の対象となる請求権

①	物の引渡し・明渡しを目的とする請求権
②	その他の作為または不作為を目的とする請求権で、給付が債務者以外の第三者によってなされても債務の本旨に従った給付とみられるもの（代替的請求権）
③	作為または不作為を目的とする非代替的請求権
④	意思表示を目的とする請求権

2 非金銭執行の執行方法の概略

【1】総論
　非金銭執行については、金銭執行のように債務者の物を差し押さえ、それを換価した金銭を債権者に配当するという手続では、請求権の目的を直接に実現することはできない。このことは、債権者が自分の物を自分の手元に返してほしいときに、その物

を差し押さえ、換価した金銭を配当しても、その物が手元に返ってこないことから明らかであろう。そこで、非金銭執行には、金銭執行とは異なる態様での執行方法が制度化されている。

その執行方法は大きく2つの態様に分かれ、1つは、その請求権をそのままの態様で強制的に実現する方法であり、もう1つは、当該請求権をなんらかのかたちで金銭化し、最終的には金銭執行の方法で実現する方法である。

具体的には、前者の執行方法が**直接強制**であり、後者の執行方法が**代替執行・間接強制**である。意思表示義務の強制執行としての意思表示の擬制は、非代替的作為義務でありながらも、裁判による代替により行われるため、前者に含まれる(174条)。なお、強制執行によって実現を図ることができない請求権もあり、これらについては、不履行による損害賠償を請求するほかない。

【2】各論

(1)不動産等の引渡し等および動産の引渡しの強制執行の方法

不動産等の引渡し等および動産の引渡しについての強制執行は、実際にそれらの占有を債権者に移転させることで、債権者が満足を得るのであるから、請求権をそのままの態様で強制的に実現する方法である**直接強制**の方法によるが(不動産等の引渡し等について168条1項、動産の引渡しについて169条1項)、平成15年改正により、間接強制によることも可能となった(173条1項)。

(2)代替的作為義務の強制執行の方法

物の引渡し等以外の作為・不作為のうち、代替的作為義務については、当該請求権をなんらかのかたちで金銭化し、最終的には金銭執行の方法で実現する**代替執行**の方法(171条1項)によるが、間接強制によることも可能である(173条1項)。

(3)非代替的作為義務・意思表示義務の強制執行の方法

債務の性質上、債務者本人以外の者では代替して履行することができない非代替的作為義務については、当該請求権をなんらかのかたちで金銭化し、最終的には金銭執行の方法で実現する方法である**間接強制**の方法(172条1項)によるしかない。もっとも、非代替的作為義務のひとつである意思表示の作為義務については、裁判による代替という方法(174条)がとられる。

【3】不作為義務の強制執行の方法

不作為義務については、不作為そのものの強制は、債務者以外の者では代替できないため、**間接強制**の方法(172条1項)によらざるをえない。現在は不作為義務を履行

しているが、その不作為義務に違反して作為をした場合に備えるための将来における作為義務違反の禁止については、現在履行している不作為義務の履行を継続させることを意味するのであるから、不作為義務そのものの強制と同じく、間接強制（172条1項）によるしかない。

ただし、不作為義務に反して作為をした結果、存在するにいたった違反物の除去については、債務者以外の者でも履行が可能であるから、代替執行の方法（171条1項）による。

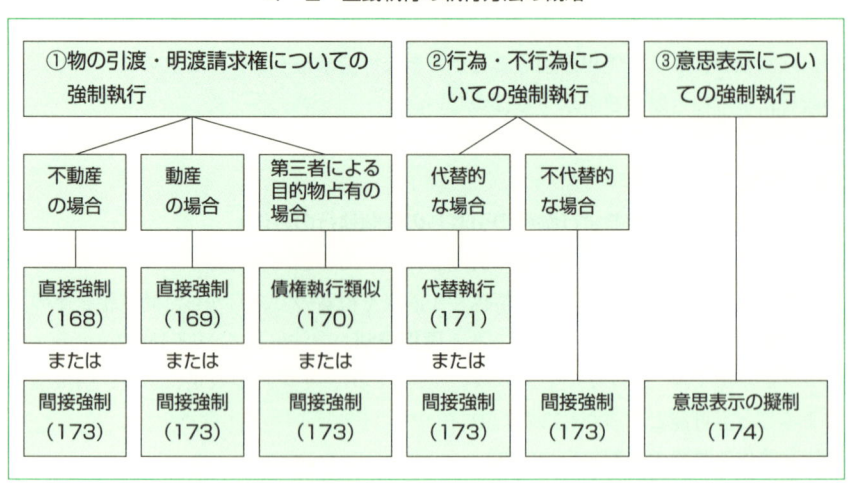

4-2　金銭執行の執行方法の概略

①物の引渡・明渡請求権についての強制執行			②行為・不行為についての強制執行		③意思表示についての強制執行
不動産の場合	動産の場合	第三者による目的物占有の場合	代替的な場合	不代替的な場合	
直接強制(168)	直接強制(169)	債権執行類似(170)	代替執行(171)		
または	または	または	または		
間接強制(173)	間接強制(173)	間接強制(173)	間接強制(173)	間接強制(173)	意思表示の擬制(174)

上記の図は、非金銭執行の執行方法の概略をまとめたものである。以下では、それぞれの執行方法について、個別に説明する。

第4章 非金銭執行

2. 物の引渡・明渡請求権についての強制執行

1 序説

【1】意義

物とは、金銭以外の有体物をいう。また、**引渡し**とは、単に占有を移転することをいい、**明渡し**とは、居住する人を立ち退かせまたは置かれている物品を取り払って占有を移転することをいう。

> ここで、引渡しと明渡しの区別についてもう少し説明しておきます。
> 民事執行法168条1項は、不動産の「引渡し又は明渡し」の強制執行について規定しているのに対し、169条1項は、単に動産の「引渡し」の強制執行だけを規定しています。「引渡し」とは、単に債務者による目的物の占有を排除して、債権者に直接支配を移転することをいうのに対し、「明渡し」とは、「引渡し」のうち目的不動産等に債務者らが居住または物品を置いて占有しており、これを引き払って債務者を立ち退かせることによって債権者に目的物の完全な直接支配を移転することをいいます。したがって、「明渡し」は、引渡しの一種ということになります。法律は、両者をまとめるときには「引渡し等」という概念を使っています。
> なお、「明渡し」と似た用語として、**退去**という言葉がありますが、退去とは、建物内の物品を取り除き、占有者の占有を解き建物から占有者を退出させることをいいます。たとえば、土地の所有者が、その土地上に権原を有せず建物を所有する者に対し、建物収去土地明渡しを訴求できる場合において、その建物の全部または一部を占有している第三者に対し求める立ち退きが退去です。すなわち、「明渡し」と退去との違いは、「明渡し」が目的建物を債権者に引渡し、その支配を移すことまで要求されているのに対し、退去は、目的建物を債権者の支配に移すことを要せず、目的物を空家にすれば足りることにあります。

【2】物の引渡しの執行の態様

物の引渡しの執行は、物が不動産等か動産かにより、また、物の占有状態によって、次の3つに区別される。

　①不動産または人の居住する船舶等の引渡し・明渡しの執行

②動産の引渡しの執行
　　③目的物を第三者が占有する場合の引渡しの執行
　なお、物の製造・加工して引き渡す債務のような複合義務にあっては、前提行為の完了した後でないと、強制執行をすることはできない。また、電気・ガス・水道等の供給は、設備の設置・作動等の作為を含むかぎり、物の引渡執行によることはできない。
　以下では、上記①から③の順で、説明していくことにする。

2 不動産等の引渡し・明渡しの強制執行

【1】総説

　不動産等（民86条1項に定める不動産〔土地・建物〕または人の居住する船舶等）の引渡しまたは明渡しの強制執行は、債権者の申立てに従い、直接強制（民執168条）または間接強制（173条）によって行う。

　なお、非金銭執行における不動産は、金銭執行における不動産を定めた民事執行法43条は適用されない。また、「人の居住する船舶等」には、動産と認められる飯場などのプレハブ建物や、人の居住するキャンピングカーやトレーラーハウスなどの自動車も含まれる。

【2】執行の申立て

(1)総説

　執行の申立ては、目的不動産等の所在地を管轄する地方裁判所の執行官に対し、所定の事項を記載した申立書を、執行文の付された債務名義の正本、送達証明書等の書類を添付して提出することによって行う（2条、29条、執官4条、民執規1条、21条）。申立人は、手数料および職務執行に要する費用の概算額を予納する。

(2)問題点

(a)判決手続において被告の側から同時履行の抗弁権（民533条）の主張がなされ、金員の支払と引換えに家屋の明渡しを命ずる債務名義がある場合には、執行文の付された債務名義の正本を添付して提出するのとは別に、金員の支払またはその提供を執行官に証明しなければ、強制執行をすることはできない。その証明の方法としては、領収書・供託書を提出する方法、または執行官に同行して反対給付を提供し、執行官に現認させる方法がある。

4—3　建物収去命令申立書の例

建物収去命令申立書

○○地方裁判所民事第○部　御中

平成○年○月○日

債権者代理人弁護士　○　○　○　○　㊞

当事者の表示　別紙当事者目録記載のとおり

申立ての趣旨

　債権者の申立てを受けた執行官は、別紙物件目録記載の建物の債務者の費用で収去することができる。

申立ての理由

　債務者は、債権者に対し、下記事件の執行力ある債務名義の正本に基づき、別紙物件目録記載の建物を収去する義務を負うところ、債務者は同義務を履行しない。
　よって、申立ての趣旨記載の裁判を求める。

記

○○地方裁判所平成○年（ワ）第○○○○号建物収去土地明渡請求事件の判決

添　付　書　類

1　執行力ある判決正本　　1通
2　上記送達証明書　　　　1通
3　資格証明書　　　　　　1通
4　委任状　　　　　　　　1通
5　建物登記簿謄本　　　　1通

物　件　目　録

所　　在　　○○区○○町○丁目○番地○
家屋番号　　○○番○
種　　類　　居宅
構　　造　　木造瓦葺2階建
床面積　　　1階　○○.○○平方メートル
　　　　　　2階　○○.○○平方メートル

（注）当事者目録は省略してある。

(b)建物収去土地明渡しの強制執行については、土地の引渡しまたは明渡しを命ずる債務名義では、建物収去の執行をすることはできない。なぜなら、債務者が建物を所有してその敷地を占有している場合には、土地と建物は別個の不動産であるため(民370条参照)、債務者がその土地上に所有する建物を収去するには、建物の収去をも含めた債務名義を得る必要があるからである。そこで、建物収去土地明渡しの場合には、建物収去の債務名義を得て、代替執行の方法によるべく、建物収去命令の申立てをなし授権決定を得たうえで、建物を収去して土地明渡しの執行をすることになる。

さらに、建物所有者以外の第三者がその建物の一部または全部を占有していた場合には、その占有者を立ち退かせたうえでないと、建物収去の執行をすることができないので、建物占有者に対する建物退去の債務名義をも得ておかなければならない。

【3】明渡しの催告
(1)立法趣旨
従来の執行実務においても、債務者に過酷となる事態を避けるべく、明渡しの断行予定日を定めて債務者に告げ、その日までに任意に明渡しをするよう債務者に促す(明渡しの催告)という運用がなされていたが、平成15年改正により、明渡しの催告(不動産等の引渡しまたは明渡しの催告)を法律上の制度とし、断行日までに占有者の変更があっても承継執行文を要しないで即時に明渡しを断行できることとした。

(2)明渡しの催告
(a)「執行官は、不動産等の引渡し又は明渡しの強制執行の申し立てがあった場合において、当該強制執行を開始することができるときは、……引渡し期限を定めて、明渡しの催告……をすることができる。ただし、債務者が当該不動産等を占有していないときは、この限りでない」(民執168条の2第1項)。

明渡しの催告は、やむをえない事由がある場合を除き、強制執行の申立てがあった日から2週間以内の日に実施しなければならない(民執規154条の3)。

明渡しの催告をするときは、前述したように、引渡しの期限を定めてしなければならないが(民執168条の2第1項)、その期限は、原則として、明渡しの催告があった日から1か月を経過する日であり、ただ、執行裁判所の許可を得て、当該日以後の日を期限とすることができる(168条の2第2項)。また、定められた期限が経過するまでの間は、執行裁判所の許可を得て、期限を延期することができる(168条の2第4項前段)。天候等により、期限内の断行が困難なことがあるからである。

執行官は、その不動産の所在する場所において、明渡しの催告をした旨、引渡し期限および占有移転が禁止されている旨を公示しなければならない(168条の2第3項、

民執規154条の3第2項)。引渡期限を延長したときも同様である(民執168条の2第4項)。
(b)明渡しの催告後に、債務者は、債権者以外の者に占有を移転してはならず(168条の2第5項)、引渡し期限が経過するまでの間に債務者以外の者に占有が移転したときは、変更後の占有者に対して、承継執行文の付与を要しないで強制執行をすることができる(168条の2第6項)。
(c)債務者以外の占有者は、強制執行の開始を知らず、かつ、債務者の占有の承継人でないことを理由として、債権者に対し、強制執行の不許を求める訴えを提起することができる(168条の2第7項前段)。

なお、明渡しの催告後に不動産を占有した占有者は、催告があったことを知って占有したものと推定される(168条の2第8項)。また、占有者に対して強制執行がなされたときは、当該占有者は、債権者に対抗することができる権原により目的物を占有していることを理由として、または前記不許を求める訴え提起の場合と同様の理由で、執行異議の申立てをすることができる(168条の2第9項)。

【4】執行
(1)執行の方法
不動産等の引渡しの強制執行は、「執行官が債務者の不動産等に対する占有を解いて債権者にその占有を取得させる方法〔直接強制〕により行う」(168条1項)。

債務名義の効力は、原則として債務名義に表示されている当事者以外の者に対して及ばないから(23条、民訴115条1項)、たとえば借家人、不動産の一部の賃借人や間借人のように独立の地位をもって占有する者については、これらの者に対する債務名義がなければ退去を強制することはできない。

もっとも、債務者の占有補助者(債務者の家族、家事使用人、店の従業員等)に対しては、債務者に対する債務名義に基づいて引渡しの強制執行をすることができる。

> 家屋の明渡執行の場合には、債務者以外の者が独立の地位をもって占有している者か占有補助者かの判断については、困難を伴います。そこで実務では、あらかじめ占有移転禁止の仮処分命令(民保23条1項、62条)によって当事者を恒定し、本案においてその者に対する債務名義をとって執行することがよくあります。

(2)債権者またはその代理人の執行の場所への出頭の必要性
不動産の明渡しまたは引渡しの強制執行は、執行官が債務者の目的物に対する占有を解いて、債権者にその占有を取得させることを目的とするものである。そこで、「強制執行は、債権者又はその代理人が執行の場所に出頭したときに限り、すること

ができる」(民執168条3項)。

(3)不動産等に在る者に対する執行官による質問権・文書提示請求権
「執行官は、……強制執行をするため……不動産等の占有者を特定する必要があるときは、当該不動産等に在る者に対し、当該不動産等又はこれに近接する場所において、質問をし、又は文書の提示を求めることができる」(168条2項)。

(4)執行官の強制立入権・解錠権
また、「執行官は、……強制執行をするに際し、債務者の占有する不動産等に立ち入り、必要があるときは、閉鎖した戸を開くため必要な処分をすることができる」(168条4項)。したがって、執行官は、鍵屋を同行し、鍵屋に解錠させることもある。

なお、執行官は、債務者の占有を排除するため、債務者や同居の家族、使用人らを立ち退かせ、抵抗を受けるときは威力を用い、または警察上の援助を求めることができる(6条1項本文)。

(5)引渡しの目的物でない動産の債務者等への引渡しまたは売却
執行官は、執行に際し、「その目的物でない動産(従物〔畳や建具等〕以外の動産)を取り除いて、債務者、その代理人又は同居の親族若しくは使用人その他の従業者で相当のわきまえのあるものに引き渡さなければならない」(168条5項前段)。この場合において、引渡しができないときは、執行官は、最高裁判所規則の定めに従い、即日または断行の日から1週間未満の日にこれを売却することができる(168条5項後段、民執規154条の2第1項から4項まで)。執行官は、引渡しまたは売却をしなかった動産については、これを保管する(民執168条6項)。執行官は、その売得金から売却および保管に要した費用を控除し、その残余を供託しなければならない(168条8項)。

> 建物の明渡しとともに、賃料相当損害金の支払が命ぜられている債務名義がある場合には、実務では、債権者は、建物の明渡しの執行を申し立てるとともに、金銭執行としての動産執行の申立て(122条)をして、建物内の動産の処理をあわせて行うことが多いです。

3 動産の引渡しの執行

【1】総説
「第168条第1項に規定する動産以外の動産(有価証券を含む。)の引渡しの強制執行は、執行官が債務者からこれを取り上げて債権者に引き渡す方法〔直接強制〕により行う」(169条1項)ほか、間接強制の方法によることもできる(173条)。

民事執行法169条1項にいう「動産」とは、122条にいう動産の範囲と異なり、有価証券を含む民法上の動産をいい、人の居住していない船舶、未登録自動車等も含まれる（168条1項対照）。

　また、「引渡し」とは、目的動産に対する直接支配を債権者に得させることをいう。占有改定（民183条）や指図による占有移転（民184条）を目的とする場合には、意思表示を命ずる債務名義によることになる（民執174条、民414条2項ただし書）。

　動産の引渡しの執行は、非金銭執行であるから、金銭執行の場合とは異なり、目的物が換価するに値しない場合であっても、引渡し執行の対象となる。動産執行の場合の差押禁止動産（131条）も、引渡執行の対象にはなる。

　動産引渡しの強制執行の請求権は、動産の引渡請求権であり、債権的請求権であるか物権的請求権であるかを問わない。

【2】執行の申立て

　債権者は、目的動産の所在地を管轄する地方裁判所の執行官に対し、所定の様式に従い、申立てをする（2条、29条、執官4条、民執規1条、21条）。

【3】執行の方法

　動産の引渡しの強制執行は、執行官が債務者からこれを取り上げて債権者に引き渡す方法（直接強制）による（169条1項。なお、間接強制の方法によることもできる〔173条〕）。

　民事執行法122条2項の執行官の弁済受領権の規定、123条2項の執行官の立入権・捜索権等の規定および168条5項から8項までの不動産等の引渡しの強制執行に関する規定は、動産引渡しの強制執行に準用される（169条2項）。

　これに対して、動産引渡しの強制執行には、「第1項の強制執行〔不動産等の強制執行〕は、債権者又はその代理人が執行の場所に出頭したときに限り、することができる」とする民事執行法168条3項の規定は準用されていない。そこで、債権者またはその代理人が動産引渡しの強制執行の場所に出頭しない場合の取扱いが問題となるが、民事執行規則155条は、第1項で「執行官は、動産……の引渡しの強制執行の場所に債権者又はその代理人が出頭しない場合において、当該動産の種類、数量等を考慮してやむを得ないと認めるときは、強制執行の実施を留保することができる」とし、第2項で「執行官は、動産の引渡しの強制執行の場所に債権者又はその代理人が出頭しなかった場合において、債務者から動産を取り上げたときは、これを保管しなければならない」と規定している。

> 目的動産の数量が多い場合や巨大な機械である場合等には、円滑に手続を進めるために、債権者代理人は、執行に必要な人員、トラック等を用意して執行に立ち会う必要があると指摘されています。

4 目的物を第三者が占有する場合の引渡しの強制執行

　2不動産等の引渡し・明渡しの強制執行および3動産の引渡しの執行では、不動産等または動産の引渡請求権の目的物が債務名義上の債務者が占有している場合を検討してきたが、ここでは、第三者が目的物を占有しており、その第三者に対して債務者がその物の引渡請求権を有している場合の引渡請求権の執行方法が問題となる。

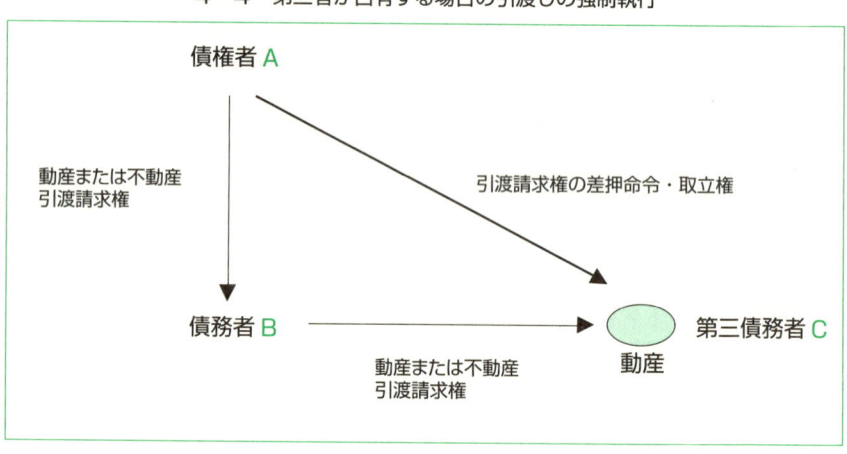

4—4　第三者が占有する場合の引渡しの強制執行

```
                債権者 A
              ／      ＼
動産または不動産       引渡請求権の差押命令・取立権
引渡請求権          ＼
    ↓                ＼
  債務者 B ──────→ 第三債務者 C
          動産または不動産      動産
          引渡請求権
```

【1】引渡請求権の目的物を第三者が占有している場合の執行方法

　「第三者が強制執行の目的物を占有している場合においてその物を債務者に引き渡すべき義務を負っているときは、物の引渡しの強制執行は、執行裁判所が、債務者の第三者に対する引渡請求権を差し押さえ、請求権の行使を債権者に許す旨の命令を発する方法により行う」(170条1項)。このほか、平成15年改正により、間接強制の方法によることも可能となった(173条)。

　目的物は、不動産、船舶、動産のいずれであるかを問わない。当然のことであるが、債務者が他人の物を売却したときなど、債務者が第三者に対し引渡請求権を有しない

ときは、執行をすることができない。

　この執行は、引渡請求権に対する金銭執行(162条、163条)と異なり、換価手続を予定していない。したがって、その命令(差押命令)が確定すれば、執行手続は終了する。

【2】引渡請求権の差押命令

　引渡請求権の差押命令については、債権執行の差押えに関する民事執行法145条が準用されており(170条2項)、差押命令は債務者および第三債務者に送達され、第三債務者へ送達された時に処分制限の効力を生ずる。

【3】取立権の行使

　債務者に対して差押命令が送達された日から1週間を経過したときは、債権者は、債務者の有する引渡請求権を行使して、第三債務者にその物の債権者への引渡しを求めることができる(170条2項・155条1項、2項)。

【4】取立訴訟

　第三債務者が債権者に任意にその物を引き渡さないときは、債権者は、第三債務者に対して取立訴訟を提起し、確定の勝訴判決を債務名義として、第三債務者に対して明渡しの強制執行をすることができる。

　なお、債務者が第三債務者に対する目的物引渡請求権につき、すでに債務名義を取得しているときは、債権者は、取立訴訟を提起する必要はなく、債権者を債務者の承継人としてこの債務名義に承継執行文の付与を受け、これによって再三債務者に対して明渡しの強制執行をすることができる。

第4章……非金銭執行

3. 作為・不作為義務についての強制執行

1 序説

　金銭の支払や物の引渡しを内容とするいわゆる**与える債務**の執行方法としては、**直接強制**が適している。これに対して、その他の債務、すなわち作為・不作為を内容とするいわゆる**なす債務**については、その性質上、直接強制による執行方法をすることはできない。

　民法414条2項本文、3項は、なす債務の執行方法として代替執行を定めているが、これを受けて民事執行法は、代替的作為義務または不作為義務についての強制執行は、「執行裁判所が民法の規定に従い決定をする方法により行う」ものとして**代替執行**の手続を規定し(171条)、「作為又は不作為を目的とする債務で前条第1項の強制執行〔代替執行〕ができないものについての強制執行は、執行裁判所が、債務者に対し、遅延の期間に応じ、又は相当と認める一定の期間内に履行しないときは直ちに、債務の履行を確保するために相当と認める一定の額の金銭を債権者に支払うべき旨を命ずる方法により行う」ものとして**間接強制**の手続を規定している(172条)。ただし、間接強制は、代替執行によることができない場合にかぎられない。

> 　従来、直接強制が可能である場合には、直接強制のほうが訴訟経済上も効率的であるといわれてきました。また、間接強制は、債務者の意思を圧迫して債務者に履行を強制することになるので、債務者の人格尊厳の観点から問題を含むともいわれていました。そこで従来は、強制執行の方法としては、直接強制をすることができる場合には直接強制により、次いで代替執行をなしうる場合には代替執行により、間接強制によらざるをえない債務についてのみ間接強制の方法によるべきであり、間接強制は最後の強制執行の方法と考えるべきであるとされていました(間接強制の補充性理論)。
> 　しかし、間接強制を加えることが必ずしも債務者の人格の尊厳を害するとはいえませんし、また、実際上も、直接強制によることができる物の引渡義務や、代替執行によることができる代替的作為義務・不作為義務についても、事案によっては、間接強制の方法によるほうが迅速かつ効率的に執行の目的を達成することができるとの指摘がなされていました。

> そこで平成15年の法改正により、物の引渡債務や代替的作為義務・不作為義務についても、間接強制という方法が認められ、直接強制、代替執行と間接強制との選択は、債権者に委ねられることになりました(173条)。

> 建物の明渡しとともに、賃料相当損害金の支払が命ぜられている債務名義がある場合には、実務では、債権者は、建物の明渡しの執行を申し立てるとともに、金銭執行としての動産執行の申立て(122条)をして、建物内の動産の処理をあわせて行うことが多いです。

2 代替的作為義務の執行

【1】意義

　民法414条2項本文は、「債務の性質が強制履行を許さない場合において、その債務が作為を目的とするときは、債権者は、債務者の費用で第三者にこれをさせることを裁判所に請求することができる」と規定し、**代替的作為義務**についての強制執行を裁判所に求めうるとしている。これを受けて民事執行法171条は、代替執行の方法につき規定している。

　代替執行とは、債務者から費用を取り立て、これをもって第三者または債権者をして債務者に代わって給付内容を実現させる執行方法をいう。より詳細にいうと、代替的作為義務を命ずる債務名義に基づいて、債権者が裁判所に対し、債務者の費用でその代替的作為を債務者以外の者にさせることを債権者に授権する決定(授権決定)を求め、この授権決定に基づき、授権決定において指定された者があるときはこの者が、指定された者がいないときは債権者自身あるいは債権者が委任した者が、代替的作為義務を実現することである。

　代替的作為義務については、前述したように、代替執行の方法によるほか、債権者の申立てにより間接強制の方法で強制執行をすることもできる(173条)。

　代替的作為義務とは、債務者以外の第三者が履行しても債務の本旨に従った履行となる作為義務をいう。債務者の負う債務の内容が代替性を有する場合、すなわち債務者自身によって履行されようと、第三者によって履行されようと、結果的に差異が生じないような場合である。たとえば、一般的な建物の建築、一般的な動産・不動産の修繕・修復の債務、建物収去の債務、看板や廃棄物の撤去の債務、庭の清掃の債務、貨物運送の債務など機械的な労務を内容とする義務があげられる(したがって、超一流建築家による建物建築やきわめて高度の技術を要する文化財の修復などは含まない)。その

ほか、新聞紙に謝罪広告を掲載することも、代替的作為義務と解されている。判例も、「単に事態の真相を告白し陳謝の意を表明するに止まる程度のもの」であれば、代替執行によることができるとする(最大判昭和31年7月4日民集10巻7号785頁〔執保百選87事件〕)。

【2】手続
(1)代替執行の申立て
　債権者は、代替的作為義務を宣言する債務名義に基づいて、執行裁判所に対し、**授権決定**(債務者の費用をもって、その作為を債務者以外の者にさせることを債権者に授権する決定)を申し立て、そのうえでみずから作為義務の内容とする(171条1項、民414条2項本文)。裁判所は、授権決定をする場合には、あらかじめ債務者を審尋しなければならない(民執171条3項)。

(2)授権決定と執行費用の前払い
　執行裁判所は、債権者に代替執行を許すべきときは、債務者の費用で、その代替的作為を債務者以外の者にさせることを債権者に授権する決定をする。この授権決定において代替的作為を実施する者を指定することが多いが、指定しないときがある。

　執行裁判所は、債権者の申立てにより、債務者に対し、授権決定に掲げる行為をするために必要な費用をあらかじめ債権者に支払うべき旨を命じることができる(費用前払の決定。171条4項)。

　授権決定または費用前払の決定に対しては、執行抗告(10条)をすることができる(171条5項)。代替執行に要する費用は、あらかじめ前払決定があれば、これを債務名義(22条3号)として、その執行文を付与された正本に基づき金銭執行の方法で取り立てることができるし、前払決定がない場合や前払いを受けた額より多額の費用を要した場合には、執行費用として後日取り立てることができる(42条4項、22条4号の2)。

(3)代替執行の実施
　債権者は、授権決定において代替的作為を実施する者が指定されているときには、その者に代替的作為を行わせる。代替的作為を実施する者が指定されていないときには、債権者みずから代替的作為を行うこともできるし、任意の第三者に委任してその者に代替的作為を行わせることもできる。

　このような代替的作為を実施する者の行為は、いずれの者が行う場合であっても、単なる私人の行為ではなく、債務者の意思を排除して国家の強制執行権を実現する行為であり、**国の公権力の行使**である(最判昭和41年9月22日民集20巻7号1367号〔執保百選88事件〕)。そのため、その行為者は、債務者に職務の執行に関して抵抗を受けるとき

は、執行官に対し援助を求めることができ(171条6項・6条2項)、援助を求められた執行官は、威力を用いたり、警察上の援助を求めたりすることができる(6条1項)。なお、代替的作為を実施する者の行為は、「執行裁判所の命令により民事執行に関する職務を行うもの」ではないので、民事執行法6条2項が準用される。

3 不代替的作為義務の執行——間接強制の執行

【1】 意義

　間接強制とは、債務を履行しない債務者に対し、債務の履行を確保するために相当と認められる一定の金銭を債務者に支払うべきことを命じ、債務者に心理的な強制を加えて、債務者自身の手により請求権の内容を実現させる方法をいう。

　債務者自身が債務を履行しないと債務の履行とはなりえない**不代替的作為義務**についての強制執行は、間接強制によるほかない(172条1項)。間接強制ができるものの例としては、手形行為として手形に署名する義務、財産管理をする者の計算報告義務、株式の名義書換をする株式会社の義務、一定の場所からの退去義務、団体交渉応諾義務などがあげられる。なお、間接強制の方法は、不作為債務の強制執行についても行われるが、この点については、4 不作為債務の執行のところで触れることとする。

　前述したように、平成15年改正により、間接強制は、直接強制や代替執行が不可能な場合にかぎられない。不動産等の引渡し等の強制執行(168条1項)、動産の引渡しの強制執行(169条1項)、目的物引渡請求権にかかる強制執行(170条1項)および代替執行にかかる強制執行(171条1項)については、債権者の申立てがあるときは、間接強制の方法によることができる(173条1項)。また、平成16年改正により、扶養義務等にかかる金銭債権の強制執行についても、債権者の申立てにより、間接強制の方法によることができるようになった(167条の15、167条の16)。

　もっとも、いかなる場合であっても、間接強制が認められるわけではなく、間接強制が許されないこともある。間接強制が許されない例としては、夫婦の同居義務(民752条)や輸血をなす義務のように、債務者の自由意思に反してその履行を強制することが社会観念上是認できない場合や、芸術的創作をすべき義務(たとえば、一流のピアニストがピアノを演奏する義務等)のように、債務者の自由意思を圧迫して強制したのでは債務の本旨にかなった給付を実現しがたい場合などがあげられる。

4-3　作為・不作為義務についての強制執行　143

4−5　間接強制申立書の例

間接強制申立書

○○地方裁判所民事第○部　御中

平成○年○月○日

債権者代理人弁護士　○　○　○　○　㊞

当事者の表示　別紙当事者目録記載（略）のとおり

申立ての趣旨

1　債務者は、○○（債務名義表示の不作為義務を記載）してはならない。
2　本決定送達の日以降、債務者が前項記載の義務に違反し、○○したときは、債務者は債権者に対し、違反行為をした日1日につき金○○万円の割合による金員を支払え。

申立ての理由

　債務者は、債権者に対し、下記事件の執行力ある債務名義の正本に基づき、申立ての趣旨第1項のとおりの義務があるにもかかわらず、これに違反するおそれがあり、違反の場合、債権者は損害（別添報告書参照）を被ることとなる。そうすると、支払予告金は、別添報告書記載のとおり、申立ての趣旨第2項の金員とするのが相当であると思料する。
　よって、申立ての趣旨記載の裁判を求める。

記

東京地方裁判所平成○○年（ワ）第○○○○号
○○請求事件の判決

添　付　書　類

1　執行力のある判決正本　　1通
2　上記送達証明書　　　　　1通
3　損害見積書　　　　　　　1通

（注）当事者目録は省略してある

【2】手続
(1)間接強制の申立て
　債権者は、執行力のある債務名義に基づき、執行裁判所に対し、間接強制の決定を申し立てる。執行裁判所は、間接強制の決定をする場合には、申立ての相手方(債務者)を審尋しなければならない(172条3項)。
(2)間接強制の方法
　間接強制は、「執行裁判所が、債務者に対し、遅延の期間に応じ、又は相当と認める一定の期間内に履行しないときは直ちに、債務の履行を確保するために相当と認める一定の額の金銭を債務者に支払うべき旨を命ずる方法により行う」(172条1項)。
(3)間接強制により支払うべき金銭の額と損害賠償の額との関係
　間接強制により支払うべきものとされる金銭の額は、「債務の履行を確保するために相当と認める一定の額の金銭」であり(172条1項)、債務不履行により生ずる損害の額を超えても差し支えない。間接強制の決定により支払われた金銭は、債務不履行による損害賠償債務に充当される。

　「債務不履行により生じた損害の額が〔間接強制の〕支払額を超えるときは、債権者は、その超える額について〔債務者に対し〕損害賠償の請求をすることを妨げられない」(172条4項)。これに対して、債務不履行により生じた損害の額が間接強制の支払額を下回ったときは、債権者は、その差額について、債務者に対し返還する必要はない。
(4)間接強制により支払うべき金銭の支払
　間接強制の決定がなされ、なお債務の履行がなされない場合には、債権者は、債務の履行の遅延の期間に応じ、または相当と認める一定の期間内に履行しないときはただちに、債務者に対し、間接強制により命じられた金銭の支払を請求することができる。債務者がこの金銭を任意に支払わないときは、債権者は、間接強制の決定を債務名義(22条3号)として、これに基づき債務者の財産に対して金銭執行をすることができる。

4 不作為義務の執行

【1】不作為義務総説
(1)序説
　民法414条3項は、「不作為を目的とする債務については、債務者の費用で、債務者がした行為の結果を除去し、又は将来のため適当な処分をすることを裁判所に請求す

ることができる」と規定し、**不作為義務**(不作為請求権・差止請求権)について代替執行を認めており、これを受けて、民事執行法は、この派生的作為の実現のために代替執行を認めている(民執171条1項)。

しかし、不作為請求権のなかには、不作為義務の違反があっても、除去すべき物的状態が残存しないとか、将来のため適当な処分が考えられない場合があり、これらについては従来から間接強制が認められていた(172条1項)。さらに、平成15年改正によって、上記の代替執行が認められる場合であっても、間接強制の方法が認められることとなった(173条1項)。

(2)内容

不作為義務の内容は多様であり、①特定の物を特定の者に譲渡しない義務などのような、**一回的な不作為義務**、②70デシベル以上の音をださない義務、競業をしない義務などのような、**継続的な不作為義務**および③夜9時以降朝7時まで飛行機の離発着をしない義務などのような、**反復的不作為義務**がある。

(3)強制執行の特殊性

従来の通説は、不作為義務は義務違反がなされない間は義務が履行されているといえるから、義務違反があってはじめて強制執行ができるのであり、義務違反がない間は強制執行をすることはできないと解していた(なお、物権的妨害予防請求権や、占有者が占有を妨害されるおそれがあるときの占有保全の訴え〔民199条〕などは、予防のための作為請求権として強制執行がなされる)。

しかし、不作為義務違反があると、損害賠償を請求することができるだけで、事後的に権利の内容を実現することはできない。そこで、現在の多数説は、不作為義務違反のおそれがあり、それを阻止する必要があるときには、不作為義務の強制執行として、間接強制の決定を求めうると解している(東京高決平成3年5月29日判時1397号24頁)。近時、最高裁も、この考え方を採用し、不作為を目的とする債務の強制執行として間接強制の決定をするには、「債権者において、債務者がその不作為義務に違反するおそれがあることを立証すれば足り、債務者が現にその不作為義務に違反していることを立証する必要はないと解するのが相当である」とした(最決平成17年12月9日民集59巻10号2889頁)。

(4)強制執行の方法

民法414条3項は、「不作為を目的とする債務については、債務者の費用で、債務者がした行為の結果を除去し、又は将来のため適当な処分をすることを裁判所に請求することができる」と規定する。したがって、不作為義務違反によりなんらかの物的状態が生じた場合において、債務者には物的状態を除去する義務(作為義務)が生ずるが、

これが代替的作為義務であれば代替執行の方法により、不代替的作為義務であれば間接強制の方法により、それぞれ強制執行をすることができる。また、不作為義務違反があった場合には、債権者は、裁判所に対し、「将来のため適当な処分をすること」を請求することができる。

これらの民法414条3項に規定する請求に基づく強制執行の方法については民事執行法171条に規定されている。また、不作為義務の強制執行が間接強制によるべきときは、172条の規定に従う。

(5)抽象的不作為判決の可否

被告に対し具体的な作為または不作為を命ずるのではなく、抽象的な不作為を命ずる判決を求めることができるかどうかが問題となる。たとえば、東海道新幹線の走行により発生する騒音を65ホンを超えて流入させてはならない、国道43号線および阪神高速道路沿道50メートル以内に居住する気管支ぜん息患者の住居地において、浮遊粒子状物質につき1時間値の1日平均値が1平方メートルあたり0.15ミリグラムを超える大気汚染を形成してはならない、というような抽象的不作為判決の可否が問題となる。

この点について、裁判例は、実体法上ある結果の実現のみを目的とする請求権が成立することは明らかであることや、抽象的な不作為を命ずる判決によって代替執行ができないときも間接強制という執行方法が認められていることなどを理由として、これを肯定する(名古屋高判昭和60年4月12日下民集34巻1＝4号461頁〔執保百選85事件〕名古屋新幹線訴訟)。多くの学説も、抽象的不作為判決を債務名義として、債権者は間接強制の申立てをすることができるとする。

【2】手続

不作為義務の強制手続としては、間接強制によるべき場合と、民法414条3項に規定する請求にかかる強制執行によるべき場合とに分けられる。

(1)間接強制によるべき場合

継続的不作為義務や反復的不作為義務の場合には、義務違反後、義務違反の状態の継続や再度の義務違反も予想される。そのため、この場合には、違反継続の期間に応じ、または相当と認める一定の期間内に義務違反を中止しないときはただちに、「債務〔不作為義務〕の履行を確保するために相当と認める一定の額の金銭を債権者に支払うべき旨を命ずる方法」(172条1項。間接強制)により行うことに、意味がある。

また、一回的不作為義務の場合はもちろん、継続的不作為義務や反復的不作為義務の場合であっても、義務違反のおそれが十分に予想されるときは、不作為義務違反が

なされる前にも、間接強制の申立てを認めてよいと解されている。
(2)民法414条3項に規定する請求にかかる強制執行によるべき場合
　民事執行法171条1項は、民法第414条第3項に規定する請求にかかる強制執行についても規定し、代替執行と同様の手続により決定すべきものとしている。
　まず、不作為義務違反がなんらかの物的状態を残す場合には、債権者は、執行裁判所に対し、物的状態の除去の請求を申し立てることができる。たとえば、高さ15メートル以上の工作物を立てない債務に違反して立てられた工作物や、公道にいたるまでの私道に工作物を設置しない債務に違反して立てられた工作物の除去の請求などの場合である。不作為義務には、義務違反の結果除去請求権（代替的作為義務）を当然には含まないが、不作為義務を命ずる債務名義に執行文の付与を受けることにより、代替執行についての授権決定の申立てをすることができる（171条1項）。なお、不代替的作為義務の場合であれば、間接強制の方法によるほかはない。
　以上に対して、不作為義務違反があり、不作為義務の継続または再度の不作為義務違反が予想される場合には、債権者は、執行裁判所に対し、これらの不作為義務違反が生じないよう「将来のための適当な処分」を申し立てることができる（民414条3項）。「将来のための適当な処分」とは、将来の損害に対する担保の提供の命令や、違反防止のための物的設備（防音設備等）設置の命令などである。この裁判所の決定が、新たな債務名義となり、これに基づき強制執行をすることができる。「将来のための適当な処分」の手続については、代替執行の手続に準じる。

5　意思表示についての強制執行

【1】意義
　意思表示の義務は、不代替的作為義務であるので、本来は、間接強制の方法により強制執行が行われることになる。しかし、意思表示の義務は債務者が実際にこのような行為をすることが必要なのではなく、このような行為をしたのと同一の法的効果を生ずればその目的を達せられ、債務者に改めて意思表示をさせる強制執行（間接強制）をする必要はない。
　そこで、民法414条2項ただし書は、「法律行為を目的とする債務については、裁判をもって債務者の意思表示に代えることができる」と規定し、民事執行法174条1項本文は、「意思表示をすべきことを債務者に命ずる判決その他の裁判が確定し、又は和解、認諾、調停若しくは労働審判に係る債務名義が成立したときは、債務者は、その

確定又は成立の時に意思表示をしたものとみなす」(**意思表示の擬制**)こととした。

【2】要件

　意思表示の擬制がなされるのは、「意思表示をすべきことを債務者に命ずる判決その他の裁判が確定し、又は和解、認諾、調停若しくは労働審判に係る債務名義が成立したとき」(174条1項本文)である。

　ここにいう「意思表示」には、一定の法的効果の発生を意欲し外部に表示される法律行為の要素である意思表示のほか、観念の通知(たとえば、債権譲渡の通知)や意思の通知(たとえば、催告)などの準法律行為も含まれる。また、債権者に対する私法上の意思表示だけでなく、公法上の意思表示や第三者に対する意思表示(たとえば、登記申請義務。不動産登記法63条1項〔判決による登記〕)も、ここにいう「意思表示」に含まれる。

【3】効果

(1)意思表示の擬制

　「意思表示をすべきことを債務者に命ずる判決その他の裁判が確定し、又は和解、認諾、調停若しくは労働審判に係る債務名義が成立したとき」は、債務者は、意思表示をしたものとみなされる(民執174条1項本文)。したがって、意思表示の擬制によって意思表示の執行は終了するから、執行手続は不要である。

　意思表示の到達の要件については問題がある。この点について、意思表示の相手方が債権者である場合には、判決の送達や和解の成立の時点において、その到達も認められるので、擬制の発効により法律効果も発生する。これに対して、意思表示の相手方が第三者である場合には、判決の謄本等を債権者がその第三者に送付し、その到達の時点で意思表示の到達が認められ、法律効果が発生することになる。いずれにせよ、意思表示の執行は、意思表示の擬制、すなわち判決確定等の時点で即時に終了する。

　なお、登記義務の場合も、登記の実行自体は執行行為ではないとされている(最判昭和41年3月18日民集20巻3号464頁〔執保百選89事件〕)。

(2)意思表示をしたものとされる効力を生ずる時点

(a)原則

　意思表示をしたものとみなされる時は、原則として、判決等の裁判の確定した時または和解調書等にかかる債務名義が成立した時(174条1項本文)である。

　債務者が制限行為能力者である場合には、行為能力が補充されたうえで意思表示が擬制され、また、要式行為の法律行為(保証契約〔民446条2項〕、定期借地権設定契約〔借地借家22条〕、定期借家権設定契約〔借地借家38条〕など)の場合には、その要式を踏んでな

4-3　作為・不作為義務についての強制執行　　149

された意思表示が擬制される。意思表示の相手方が債権者であるときは、前述した判決等の裁判の確定した時または和解調書等にかかる債務名義が成立した時に法律効果が発生するが、意思表示の相手方が第三者（たとえば、官公庁の場合や、債権譲渡の場合の債務者など）であるときは、裁判や調書の正本や謄本が債権者から第三者に到達した時または提示された時に法律効果が発生する。

なお、意思表示の擬制により意思表示を求める債権の執行は終了するから、執行文の付与は、承継執行文（民執27条2項）を必要とする場合や、次に述べる例外の場合以外は不要である。

(b) 例外

以下の各場合においては、例外的に「執行文が付与された時」に意思表示をしたものとみなされる（174条1項ただし書）。

(i) 債務者の意思表示が、債権者の証明すべき事実の到来にかかるとき

債権者が先履行であるときや、債務者の給付義務が不確定期限の到来にかかるときのように、「債務者の意思表示が、債権者の証明すべき事実の到来に係るとき」には、判決等の裁判の確定した時または和解調書等にかかる債務名義が成立した時に意思表示をしたものとみなすことはできない。

そこで、この場合には、債権者がその事実の到来したことを証する文書を提出することにより執行文（条件成就執行文）が付与されるから（27条1項）、その「執行文が付与された時に意思表示をしたものとみなす」こととしている（174条1項ただし書）。

(ii) 債務者の意思表示が反対給付との引換えにかかる場合

債権者の代金支払との引換給付のように、「債務者の意思表示が反対給付との引換えに係る場合」にも、判決等の裁判の確定した時または和解調書等にかかる債務名義が成立した時に意思表示をしたものとみなすことはできない。そこで、この場合には、「執行文は、債権者が反対給付又はその提供のあったことを証する文書を提出したときに限り、付与することができる」とし（174条2項）、この「執行文が付与された時に意思表示をしたものとみなす」こととしている（174条1項ただし書）。

(iii) 債務者の意思表示が債務者の証明すべき事実のないことにかかる場合

債務者が割賦金の支払を2回以上怠ったときに登記手続をするという場合のように、「債務者の意思表示が債務者の証明すべき事実（債務の履行など）のないことに係る場合」には、債務不履行は、債権者の証明すべき事実ではないが、判決等の裁判の確定した時または和解調書等にかかる債務名義が成立した時に意思表示をしたものとみなすことはできない。

そこで、この場合には、「執行文の付与の申立てがあったときは、裁判所書記官は、

債務者に対し一定の期間を定めてその事実を証明する文書を提出すべき旨を催告し、債務者がその期間内にその文書を提出しないときに限り、執行文を付与することができる」とし(174条3項)、この「執行文が付与された時に意思表示をしたものとみなす」こととしている(174条1項ただし書)。

第5章 ……… 担保権の実行としての競売等

1. 担保権の実行としての競売(担保執行)

1 総説

【1】意義

担保権の実行としての競売(担保執行)とは、抵当権、質権または先取特権に基づいて、その目的財産を競売その他の方法によって強制的に換価し、被担保債権の満足を図る手続であり(180条以下)、民事執行法に規定されているものをいう。

5−1　担保執行

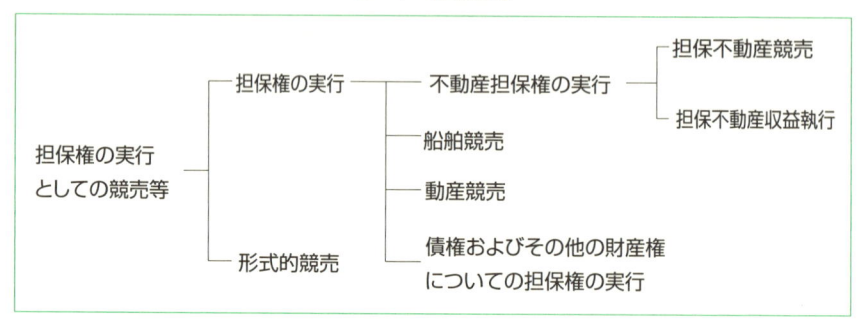

```
                                                              ┌ 担保不動産競売
                         ┌ 担保権の実行 ─┬ 不動産担保権の実行 ┤
                         │              │                    └ 担保不動産収益執行
担保権の実行              │              ├ 船舶競売
としての競売等 ─┤              │              ├ 動産競売
                         │              └ 債権およびその他の財産権
                         │                についての担保権の実行
                         └ 形式的競売
```

【2】強制執行との類似点と相違点
(1)類似点

担保権の実行としての競売(担保執行)の手続は、債務名義が不要である点を除けば、金銭執行の強制執行の手続とほぼ同じである(188条、189条、192条、193条)。

したがって、実際の手続過程においては、担保執行と強制競売との差異は、ほとんど現れない。

(2)相違点

もっとも、担保執行の場合には、債務名義が不要されていることから、次のような債務名義に代わる債務者(または所有者)保護の制度が設けられている。

(a)競売開始の要件としての担保権の存在を証する文書(法定文書)

　不動産担保権の実行(181条)、船舶の競売(189条)、債権およびその他の財産権についての担保権の実行(193条)においては、それぞれ一定の文書(法定文書)が必要とされ、また、動産競売においては、担保目的動産の提出、占有者の差押承諾書の提出、執行裁判所の動産競売開始許可決定書の提出のいずれかが必要とされる(190条)。

(b)実体に関する不服申立ての方法

　執行抗告や執行異議は、原則として手続上の瑕疵に対する不服申立ての方法であり(10条、11条)、強制執行の場合には、実体に関する不服申立ては、請求異議訴訟・執行文付与異議訴訟など訴訟手続による。

　これに対して、債務名義なしになされる担保執行については、債務者または所有者の利益保護のために執行手続内における簡易な救済方法を認めるのが適当である。そこで、担保執行では、形式的な手続上の瑕疵のみならず、実体上の理由をも執行抗告・執行異議によって主張することができるものとされている(182条、189条、191条、193条2項)。

　なお、担保権不存在確認の訴えあるいは担保権設定登記抹消の訴えを提起し、担保権実行禁止の仮処分を得て、担保執行手続の停止・取消しを求めることもできる(183条1項5号、2項、192条、193条2項)。

(c)執行停止・取消文書

　執行機関は、担保権の実行を妨げる事由が存在することを証する法定文書の提出があったときは、担保権の実行手続を停止し、かつ、その文書が担保権の不存在を証する文書であるときは、すでにした執行処分を取り消さなければならない(183条、189条、192条、193条2項)。これらの規定は、担保権の存在を証する文書の提出により担保権の実行手続を開始することに対応して、その反対を証明する文書の提出があれば、手続を停止しまたは取り消すことにしたものである。

5－2　強制執行との相違点

	担保権実行	強制執行
債務名義の要否	不　要	必　要
弁済猶予文書の種類	・公文書	・公文書 ・私文書
執行抗告、執行異議の請求事由	・手続の瑕疵 ・担保権の不存在、消滅	・手続の瑕疵
請求異議の訴えの可否	不　可	可　能

2 不動産担保執行

【1】総説

　不動産(43条2項により不動産とみなされるものを含む)を目的とする担保権の実行(**不動産担保執行**)には、**担保不動産競売**(競売による不動産担保権の実行)と、**担保不動産収益執行**(不動産から生ずる収益を被担保債権の弁済にあてる方法による不動産担保権の実行)とがある(180条)。

　不動産を目的とする強制執行の場合には、強制競売とともに強制管理の制度が存在するところ、従来、不動産担保執行については、強制管理に相当する手続はなく、競売だけが認められていたが、平成15年改正により、担保不動産収益執行の手続が設けられ、それに応じて、競売の手続は、担保不動産競売とよばれることになった。

　以下では、担保不動産競売、担保不動産収益執行の順に検討する。

【2】担保不動産競売
⑴意義

　担保不動産競売は、債務名義を必要とせず、担保権の有する優先弁済権に内在する換価権に基づいて換価した代金から満足を受ける手続である。

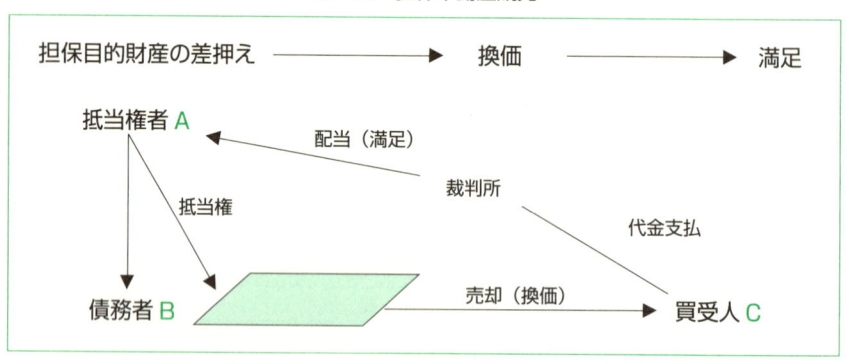

5—3　担保不動産競売

　強制競売には債務名義が要求されるが、担保不動産競売には債務名義は要求されない。もっとも、債務名義に代わる債務者(または所有者)保護のため、民事執行法は、担保不動産競売の申立ての際に、債権者に担保権の存在を証する文書(法定文書)の提出を要求し(181条1項各号)、これらを他の文書に代えることは許さない。

以下では、強制競売と相違する事項を中心に、担保権のなかでも特に重要な抵当権に基づく担保不動産競売について説明をすることにする。

(2) 抵当権実行の実体的要件

　抵当権実行のための実体的要件は、抵当権の存在、被担保債権の存在、被担保債権の弁済期の到来(履行遅滞)である。

(a) 抵当権の存在

　抵当権者は、債務名義を必要とせず、担保権の有する優先弁済権に内在する換価権に基づいて、他人の不動産を換価することが許される。したがって、抵当権の実行として競売の申立てをするためには、まず、有効な抵当権が存在することが必要である。

　民事執行法は、競売申立てに際し、抵当権の存在を証するために、以下の法定文書を提出することを要求し、かつ、これで足りるとしている(181条1項各号)。

　　①抵当権の存在を証する確定判決もしくは家事審判法15条の審判またはこれらと同一の効力を有するものの謄本(1号)
　　②抵当権の存在を証する公証人が作成した公正証書の謄本(2号)
　　③抵当権の登記(仮登記を除く)に関する登記事項証明書(3号)

　なお、②は、たとえば抵当権設定契約公正証書などである。ただし、担保権の実行に服する旨の陳述(執行受諾)の記載は不要である。

　実務では、担保不動産競売の申立てのほとんどが、上記③の登記事項証明書の提出によるものである。③の抵当権の登記には、設定登記だけでなく、抵当権移転の登記(付記登記)も含むが、仮登記は含まれない。抵当権者が抵当権の仮登記をしているにすぎない場合あるいは抵当権が未登記である場合には、上記①または②の文書がなければ、競売の申立てをすることができない。なお、仮登記の抵当権者は、仮登記のままでは第三取得者に対抗することができないので、競売申立時の所有者が抵当権設定者でないときは、開始決定をすることができない。未登記の抵当権者も同様である。

　「抵当証券の所持人が不動産担保権の実行の申立てをするには、抵当証券を提出しなければなら」ず(181条2項)、また、それで足りる。なぜなら、抵当証券が発行されているときは、抵当権および被担保債権は有価証券たる抵当証券に化体(表章)されているので、担保権の存在を証する書面は抵当証券だからである。なお、被担保債権が分割され、複数の抵当証券が発行されている場合であっても、それぞれの抵当証券のみの提出で足りる。

(b) 被担保債権の存在

　抵当権は、被担保債権の弁済を確保するために存在するものである。したがって、被担保債権が存在しなければ、抵当権の実行は許されない。

ただし、抵当権者は、競売申立てをするためには、抵当権の存在を証する前記の法定文書を提出すれば足り、被担保債権の存在を証明する必要はない。民事執行法は、債務者・所有者の側が、競売開始決定に対する執行異議(182条)や担保権不存在確認の訴え等によって、被担保債権の不存在または消滅を主張させることとし、その手続によって被担保債権の存否を審理・判断することにしているのである。

(c)被担保債権の弁済期の到来(履行遅滞)

抵当権を実行するためには、被担保債権の弁済期が到来し、債務者が履行遅滞の状態に陥ることが必要である。

ただし、被担保債権の存在の場合と同様に、競売の申立てをするにあたっては、抵当権者は、弁済期の到来を立証する必要はなく、債務者・所有者の側が、執行異議等により弁済期の未到来を主張・立証すべきものと解されている。

(3)担保不動産競売の手続

(a)総説

担保不動産競売は、債務名義が不要である点を除けば、強制競売に関する規定が全面的に準用される(188条。ただし、法定地上権の規定は、民法388条があるので、準用されない。なお、強制競売の規定において「債務者」とされているところは、原則として「債務者および所有者」と読み替えることになる)。

すなわち、担保不動産競売においても、競売の申立て、競売の開始決定によって不動産の差押えがなされ、二重開始決定や配当要求が認められ、また、現況調査、評価、物件明細書の作成、売却基準価額の決定、剰余主義の適用、売却の方法、売却の許可または不許可の決定、売却代金の配当等の実施など、すべて強制競売と同じ手続によって行われる。

以下では、担保不動産競売の手続の特則について説明することにする。

(b)担保不動産競売の申立て

担保不動産競売の申立ては書面でしなければならず(民執規1条)、その申立書の記載事項は、以下のとおりである(民執規170条、173条)

　①債権者、債務者および担保権の目的である権利の権利者の氏名または名称および住所ならびに代理人の氏名および住所
　②担保権および被担保債権の表示
　③担保権の実行または行使にかかる財産(目的物件)の表示および求める担保権の実行の方法
　④被担保債権の一部について担保権の実行または行使をするときは、その旨およびその範囲

実務では、申立書本文に、当事者目録、担保権・被担保債権・請求債権目録および物件目録とつづり込み一体として作成する。
　上記申立書には、民事執行法181条1項各号の法定文書、2項、3項の文書のほか、不動産強制競売の場合と同じく、規則23条および23条の2各号に掲げる文書を添付しなければならない（民執規173条1項）。

(c) **担保不動産競売の開始決定**
　競売手続の開始は開始決定によってなされ、執行裁判所は、「その開始決定において、債権者のために不動産を差し押さえる旨を宣言しなければならない」(188条・45条1項)。
　「不動産担保権の実行の開始決定がされたときは、裁判所書記官は、開始決定の送達に際し、不動産担保権の実行の申立てにおいて提出された前3項〔181条1項から3項〕に規定する文書の目録及び第1項第4号に掲げる文書の写しを相手方に送付しなければならない」(181条4項)。これは、執行裁判所が比較的簡単な文書に基づいて担保不動産競売開始決定をするため、相手方〔抵当権設定者等〕に担保権の証明文書についての情報を与え、もって不服申立てをしやすいようにしたものである。
　また、担保執行では、形式的な手続上の瑕疵のみならず、実体上の理由をも執行異議（実体異議）によって主張することができる。すなわち、不動産担保権の実行の開始決定に対する執行異議の申立てにおいては、債務者または不動産の所有者は、担保権の不存在または消滅を理由とすることができる(182条)。

> 民事執行法182条は「執行抗告又は執行異議」と規定していますが、執行抗告は、特別の定めがある場合にかぎり申立てができるものです。ところが、担保不動産競売については、執行抗告ができるという特別の定めはありませんので、開始決定に対する不服申立ては執行異議となります。なお、担保不動産収益執行については、188条が93条5項を準用しているので、担保不動産執行の開始決定に対する不服申立ては執行抗告となります。

　履行期の未到来も異議事由となる。被担保債権の一部消滅を理由とする執行異議が許されるかについては争いがあるが、通説は、担保権の不可分性や民事執行法191条（動産の差押えに対する執行異議は被担保債権の一部消滅を理由としても認められる）との対比から、これを否定している。この立場によれば、債務者または所有者は、債務不存在確認訴訟の提起または配当等の手続における配当異議の申出によるべきことになる。実体異議は、手続開始後買受人の代金納付までいつでも申し立てることができる。異議が却下されても、既判力は生じないので、債務者または不動産の所有者は、改めて担保権不存在確認訴訟等を提起することができる。

5-1　担保権の実行としての競売（担保執行）　157

5―4　担保不動産競売申立書の例

担保不動産競売申立書

○○地方裁判所民事第○部　御中

平成○年○月○日

債　権　者　　　○○○○株式会社
代表者代表取締役　○　○　○　○　印
電　話　○○○-○○○-○○○○
FAX　○○○-○○○-○○○○

　　　　　　　当事者　　　　　別紙目録のとおり
　　　　　　　担保権
　　　　　　　被担保債権
　　　　　　　請求債権　　　｝別紙目録のとおり
　　　　　　　目的不動産　　　別紙目録のとおり

　債権者は、債務者（兼所有者）に対し、別紙請求債権目録記載の債権を有するが、債務者がその弁済をしないので、別紙担保権目録記載の（根）抵当権に基づき、別紙物件目録記載の不動産の担保不動産競売を求める。

添　付　書　類

1　不動産登記事項証明書　　　　2通
2　公課証明書　　　　　　　　　2通
3　資格証明書　　　　　　　　　1通
4　住民票　　　　　　　　　　　1通
5　売却に関する意見書　　　　　1通
6　不動産登記法14条の地図の写し　1通
7　現地案内図　　　　　　　　　1通

当　事　者　目　録

〒○○○-○○○○　○○区○丁目○番○号
　　　　　　　申立債権者　　　　　　○○○○株式会社
　　　　　　　代表者代表取締役　　　○　○　○　○
〒○○○-○○○○　○○県○○市○○町○丁目○番○号
　　　　　　　債務者兼所有者　　　　○　○　○　○

158　5章　担保権の実行としての競売等

担保権・被担保債権・請求債権目録

1 担保権
  (1) 平成○年○月○日設定の抵当権
  (2) 登記東京法務局○○出張所
      平成○年○月○日受付第○○○号
2 被担保債権及び請求債権
  (1) 元金○○○○万円
      ただし、平成○年○月○日の金銭消費貸借契約に基づく貸付金（弁済期平成○年○月○日）
  (2) 利息○○○○万円
      ただし、上記元金に対する、平成○年○月○日から平成○○年○○月○○日まで約定の年○○％の割合による利息金
  (3) 損害金
      ただし、上記元金に対する、平成○年○月○日から支払済みまで約定の年○○％の割合による遅延損害金

物　件　目　録

1 所　　在　　○○区○○丁目
  地　　番　　○番○
  地　　目　　宅地
  地　　積　　○○○．○○平方メートル
  共 有 者　　○○○○　持分○○○○分の○○
2 （一棟の建物の表示）
  所　　在　　○○丁目○○番地○
  構　　造　　鉄骨造一部鉄骨鉄筋コンクリート造陸屋根8階建て
  床 面 積　　1階　　　　　　○○○．○○平方メートル
  　　　　　　2階ないし8階　　各○○○．○○平方メートル
  （専有部分の建物の表示）
  家 屋 番 号　○○丁目○番○の○
  建物の名称　　○○○号
  種　　類　　居宅
  構　　造　　鉄骨造1階建
  床 面 積　　○階部分○○．○○平方メートル

(d)**不動産競売の手続の停止・取消し**

　抵当権実行としての競売の申立てにおいては、抵当権の存在を証する法定文書の提出により競売手続が開始されることになる。そのため、この法定文書による証明を覆す民事執行法183条1項各号に記載する公文書が提出されれば、それだけで執行裁判所は、競売手続を停止しまたは取り消すべきものとした(183条)。

　①担保権のないことを証する確定判決(確定判決と同一の効力を有するものを含む。たとえば、認諾調書、裁判上の和解調書、調停調書)の謄本(1号)
　②抵当権の存在を証する確定判決を取り消しまたはその効力がないことを宣言する確定判決(同一の効力を有するものを含む)の謄本(2号前段)
　③抵当権設定登記の抹消を命ずる確定判決の謄本(2号後段)
　④担保権の実行をしない旨、抵当権の実行の申立てを取り下げる旨、被担保債権の弁済を受けた旨、被担保債権の弁済を猶予した旨等を記載した裁判上の和解調書、調停調書、公正証書等の公文書の謄本(3号)
　⑤担保権の登記の抹消に関する登記事項証明書(4号)
　⑥不動産担保権の実行の手続の停止および執行処分の取消しを命ずる旨を記載した裁判の謄本(5号)
　⑦不動産担保権の実行の手続の一時の停止を命ずる旨を記載した裁判の謄本(6号)
　⑧担保権の実行を一時禁止する裁判の謄本(7号)

(e)**担保不動産競売の開始決定前の保全処分**

　競売を申し立てようとする者は、競売開始決定前においても、債務者や抵当不動産の所有者または占有者の価格減少行為(55条1項)に対して、売却のための保全命令と同様の保全命令を申し立てることができ、執行裁判所は、特に必要と認めた場合には、保全処分を命ずることができる(187条1項、2項)。

　この保全命令は、担保不動産競売の場合の執行妨害排除の手段として、売却のための保全処分(55条1項)を担保不動産競売の開始決定前まで繰り上げたものといえる。申立権者は担保権を実行しようとする者であり、被担保債権の履行期は到来していることが必要である。申立時期は競売開始決定前であり、申立ての際にはいわゆる法定文書等を提示しなければならず、保全処分の決定の告知から3か月以内に担保不動産競売の申立てをしたことを証する文書を提出しないときは、保全処分の相手方または所有者の申立てにより、保全処分の決定が取り消される(187条3項、4項)。保全処分の内容・効力等は、売却のための保全処分と同様である。

(f)抵当権消滅請求に対抗するための競売の特則

「抵当不動産の第三取得者は、第383条(抵当権消滅請求の手続)の定めるところにより、抵当権消滅請求をすることができる」(民379条)。

抵当権者が抵当権消滅請求を受けた後2か月以内に競売申立てをしないときは、抵当権消滅請求権者の評価額を承認したものとみなされる(民384条1号)。抵当権者は、提供された評価額に不服があるときは、この期間内に競売を申し立てることにより、抵当権の消滅を避けることができる。なお、競売の申立てをしても、申立てを取り下げたり、申立ての却下決定や競売手続の取消決定が確定したりすると、抵当権消滅請求を承諾したことになるが、民事執行法63条3項、68条の3第3項、183条2項による取消決定の場合には、承認したとみなされない(民384条2号から4号まで。民事執行法63条2項の取消しは例外に該当しない)。

(g)担保不動産競売における買受人の所有権取得の保障

「買受人は、代金を納付した時に不動産を取得する」(188条・79条)。そして、「担保不動産競売における代金の納付による買受人の不動産の取得は、担保権の不存在又は消滅により妨げられない」(184条)。担保不動産競売は、強制競売の場合と異なり、その開始に債務名義を要求していないが、担保権の存在を一定の公文書によって立証しなければならないとして開始の要件を厳格にし、また、債務者・所有者は開始決定に対して実体上の事由による異議の申立て(実体異議)ができるとして、手続の停止・取消しの制度を整備した。そのため、その反面として、所有者らがこの手続を怠って買受人の代金納付にいたった場合には、所有権移転の効果を覆すことはできないとして、買受人の地位の安定を図ったものである。

判例は、民事執行法184条の適用があるというためには、競売不動産の所有者が、たまたま不動産競売手続が開始されたことを知り、その停止申立て等の措置を講ずることができたというだけでは足りず、所有者が不動産競売手続上当事者として扱われたことを要するとしている(最判平成5年12月17日民集47巻10号5508頁〔執保百選93事件〕)。

(4)法定地上権と一括競売

民法388条前段は、「土地及びその上に存する建物が同一の所有者に属する場合において、その土地又は建物につき抵当権が設定され、その実行により所有者を異にするに至ったときは、その建物について、地上権が設定されたものとみなす」と規定している(法定地上権)。

前者の法定地上権が発生するためには、土地に抵当権が設定された当時、原則として、すでに建物が存在していたことを要すると解されている。それゆえ、土地に抵当権が設定された後に、当該土地上に建物が建てられた場合には、法定地上権は成立し

ないから、土地の競売がなされたときには、その建物は、収去されなければならないことになる。しかし、これでは社会経済的な損失を招くし、地上建物を収去するものとして土地のみを売却するよりも、土地と建物とを一括して売却するほうが、売却が容易である。そこで民法は、「抵当権の設定後に抵当地に建物が築造されたときは、抵当権者は、土地とともにその建物を競売することができる」と規定し(民389条1項本文)、**一括競売**を認めている。このような一括競売の申立てをするか、それとも土地のみの競売申立てをするかは、土地抵当権者の自由な選択に委ねられている(大判大正15年2月5日民集5巻82頁)。一括競売の場合には、「その優先権は、土地の代価についてのみ行使することができる」(民389条1項ただし書)。

【3】担保不動産収益執行

(1)意義

担保不動産収益執行は、不動産から生ずる収益を被担保債権の弁済にあてる方法による不動産担保権の実行方法であり、抵当権の実行方法の多様化等の観点から、平成15年改正により創設された制度である(民執180条2号)。

5-5　担保不動産収益執行

| 担保不動産の差押え | → | 管理人による管理・収受 | → | 満足 |

(2)手続

担保不動産収益執行についても、不動産について先取特権、抵当権、質権を有する抵当権者が、民事執行法181条1項1号から4号までの文書を、執行裁判所に提出して申立てをする(181条1項)。

担保不動産収益執行の手続については、強制管理に関する規定が全面的に準用される(188条)。具体的には、執行裁判所は、担保不動産の収益執行の開始決定をし、その開始決定において、担保権者のために不動産を差し押さえる旨を宣言するとともに、管理人を選任し、当該不動産の賃借人等にその賃料等を管理人に交付すべき旨を命ずる(188条・93条1項、94条1項)。また、管理人は、執行裁判所の監督のもと、担保不動産の賃料等の回収や、事案によっては、既存賃貸借契約の解除または新賃貸借契約の締結を行う(188条・95条1項、99条)。さらに、管理人または執行裁判所は、執行裁判所の定める期間ごとに、債権者に対し配当等を実施する(188条・107条、109条)。

(3)物上代位との関係

担保不動産収益執行と物上代位による賃料差押えは併存するので、担保権者は、選

択により、いずれかの申立てをすることができる。担保不動産収益執行では、管理人を選任して管理させるので執行費用が嵩み、複数の債権者や担保権者が関与することもあるので、執行終了までに時間がかかることがあるのに対し、物上代位は、費用のかからない小回りのきく手続としてなお存在価値があるので、平成15年改正後も存続するものとされたのである。

　もっとも、担保不動産収益執行と物上代位の手続を同時に実施することには問題がある。そのため、両者が競合したときは、原則として担保不動産収益執行のほうが優先し、物上代位による差押命令の効力は停止することとされた（188条・93条の4）。

(4) 担保不動産競売手続との関係

　担保権者は、選択により、担保不動産競売手続または担保不動産収益執行のいずれかまたは双方を申し立てることができる（180条）。

(5) 開始決定に対する不服申立て

　民事執行法188条は、強制管理の申立てについての裁判に対する執行抗告をすることができる旨規定する93条5項を準用している。したがって、前述したように、担保不動産収益執行については、執行抗告が認められる。

3　船舶の競売

　船舶を目的とする担保権の実行については、船舶に対する強制執行（船舶執行）の規定と担保不動産競売の規定とが準用される（189条前段）。

　船舶先取特権（商842条）に基づく競売申立ては、一般の先取特権と同様に、担保名義を要せず、その存在を証する文書の提出で足りる（民執189条後段）。

　「競売の開始決定においては、債権者のために船舶を差し押さえる旨を宣言し、かつ、債務者に対し船舶の出航を禁止しなければならない」と同時に、「執行官に対し、……船舶国籍証書等……を取り上げて執行裁判所に提出すべきことを命じなければならない」（**取上命令**。189条前段・114条1項前段、2項）。

　債務者または所有者以外の者が船舶を占有しているときは、「執行裁判所は、競売の申立人の申立てにより、当該申立人に対抗することができる権原を有しない船舶の占有者に対し、船舶国籍証書等を執行官に引き渡すべき旨を命ずることができ」（**引渡命令**。民執規174条2項）、債権者は、執行官に対し、引渡命令に基づき引渡しの執行を申し立てなければならない。

4 航空機・自動車・建設機械・小型船舶の競売

【1】 航空機の競売

　新規登録(航空5条)を受けた飛行機・回転翼航空機(以下「航空機」という)の競売については、最高裁判所規則で定めることとされ(航空8条の4第3項)、民事執行規則に規定がある(民執規175条)。航空機に対する競売は、概ね船舶競売の例によって行われる。すなわち、不動産競売に関する規定(民執181条から184条まで)、航空機に対する強制執行の規定(84条、85条)および船舶の競売の規定(民執規174条)が準用される。

【2】 自動車の競売

　新規登録(車両7条以下)を受けた自動車の競売についても、最高裁判所規則で定めることとされ(車両97条3項)、民事執行規則176条に規定がある。自動車に対する競売も船舶の規定の例によるが、自動車と船舶との性質の違いを反映して、その取扱いについても異なる点がある。すなわち、自動車に対する競売についても、不動産に関する規定(民執181条から184条まで)、自動車に関する強制執行の規定(民執規86条から97条まで)および船舶の競売の規定(民執規174条)が準用される。

【3】 建設機械の競売

　建設工事(建設2条1項)の用に供される政令所定範囲の機械類で登記されたもの(建抵2条、3条1項、建抵施行令1条)の競売についても、最高裁判所規則の定めによることとされ(建抵26条3項)、民事執行規則に規定があり、【2】の自動車の競売の例によることとされている(民執規177条)。

【4】 小型船舶の競売

　登録された小型船舶(小型船舶3条)を目的とする先取特権の実行としての競売については、自動車の競売に準じて実行する(民執規177条の2)。

5 動産の競売

【1】 総説

　担保権実行としての動産の競売は、民法上、一般の先取特権のほか、特別の先取特

権および質権が存在する。しかし、質屋営業法の適用がある質権では流質契約が容認されており(質屋19条)、質権に基づく競売が利用されることはほとんどない。また、動産の譲渡担保や所有権留保の実行方法はいわゆる私的実行であり、動産競売は行われない。そこで、動産競売の利用が求められるのは、特別の先取特権である。

従来、動産競売を申し立てるためには、執行官にその動産を提供するか、占有者が差押えを承諾する旨の文書の提出が要求されていた。そのため、先取特権者が目的動産を占有していないときは、動産競売の利用は困難であった。そこで、平成15年改正により、執行裁判所の競売開始許可決定の制度が創設され、この利用の困難さはある程度緩和されることとなり、今度の利用動向が注目されている。

なお、繰り返しとなるが、動産競売の場合には、動産の強制競売とは異なり、債務名義は必要としないし、不動産競売のように一定の法定文書の提出も要求されない。

【2】 動産競売の要件

動産競売の要件は、以下のいずれかにあたる場合である(民執190条1項)。
①債権者が執行官に対し当該動産を提出した場合(1号)
②債権者が執行官に対し当該動産の占有者が差押えを承諾することを証する文書を提出した場合(2号)
③債権者が執行官に対し執行裁判所の動産競売開始許可決定書の謄本を提出し、かつ、それが債務者に送達された場合(3号)

従来は、①と②の場合にのみ、担保権の存在を推認することができることを根拠に、動産競売が可能とされていた。他方で、動産担保の場合には、担保権の存在を証する文書として公的文書を想定することができず、しかも、私的文書で足りるとすると執行官による実体判断が要求されてしまい相当でないことなどから、不動産担保権の実行のように、担保権の存在を証する文書による競売開始は認められていなかった。しかし、不動産賃貸の先取特権や質権などの場合には、通常、債権者が対象動産を占有しているので特に不都合はないが、動産売買の先取特権のように、担保権者が動産の占有をしていない場合には、事実上、権利の実行が不可能となるという問題があった。そこで、平成15年改正により、③の方法による動産競売の実行を認めた。

すなわち、執行裁判所は、担保権の存在を証する文書を提出した債権者の申立てがあったときは、当該財産が債務者の占有下にないような場合を除き、当該担保権についての動産競売の開始を許可することができ(190条2項)、この動産競売開始許可の決定は債務者に送達しなければならず(190条3項)、債務者は、債権者の申立てに不服があるときは、執行抗告をして担保権の存否を争うことができる(190条4項)。債

権者は、執行官に対し、この動産競売開始決定の謄本を提出して(当該決定が捜索に先立ってまたはこれと同時に債務者に送達されていることを前提として)、競売開始の申立てをできるのである(190条1項3号)。執行官は、担保目的動産の差押えをするために、債務者の占有する場所を捜索することができる(192条は、190条1項3号の場合にかぎって、執行官の強制立入権について定める123条2項の規定を準用している)。この場合には、①と②の場合とは異なり、債務者の協力が得られないので、動産執行の場合と同様に、強制的に対象動産を確保できる方法を認めた。

【3】 手続

動産競売の手続については、後述する実体異議のほか、原則として動産執行の規定が準用される(192条)。ただし、一般の先取特権の実行としての動産競売の場合を除き、通常の動産競売にあっては、超過差押えの禁止等(128条)、差押禁止動産(131条)およびその範囲の変更(132条)の各規定については、性質上準用されない。また、差押えのための強制立入権に関する123条2項の規定は、前述した例外の場合を除いて、動産競売には準用されない(192条)。

【4】 不服申立て(実体異議)——動産差押えに対する執行異議

動産競売も不動産競売と同様に、手続上の瑕疵を理由とするほか、動産の担保権(質権、先取特権等)に内在する換価権に基づく換価手続によって実施される。そのため、債務者または目的動産の所有者は、動産の差押えに対して、担保権の不存在や消滅等の実体上の理由による執行異議を申し立てることができる(191条)。

6 債権等の担保権の実行

【1】 総説

債権およびその他の財産権を目的とする担保権の実行と、担保権者の物上代位による権利の行使とは、担保権実行の手続であることによる差異のほかは、債権に対する強制執行に準じて行われる(193条)。

(1)債権およびその他の財産権を目的とする担保権の実行

ここにいう「債権」とは、民事執行法143条に規定する債権、すなわち金銭の支払または船舶もしくは動産の引渡しを目的とする債権(動産執行の目的となる有価証券が発行されている債権を除く)をいう。

「その他の財産権」とは、民事執行法167条1項に規定する財産権、すなわち「不動産、船舶、動産および債権以外の財産権」をいう。たとえば、電話加入権、預託株券等共有持分、振替社債等、不動産の賃借権、知的財産権(特許権、実用新案権、意匠権、著作権など)、持分会社の社員の持分権、有限責任事業組合の組合員の持分、信用金庫の会社の持分、預託金会員組織のゴルフの会員権(東京高決昭和60年8月15日判タ578号95頁〔執保百選82事件〕)、船舶または動産の共有持分権、条件付き所有権などである。
　債権およびその他の財産権を目的とする担保権は、質権(民362条)と一般先取特権(民306条)である。債権質権者は、質権の目的たる債権を直接取り立てる権限があるが(民366条)、民事執行法193条の定める担保執行によることもできる。
　なお、民法366条の取立権は、債権質権の目的債権についての一般債権者や後順位担保権者が申し立てた債権執行手続や民事執行法193条による担保執行の手続によっては影響を受けず、質権者は、取立権を行使することができると解されている。このように、民法366条の取立権の効力は強力なものであり、債権質権者としては、民事執行法193条による質権実行の手続が必要ではないとも考えられるが、質権の目的債権が条件付きなどで取立てが困難であり売却命令を得る必要がある場合や、転付命令や譲渡命令を得たい場合などには、この手続の存在意義はあるといわれている。

(2) 担保権者の物上代位による権利の行使

　物上代位とは、民法304条(民350条、民372条)その他類似の規定(収用104条、土地改良106条2項等)により担保権を代位物に対して行使することをいう。抵当不動産の賃料債権に対する抵当権に基づく物上代位権の行使については、実務上、民法372条が準用する民法304条に基づき、賃貸借契約の締結時期に関わりなく、物上代位が可能であるとされている(最判平成元年10月27日民集43巻9号1070頁)。

【2】手続

(1) 開始要件としての証明文書の提出

　債権およびその他の財産権を目的とする担保権の実行ならびに物上代位権の行使の手続は、担保権の存在を証する文書が提出されたときにかぎり、開始する(民執193条1項)。ただし、「権利の移転について登記等を要するその他の財産権を目的とする担保権で一般の先取特権以外のものについては、第181条第1項第1号から第3号まで、第2項又は第3項に規定する文書」の提出が必要である(193条1項前段括弧書)。

　債権およびその他の財産権を目的とする担保権の実行ならびに物上代位権の行使の手続は、執行裁判所の差押命令によって開始される(193条2項・143条)。この手続では、超過差押えの禁止の規定(146条2項)の準用はなく、また、差押禁止債権および

その範囲の変更に関する規定(152条、153条)も、一般の先取特権についての担保権の実行および行使以外については、準用されない(193条2項)。

(2)担保権の不存在・消滅を理由とする不服申立て

債権およびその他の財産権を目的とする担保権の実行ならびに物上代位権の行使についても、担保権の実行手続として、担保権の不存在・消滅を理由とする簡易な不服申立方法が認められる(193条2項・182条)。ただ、従来は、この簡易な不服申立て方法が執行異議という方法なのか、差押命令に対する執行抗告なのかについて争いがあった。しかし、平成15年の改正により、民事執行法182条についても執行抗告によりうる場合があることが認められたので、現在では、差押命令に対する執行抗告という見解をとるべきといわれている。

(3)手続の停止・取消し

民事執行法193条2項は、183条を準用しており、この規定に基づき手続の停止および取消しがなされる。

(4)担保権の実行による権利取得の効果

債権およびその他の財産権を目的とする担保権の実行ならびに物上代位権の行使についても、転付命令、譲渡命令、売却命令等による権利の取得は、「担保権の不存在又は消滅により妨げられない」(193条2項・184条)。たとえば、電話加入権などで売却命令により換価される場合には、質権等の不存在・消滅によっても買受人の権利は害されない。

なお、転付命令による場合において、その第三債務者への送達までに他の債権者の差押え等がなされたときには、転付の効力が生じないのが原則であるが(159条3項)、判例は、担保権実行においては、転付命令を取得した債権者が実体法上他の債権者に優先するときは、転付命令は効力を有するものとしている(最判昭和60年7月19日民集39巻5号1326号〔執保百選99事件〕)。

【3】 物上代位

(1)抵当権に基づく物上代位

(a)総説

物上代位権を行使するには、代位物の「払渡し又は引渡しの前に差押えをしなければならない」(民304条1項ただし書)。

(b)「差押え」の意義・目的

この「差押え」の意義・目的については争いがあり、学説上、特定性維持説、優先権保全説(物上代位権保全説)もあるが、判例(最判平成10年1月30日民集52巻1号1頁〔平10

年重判・民法 6 事件〕、最判平成10年 3 月26日民集52巻 2 号483頁〔執保百選100事件〕）および近時の学説は、第三債務者保護説を採用している（この点については、民法の物権法で学習する分野である）。この説は、担保権者による物上代位権の行使を第三債務者に確実に認識させ、それによって第三債務者が誤って本来の債権者に弁済して二重弁済を強いられることのないようにするためととらえる見解である。

また、「払渡し又は引渡し」には債権譲渡は含まれず、目的債権が譲渡され第三債務者に対する対抗要件具備後であっても、抵当権者は、みずから目的債権を差し押さえて物上代位権を行使することができる（登記時基準説。最判平成10年 1 月30日民集52巻 1 号 1 頁〔平10年重判・民法 6 事件〕）。

さらに、抵当権に基づく物上代位は、抵当権設定登記後にされた一般債権者の差押えに優先するが（最判平成10年 3 月26日民集52巻 2 号483頁〔執保百選100事件〕）、転付命令が先に確定したときは、もはや物上代位は許されない（最判平成14年 3 月12日民集56巻 3 号555頁〔執保百選101事件〕）。

抵当不動産の賃借人が第三者に転貸した場合には、抵当権者は、賃貸人を所有者と同視することができるようなときを除いて、転貸賃料債権について物上代位権を行使することはできない（最決平成12年 4 月14日民集54巻 4 号1552号〔平12年重判・民法 2 事件〕）。

なお、物上代位権を第三債務者に対抗しようとする担保権者は、みずからの申立てによって差押えをすることを要し、他の債権者による債権差押事件に配当要求をすることによっては優先弁済を受けることはできないことになる（最判平成13年10月25日民集55巻 6 号975頁〔執保百選102事件〕）。

(2) 動産売買先取特権に基づく物上代位

他方で、動産売買の先取特権では、前述した抵当権設定登記のような公示方法は存在しないから、物上代位の目的債権の債務者（第三債務者）だけでなく、目的債権の譲受人等の第三者の利益も保護する必要がある。そのため、物上代位の目的債権が譲渡され、第三者に対する対抗要件が具備した後においては、目的債権を差し押さえて物上代位権を行使することはできないと解されている（最判平成17年 2 月22日民集59巻 2 号314頁）。判例は、動産売買先取特権に基づく物上代位の場合には、優先権保全説（「差押え」の意義・目的を、目的債権の特定性の維持による物上代位権の効力の保全と、目的債権の弁済をした第三債務者または目的債権の譲受人・転付債権者等の第三者の不測の損害の防止ととらえる見解）に立つべきことを明らかにしたのである。

第5章 担保権の実行としての競売等

2. 留置権による競売および換価のための競売

1 総説

　民事執行法は、抵当権、質権および先取特権の実行としての競売のほかに、留置権による競売と、民法、商法その他の法律の規定による換価のため競売（狭義の形式的競売）についても、担保権の実行としての競売の例によると規定している（195条）。
　以下、順にみていくことにする。

2 留置権による競売

【1】留置権と換価権

　留置権による競売は、担保権の実行としての競売の例による（195条）。
　留置権の効力は、債権（被担保債権）の弁済を受けるまで目的物を留置することにあるが（民295条、商521条等）、実体法上は、留置権には優先弁済権はないので（ただし、民法297条〔留置権者による果実の収取〕は別である）、他の担保権と同視することはできない。しかし、留置権について目的物の換価を否定することは、留置権の効用を著しく減ずることになる。そこで、民事執行法は、留置権による換価のための競売（形式的競売）を認めた。
　もっとも、その換価権（競売申立権）や換価手続の性質をどのように解するかについては、実体法の解釈に委ねることとして、特に規定を設けず、手続的な面から、「その競売については担保権の実行としての競売の例による」（民執195条）と規定するにとどめている。
　このような競売は、被担保債権の満足を目的とするものではないが、競売による換価金が留置権者に交付されるので、留置権者は、その換価金引渡債務と自己の債権とを相殺することにより、事実上の優先的満足を達することができる。

【2】留置権による競売の手続

　留置権による競売の手続は「担保権の実行としての競売の例による」(195条)が、換価のための競売であるから、手続には著しい差異がある。

　すなわち、差押処分は必要であるが、他の債権者による配当要求は認められず(東京地決昭和60年5月17日判時1181号111頁〔執保百選104事件〕)、不動産上の負担については消除主義の適用はなく引受主義で売却が実施され、留置権者は、換価代金から競売費用を控除した残額を被担保債権に充当し、残額があれば、これを債務者(所有者)に交付することになる。

　他の債権者による強制執行や担保権の実行としての競売の申立てがあれば、その手続が優先すると解されている(もっとも、動産執行、動産競売では、留置権者の差押えの承諾が必要となろう)。留置権の留置的効力は、留置権者が競売申立てをしたことによっては失われない。

3　換価のための競売(狭義の形式的競売)

【1】意義

　民法、商法その他の法律の規定による**換価のための競売**(狭義の形式的競売。従来、一般に「形式的競売」と称せられていたもの)には、大別して、純換価型と清算型とがある。

　純換価型は、目的財産の価値的変換だけを目的として競売を行うものである。たとえば、共有物分割のための競売(民258条2項、264条)、弁済供託のための競売(民497条)、商人間の売買の目的物や運送品の保管のための競売(商524条、527条1項ただし書、556条、558条、585条2項、586条、624条、702条等)、権利関係を整序するための競売(会社197条1項、5項、234条1項、商702条等)などがあげられる。

　これに対して、**清算型**は、一定範囲の財産につき清算を実施するために競売を行うものである。たとえば、限定承認や財産分離の場合の債権者への弁済のための競売(民932条、947条3項等)、遺産分割審判による遺産の競売(家審規106条から108条の4まで)、株式会社の特別清算に伴う清算株式会社財産の競売(会社538条)などがあげられる。

【2】競売の手続

　民法、商法その他の法律の規定による換価のための競売(狭義の形式的競売)も、「担保権の実行としての競売の例による」(民執195条)。しかし、担保権の実行としての競

売の規定がどの範囲で適用されるかは、各種の換価のための競売によって競売の目的・根拠も多種多様であるから、その内容を画一的に定めることはできない。したがって、形式的競売の類型ごとにその性質に適合するかぎりで民事執行法の規定の適用を検討すべきである。

　純換価型では、目的財産が負担付きであっても、その負担付きのままで換価されるので、換価金から競売費用を控除し、その残金は競売申立人に対し交付するのを原則とし、配当要求は認められない。

　これに対して、清算型では、担保執行の規定のとおり、担保権の消除または引受けを認め、剰余主義の適用や配当要求も認めるべきと解されている。

第6章 財産開示手続

1. 総論

1 意義

　金銭債権についての強制執行は、原則として執行の対象となる債務者の個別的な財産を具体的に特定して申し立てなければならない(45条、143条、民執規21条3号、23条)。その例外となる動産執行の申立てにおいても、差し押さえるべき動産の所在場所を特定する必要がある(民執123条、民執規99条)。
　しかし、債権者は、必ずしも債務者がそのような財産を有しているかを知ることができないため、重要な財産について執行の申立てをすることができない場合が多い。このような場合には、債権者は、勝訴判決等を得たにもかかわらず、その強制的実現を図ることができないことになる。
　そこで民事執行法は、平成15年改正により、債務者に自己の財産を開示させる制度を導入した。これが**財産開示制度**である。
　財産開示制度は、具体的には、債務名義を有する債権者または一般先取特権者の申立てにより、裁判所が財産開示手続の実施決定をして債務者を呼び出し、非公開の期日において、債務者に宣誓のうえ、自己の財産について陳述させることによって債務者の責任財産を特定可能なものとする制度である。

2 執行裁判所

　民事執行法196条は、「債務者の財産の開示に関する手続……については、債務者の普通裁判籍の所在地を管轄する地方裁判所が、執行裁判所として管轄する」と規定している。
　このように、債務者の普通裁判籍の所在地を管轄する地方裁判所が執行裁判所とされているのは、財産開示の手続では債務者を呼び出す必要があること等が考慮された

ためである。

　なお、債務者が出頭して開示することを予定しているので、債務者の住所等が不明の場合には、財産開示制度を利用することはできない(公示送達の規定の適用はない)。

3 申立資格

　財産開示手続実施の申立てをなしうる者は、以下の二者である。
　　①執行力のある債務名義の正本(ただし、債務名義が仮執行宣言付判決、仮執行宣言付支払督促、執行証書、確定判決と同一の効力を有する支払督促であるものを除く)を有する金銭債権者(197条1項)
　　②一般先取特権を有することを証する文書を提出した債権者(197条2項)
　すなわち、財産開示手続を利用できるのは、①金銭債権者と②一般先取特権者にかぎられ、特定物の引渡請求権など非金銭債権者には申立資格は認められない。
　①の括弧内のような一定の債務名義を有する債権者に財産開示手続実施の申立てを認めていないのは、債務者の財産開示は高度の個人情報の開示であり、一度開示されると原状に復することができないものであることを考慮したためである。そのため、暫定的な裁判所の判断である仮執行宣言付きの債務名義や、簡易に作成される債務名義である執行証書と支払督促とを除外しているのである。

第6章……財産開示手続

2. 各論

1 手続実施決定

【1】手続実施決定の要件

⑴総説

　財産開示手続も民事執行の一種であるから、一般の強制執行と同様に、執行力のある債務名義の正本(ただし、前述のように、債務名義の種類による制限がある)に基づく強制執行を開始することができる場合でなければならない(197条1項ただし書)。したがって、債務名義を有する債権者については、債務名義の正本等の債務者への送達、確定期限の到来、執行障害事由の不存在など執行開始要件が備わっていること(29条から31条までを参照)が必要である。

　他方、一般の先取特権者については、その先取特権の存在を証する文書の提出、被担保債権の履行遅滞が必要である。

⑵要件

　財産開示手続が認められるためには、更に次の要件を具備しなければならない。財産開示手続は、債務者のプライバシーに属する事項の開示を強制するものだからである。

⒜**債務名義を有する債権者および一般の先取特権者に共通する要件として、次にいずれかにあたること**

　　①強制執行または担保権の実行における配当等の手続(申立日の6か月以上前に終了したものを除く)で完全な弁済を受けることができなかったとき(197条1項1号、2項1号)

　　②知れている財産に強制執行(担保権実行)をしても完全な弁済を受けられないことの疎明があったとき(197条1項2号、2項2号)

⒝**債務者が、申立日前3年間以内に財産開示をした者でないとき(197条3項本文)**

　　この要件は、いったん開示された後は短期間のうちに債務者の財産状況に大幅な変

動が生ずることは少ないし、開示を希望する他の債権者には、すでに実施された手続記録を閲覧させれば足りると考えられるから、できるだけ債務者の負担を軽くしようとして、設けられたものである。

もっとも、
①債務者が財産開示期日において一部の財産を開示しなかったとき
②債務者が財産開示期日の後に新たに財産を取得したとき
③財産開示期日の後に債務者と使用者との雇用関係が終了したとき

のいずれかにあたる場合には、当該期日から3年を経過する前であっても、再度の財産開示手続を実施することができる(197条3項ただし書)。

【2】 実施決定の効果

以上のような実施決定がなされたときは、当該決定(一般先取特権に基づく場合には、一般先取特権を有することを証する文書の写しも含む)は、債務者に送達しなければならない(197条4項)。

上記の実施決定の申立てについての裁判に対しては、執行抗告をすることができる(197条5項)。また、実施決定は、確定しなければその効力を生じない(197条6項)。その趣旨は、実施決定が債務者に及ぼしうる実際上の不利益にかんがみ、慎重を期することにある。

なお、一般の先取特権に基づく財産開示手続については、先取特権の不存在または消滅を理由として執行異議を申し立てることができる(203条、182条)。

2 財産開示期日

【1】 期日指定および呼出し

執行裁判所は、財産開示期日を指定し(198条1項)、申立人、債務者(または法定代理人、法人代表者。以下、これらの者を「開示義務者」という)を呼び出さなければならない(198条2項)。

開示義務者は、陳述すべき内容を事前に財産目録に記載して提出しなければならない(民執規183条)。

【2】 開示義務者の陳述義務

開示義務者は、財産開示期日に出頭し、債務者の財産(差押禁止動産のうち民事執行

法131条1号または2号の動産を除く)について、強制執行または担保権実行の申立てをするのに必要な事項を陳述しなければならない(民執199条1項、2項)。

　もっとも、債務者の財産の一部の開示であっても、それにつき申立人が同意した場合、または一部開示で申立人の執行債権(または被担保債権)の完全な弁済に支障がなくなったことが明らかである場合において、執行裁判所の許可を受けたときは、残りの開示していない財産について債務者は開示する必要はない(200条)。

【3】質問権

　「執行裁判所は、財産開示期日において、開示義務者に対し質問を発することができる」(199条3項)。

　また、「申立人は、財産開示期日に出頭し、債務者の財産の状況を明らかにするため、執行裁判所の許可を得て開示義務者に対し質問を発することができる」(199条4項)。

【4】申立人不出頭の扱い

　「執行裁判所は、申立人が出頭しないときであっても、財産開示期日における手続を実施することができる」(199条5項)。

【5】非公開

　「財産開示期日における手続は、公開しない」(199条6項)。債務者が陳述を強制される事項は、おおむね、そのプライバシーに属するからである。

【6】財産開示事件の記録の閲覧等の制限

　執行裁判所の行う民事執行について、利害関係を有する者は、裁判所書記官に対し、事件の記録の閲覧、謄写、その正本、謄本等の交付、または事件に関する事項の証明書の交付を請求することができるが(17条)、財産開示事件の記録中の財産開示期日に関する部分についての請求は、債務者のプライバシー保護の観点から、①申立人、②債務者に対する金銭債権についての執行力のある債務名義の正本(債務名義が仮執行宣言付判決、仮執行宣言付支払督促、執行証書、確定判決と同一の効力を有する支払督促であるものを除く)を有する債権者、③債務者の財産について一般先取特権を有することを証する文書を提出した債権者、④債務者または開示義務者にかぎられる(201条)。

6-2 各論　177

【7】財産開示事件に関する情報の目的外使用・提供の制限

　債務者のプライバシーを保護する観点から、申立人は、財産開示手続において得られた債務者の財産または債務に属する情報を、前述した②債務者に対する金銭債権についての執行力のある債務名義の正本(債務名義が仮執行宣言付判決、仮執行宣言付支払督促、執行証書、確定判決と同一の効力を有する支払督促であるものを除く)を有する債権者、③債務者の財産について一般先取特権を有することを証する文書を提出した債権者は、財産開示事件の記録中の財産開示期日に関する部分の情報を、それぞれ債務者に対する債権をその本旨に従って行使する目的以外の目的のために利用し、または提供してはならない(202条1項、2項)。

【8】救済手続

　執行力のある債務名義の正本に基づく財産開示手続については、39条(強制執行の停止)、40条(執行処分の取消し)が、一般の先取特権に基づく財産開示手続については、182条(開始決定に対する執行抗告等)、183条(不動産担保権の実行の手続の停止)が準用される(203条)。

> 建物の明渡しとともに、賃料相当損害金の支払が命ぜられている債務名義がある場合には、実務では、債権者は、建物の明渡しの執行を申し立てるとともに、金銭執行としての動産執行の申立て(122条)をして、建物内の動産の処理をあわせて行うことが多いです。

6—1　財産開示手続申立書の例

```
　　　　　　　　　　　　　財産開示手続申立書

○○地方裁判所第14民事部　御中
　　平成○年○月○日

　　　　　　　　申立人　　○○株式会社
　　　　　　　　　　　　　代表者代表取締役　　○　○　○　○　印
　　　　　　　　電　話　　○○-○○○○-○○○○
　　　　　　　　ＦＡＸ　　○○-○○○○-○○○○


　　　　　　　　当事者　　　別紙当事者目録記載のとおり
　　　　　　　　請求債権　　別紙請求債権目録記載のとおり
```

申立人は、債務者に対し、別紙請求債権目録記載の執行力ある債務名義の正本に記載された請求債権を有しているが、債務者がその支払をせず、下記の要件に該当するので、債務者について、財産開示手続の実施を求める。

記

1　民事執行法197条1項の要件
　☐　強制執行又は担保権の実行における配当等の手続（本件申立ての日より6月以上前に終了したものを除く。）において、金銭債権の完全な弁済を得ることができなかった（1号）。
　☐　知れている財産に対する強制執行を実施しても、金銭債権の完全な弁済を得られない（2号）。

2　民事執行法197条3項の要件
　債務者が、本件申立ての日前3年以内に財産開示期日においてその財産について陳述したことを
　☐　知らない。
　☐　知っている。
　　（「知っている。」にチェックした場合は、次のいずれかにチェックする。）
　　☐　債務者が当該財産開示期日において、一部の財産を開示しなかった（1号）。
　　☐　債務者が当該財産開示期日の後に新たに財産を取得した（2号）。
　　　（取得した財産　　　　　　　　　　　　　　　　　　　　　）
　　☐　当該財産開示期日の後に債務者と使用者との雇用関係が終了した（3号）。

添付書類
☐　執行力ある債務名義の正本　　　　　通
☐　同確定証明書　　　　　　　　　　　通
☐　同送達証明書　　　　　　　　　　　通
☐　資格証明書　　　　　　　　　　　　通
☐　住民票　　　　　　　　　　　　　　通
☐　その他

証拠書類
1　民事執行法197条1項1号関係
　☐　配当表謄本　　　　　　　　　　　通
　☐　弁済金交付計算書謄本　　　　　　通
　☐　動産執行不能調書謄本　　　　　　通
　☐　取消決定正本　　　　　　　　　　通
　☐　その他

2　民事執行法197条1項2号関係
　　□　知れたる財産に関する調査報告書　　　部
　　□　その他

3　民事執行法197条3項関係
　　□　財産開示期日調書謄本　　　　　　　　通
　　□　知れたる財産に関する調査報告書　　　部
　　□　退職証明書・聴取書　　　　　　　　　通
　　□　その他

(注)当事者目録および請求債権目録は省略してある。

第2部　民事保全法

第7章　民事保全の制度

1. 民事保全とは何か

1 民事保全の存在理由

民事保全は、判決が得られるまでの時間の経過によって権利の実現が不可能または困難になる危険から権利者を保護するために、裁判所が暫定的な措置を講ずる制度である。

すなわち、私法上の権利を強制的に実現するためには、訴えの提起から判決の確定まで数多くの手続を経なければならない。具体的には、債務名義を取得して各種の強制執行手続を開始することになる。しかし、訴えを提起してから判決（確定判決または仮執行宣言付判決）を得るにいたるまでにはある程度の日時を要するので、債務名義が作成されるまで待っていたのでは、強制執行が不可能または困難になることもありうる。たとえば、債務者の資力が低下したため金銭債権の執行が困難になったり、債務者が債権者に明け渡すべき不動産の占有を第三者に移転したために明渡請求権の執行が困難になったりする。そうなると、権利者は著しい損害を被ることになるし、即時にその満足が得られないため、訴訟手続が無意味となる場合もある。そこで、民事保全法は、このような不合理を避けて、権利を保護するため、権利を主張する者に暫定的に一定の権能や地位を認めることにした。これが、民事保全制度の存在理由である。

7－1　民事保全法の位置づけ

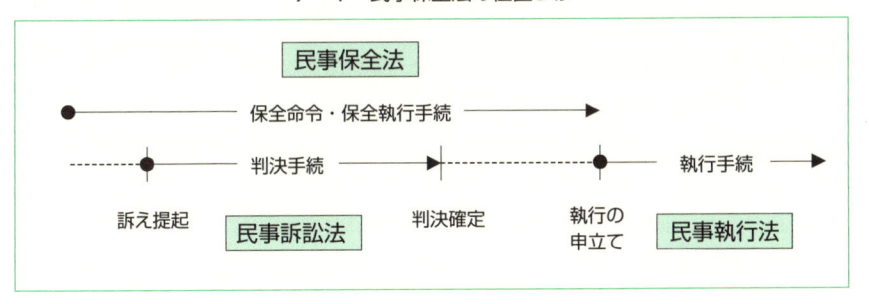

2 民事保全の種類

民事保全は、まず**仮差押え**と**仮処分**とに分かれ、仮処分はさらに、**係争物に関する仮処分**と**仮の地位を定める仮処分**(**仮地位仮処分**)とに分かれる(1条)。

7-2 民事保全の種類

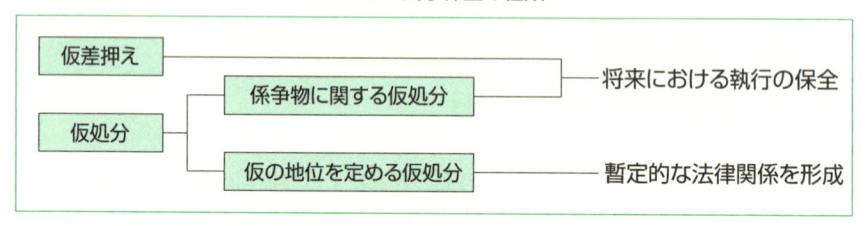

```
仮差押え ─────────────────────┐
                              ├─ 将来における執行の保全
仮処分 ┬─ 係争物に関する仮処分 ─┘
       └─ 仮の地位を定める仮処分 ── 暫定的な法律関係を形成
```

【1】仮差押え

仮差押えは、貸金債権のような**金銭債権**の保全のための制度である(20条1項)。すなわち、仮差押えは、金銭債権の強制執行を保全することを目的とする。この目的を達するため、仮差押えの対象となった財産に対する債務者の処分権は、制限されることになる。

【2】仮処分

(1) 係争物に関する仮処分

係争物に関する仮処分は、不動産の登記請求権や明渡請求権等のように、**特定物に関する給付請求権**の保全のための制度である(23条1項)。すなわち、係争物に関する仮処分は、物に関する給付請求権の強制執行を保全するため、目的物の現状を維持する処分である。将来の強制執行の保全を目的とする点では、仮差押えと共通である。

(2) 仮の地位を定める仮処分(仮地位仮処分)

仮の地位を定める仮処分(**仮地位仮処分**)は、権利関係の確定の遅延による現在の著しい損害または急迫の危険を避けるための制度である(23条2項)。すなわち、争いのある権利関係について暫定的な処分を行うことによって、債権の現在の危険を除去し、将来における終局的な権利の実現が不可能になることを防止するものである。

言い換えると、前述した仮差押えおよび係争物に対する仮処分が、金銭債権や特定物に関する給付請求権についての将来の強制執行を保全することになるのに対し、仮の地位を定める仮処分は、将来の強制執行の保全自体を行うわけではないことになる。

3 民事保全の特質

【1】緊急性・密行性・暫定性・付随性

　民事保全の手続は、保全命令の申立ての当否を審理し、保全命令を発すべきか否かを判断する裁判手続(**保全命令手続**)と、発せられた保全命令に基づきその内容を実現する執行手続(**保全執行手続**)とに分けられる。その意味では、民事保全の手続は、本案の訴訟手続と強制執行手続に似た構造をもつ。

　しかし、前述した民事保全制度の存在理由から、その内容には緊急性・密行性、その手続には暫定性・付随性という特質がある。以下、順にみていくことにする。

7－3　民事保全手続

申立て		保全命令手続(9〜)	保全執行手続(43〜)	
	要否	必要(2Ⅰ)	必要(2Ⅱ)	
	方式	書面(民保規1①)	書面(民保規1⑥)	
	機関	裁判所のみ	動産以外	裁判所(47・50・53等)
			動産	執行官(49・52)

(1) 緊急性

　仮差押えや係争物に関する仮処分は、債務者が責任財産を散逸したり、特定物を第三者に移転したりしてしまう前になされなければ、意味をなさない。また、仮の地位を定める仮処分は、債権者に著しい損害や急迫の危険が生ずる前になされなければ、その目的を達することはできない。このように、民事保全は、いずれも緊急になされなければならないときに、発令することが認められるものである(民事保全の**緊急性**)。この緊急性は、民事保全制度の存在理由からの当然の要請といえよう。

　このような緊急性は、後述するように、保全手続に関する裁判がすべて決定手続で行われること(**オール決定主義**。3条)をはじめとして、保全すべき権利や権利関係(被保全権利)、保全の必要性に関する立証が証明でなく**疎明**で足りるとされていること(13条2項)、さらに、執行面では、承継執行文が必要とされる例外的な場合を除いて、執行文が不要であること(43条1項)、執行期間が明文で定められていること(43条2項)等の点にも表れている。

(2) 密行性

　債務者が、債権者が民事保全の申立てをしようとしていることを知って、財産を隠したり、偽装譲渡をしたりするなどして、債権者の将来の強制執行を妨害しないともかぎらない。したがって、仮差押えや係争物に関する仮処分は、債務者に知られない

うちになされるのが通常である。これを民事保全の密行性という。民事保全法43条3項は、「保全執行は、保全命令が債務者に送達される前であっても、これをすることができる」と規定しているが、これは、民事保全の密行性が要求されていることを前提としている。

しかし、仮の地位を定める仮処分は、救済を必要とする債権者の事情が審理の中心であり、しかも、債務者に対する影響も大きいことから、必ず口頭弁論または債務者が立ち会うことができる審尋の期日を経なければ発することができないとされており(23条4項)、密行性は明文で否定されている。この点から、密行性は緊急性を裏づける理由のひとつにすぎないとして、民事保全の特質として密行性をあげることに消極的な見解も有力である。

(3)暫定性(仮定性)

民事保全は、訴訟において権利が終局的に確定され、実現されるまでの仮の措置を定めるものであり、暫定的(仮定的)な性格を有する。言い換えると、民事保全は、その大半が強制執行の保全のためのものであって、判決手続から強制執行手続に移行し、その目的が達せられるまで、暫定的に一定の権能や地位を認めるものである(民事保全の暫定性〔仮定性〕)。このことは、仮差押えにおいて差押えと同様の処分禁止の効力が認められるにとどまり、換価や配当の段階にまで進まないことに表れている。

しかし、仮処分においては、債権者の権利が実現されたのと同様の事実上または法律上の状態を生じさせることも可能であると解されている。たとえば、仮の地位を定める仮処分には、生活妨害行為の差止めを命ずる仮処分、労働者の地位を仮に保全し、賃金の仮払いを命ずる仮処分、著作権を侵害する製品の製造・販売を差し止める仮処分などのように、本案の請求権の全部または一部を実現したのと同様の結果を債権者に得させるものがある。このような仮処分は、満足的仮処分とよばれており(その内容については、後述する〔10章3 2 【2】〕)、このかぎりでは、暫定性(仮定性)とは、保全命令および保全執行によって生じた結果が本案訴訟の結論に影響しないことを意味するにとどまる。ただし、判例は、満足的仮処分の執行後に被保全権利の目的物が滅失したなどの事情は、特別の事情がある場合を除き、本案訴訟において斟酌されるとする(最判昭和54年4月17日民集33巻3号366頁〔執保百選111事件〕)。

(4)付随性

民事保全は、本案訴訟を前提とし、本案訴訟に付随する(民事保全の付随性)。

本案が提起されないときは、債務者の申立て(起訴命令の申立て)により取り消されることになるのは(37条)、付随性の表れである。

【2】オール決定主義

　民事保全法3条は、「民事保全の手続に関する裁判は、口頭弁論を経ないですることができる」と規定している。「口頭弁論を経ないですることができる」ということは、民事保全の手続に関する裁判(保全命令および保全執行に関する裁判)は、**決定**手続によることを意味する(民訴87条1項ただし書参照)。

　すなわち、旧民事訴訟法下での手続では、いったん口頭弁論を開くと、それ以後、決定手続に戻すことができなかったし、いったんなされた仮処分を取り消すには異議訴訟を提起し、口頭弁論・判決手続によらなければならず(旧民訴741条、742条)、保全手続の迅速性が阻害される原因となっていた。そこで、民事保全法では、すべての手続を決定で行えることとして(**オール決定主義**)、手続の迅速化を図った。

【3】審尋と疎明

(1)審尋

　決定主義では、口頭弁論を開くこともできるが、必要的ではない(民保3条)。もちろん、口頭弁論をしない場合には、裁判所は、当事者を**審尋**することもできる(民訴87条2項)。ここに審尋とは、当事者その他の利害関係人に対し無方式で陳述する機会を与える手続をいう。

　ただし、仮の地位を定める仮処分の場合(民保23条4項)や保全異議(29条)・保全取消し(40条1項)の場合以外は、当事者審尋すら必要的ではなく、任意的である。

(2)疎明

　民事保全手続では、保全すべき権利や権利関係(被保全権利)、保全の必要性に関する立証が、証明でなく**疎明**で足りるとされている(13条2項)。疎明とは、いちおう確からしいという程度の事実蓋然性判断であり、またはこれを生ぜしめる当事者の資料提出行為をいう。このような疎明は、即時に取り調べることができる証拠によらなければならない(**即時性**。民訴188条)。疎明方法については後述する(8章1 5)。

7—4　疎明と証明

証 明	確信を得させる程度の挙証
疎 明	いちおう確からしいという推測を得させる程度の挙証

第8章……保全の手続

1. 保全命令の申立て

1 総説――書面主義の原則

　保全命令手続は、債権者が裁判所に申し立てることにより開始される（2条1項）。このような保全命令の申立ては、書面でしなければならない（民保規1条1号。**書面主義**の原則）。

　すなわち、民事保全命令の申立て、特に仮の地位を定める仮処分の申立てにおいては、求められる仮処分命令の内容が多種多様で、当事者の裁量の幅が大きいが、他方で、民事保全命令の効果は強力で、債務者に与える打撃も大きい。そのため、裁判所は、申立人である債権者がどのような民事保全命令の発令を求め、これを裏づける理由としてどのような事実上および法律上の主張をするのかを正確に把握する必要がある。そこで、保全命令の申立てについては書面主義が採用されているのである。

　このように、保全命令の申立ては書面で行われるが、こうした申立書をどこに提出し、審理を受けるかが管轄の問題である。そこでまず、民事保全命令の申立ての管轄裁判所について検討し、その後に申立書の必要的記載事項等をみていくことにする。

2 管轄裁判所

【1】総説

　民事保全法12条1項は、「保全命令事件は、本案の管轄裁判所又は仮に差し押さえるべき物若しくは係争物の所在地を管轄する地方裁判所が管轄する」と規定しており、この管轄は、保全命令手続と保全執行手続を通じて、専属管轄である（6条）。**専属管轄**とは、民事訴訟法上、特に強い公益的要請から特定の裁判所のみに裁判権を行使させる趣旨の管轄をいい、そのため、ある事件の管轄が専属管轄とされる場合には、当事者の意思を反映した合意管轄や応訴管轄は認められないことになる。もっとも、専

属管轄であっても、後述するように、複数の裁判所が競合することがある。
　なお、管轄権がない裁判所に民事保全命令の申立てがなされた場合には、裁判所は、管轄裁判所へ移送しなければならない（7条・民訴16条1項）。

【2】「本案の管轄裁判所」（民保12条3項）
　民事保全法12条3項は、「本案の管轄裁判所は、第一審裁判所とする。ただし、本案が控訴審に係属するときは、控訴裁判所とする」と規定している。そこで、民事保全命令について管轄を有する本案管轄裁判所とは、一般に、次の3つと解されている。
　　①本案がいまだ係属していない場合には、その提起があれば土地および事物の管轄に従って本案が係属すべき（将来の管轄裁判所となる）第一審裁判所
　　②本案がすでに係属しており、係属裁判所が第一審裁判所または上告審の裁判所である場合には、当該第一審裁判所またはかつて係属した第一審裁判所
　　③本案が控訴審裁判所に係属している場合には、控訴審裁判所
　本案訴訟の終了後は、かつて本案訴訟が係属した第一審裁判所が管轄権を有する。

【3】「仮に差し押さえるべき物若しくは係争物の所在地を管轄する地方裁判所」（12条1項）
　「仮に差し押さえるべき物……の所在地を管轄する地方裁判所」および「係争物の所在地を管轄する地方裁判所」にも、管轄は生じる（12条1項）。この場合には、「本案の管轄裁判所」の場合と異なり、管轄裁判所は地方裁判所に限定されている。

(1)「仮に差し押さえるべき物……の所在地を管轄する地方裁判所」
　「仮に差し押さえるべき物」にいう「物」とは、民事保全法21条本文にいう「物」および21条ただし書にいう「目的物」を含む概念であって、動産や不動産のほか、債権その他の財産権をも含む。
　ところで、債権その他の財産権の場合には、動産や不動産のような有体物の場合と異なり、その所在地というのは観念的であって、必ずしも明確ではない。そこで、民事保全法は、前述した「物」についての概念を前提として、その所在地が必ずしも明確でない債権等の財産権について、特に定義規定をおいている。
　すなわち、①債権（民執143条の債権）については第三債務者の普通裁判籍の所在地に、②その他の財産権（民執167条1項の財産権）については第三債務者またはこれに準ずる者の普通裁判籍の所在地に、③その他の財産権で登記・登録を要するものについてはその登記・登録の地に、それぞれ管轄権があるものと規定している（民保12条4項から6項まで）。

(2) 「係争物の所在地を管轄する地方裁判所」

「係争物の所在地を管轄する地方裁判所」という場合の「係争物」とは、係争物に関する仮処分における目的物にかぎらず、仮の地位を定める仮処分の目的物を含むと解されている。

3 申立ての効果

申立ての効果については、訴訟法上の効果と実体法上の効果とに区別される。なお、いずれの効果も保全命令の申立ての時を始期として生ずると解されている。

【1】訴訟法上の効果

訴訟法上の効果の主なものは、同一の事件について二重申立てが禁止されることである（7条・民訴142条）。事件の同一性の判断にあたっては、当事者、被保全権利および保全の必要性が考慮される。

当事者および被保全権利が同一であって保全の必要性のみが異なる場合において、二重申立てが禁止されるか否かについては争いがあるが、通説は、別個の事件であるから、二重申立ての禁止には抵触しないとする。

【2】実体法上の効果

実体法上の効果としては、消滅時効の中断（民147条2号、153条から155条まで）が重要である。

保全命令の申立てによって消滅時効の中断の効力が生ずるか、発生するとしてその効力はいつまで継続するかについては争いがある。通説・判例は、保全命令の申立ての時を時効中断の効力発生時期と解している。その理由としては、保全命令の申立てによって債権者の権利行使があったとみられるので、訴えの提起に準じて扱ってよいということがあげられている。このように、保全命令（仮差押え・仮処分）の申立てによる時効中断の根拠が債権者の権利行使にあると解すれば、仮差押え・仮処分の執行行為が終了しても執行保全の効力が継続していれば権利行使は継続しているとみられるので、時効中断の効力も継続するという結論を導くことができる。判例はこの立場（継続説）に立っている（最判昭和59年3月9日判時1114号42頁、最判平成6年6月21日民集48巻4号1101頁、最判平成10年11月24日民集52巻8号1737頁〔執保百選118事件〕）。

4 申立書の必要的記載事項等

　民事保全法13条1項は、「保全命令の申立ては、その趣旨並びに保全すべき権利又は権利関係及び保全の必要性を明らかにして、これをしなければならない」と規定し、この規定を受けて、民事保全規則13条は、民事保全命令の申立書の必要的記載事項を定めている。

8—1　不動産仮差押命令申立書の例

不動産仮差押命令申立書

平成〇年〇月〇日

〇〇地方裁判所民事第〇部　御中

債権者代理人弁護士　　甲　野　太　郎　㊞

　　　　当事者の表示　　別紙当事者目録記載のとおり
　　　　請求債権の表示　別紙請求債権目録記載のとおり

申立ての趣旨

　債権者の債務者に対する上記請求債権の執行を保全するため、債務者所有の別紙物件目録記載の不動産は、仮に差し押さえる。
　との裁判を求める。

申立ての理由

第1　被保全権利
　1　継続的広告取引契約及び根保証契約の成立
　(1)　債権者は、平成〇年〇月〇日、申立外株式会社〇〇〇〇（申立外会社）との間において、同社の商品である〇〇（医療器具）の通信販売に関する雑誌広告について継続的広告取引契約を締結した（甲7）。
　(2)　債務者は、前同日、債権者に対し、上記継続的広告取引契約に基づき申立外会社が債権者に対して現に負担し、又は、将来負担することあるべき一切の債務について、下記の限度額及び保証期間を定めて、これを保証し、申立外会社と連帯して支払う旨約した（甲1ないし4、7）。

記

　【1】　保証限度額　　　　　金〇〇〇〇万円
　【2】　保証期間　　　　　　平成〇年〇月〇日
　2　広告代金債権の発生と不履行
　(1)　債権者は、平成〇年〇月から同年〇月までの間に、前記継続的広告取引契約に基づき広告を実施し、申立外会社に対し合計金〇〇〇〇万円の広告代金債権を有しその決済のため、申立外会社より別紙受取手形一覧表記載のとおり同社振出の約束手形を受け取った（甲7）。
　(2)　ところが、同受取手形一覧表1及び2記載の手形が不渡りとなり（甲5の1～3、6の1～3）、申立外会社は事実上倒産するに至ったので、広告代金合計金〇〇〇〇万円が未収となっている（甲7）。
　3　被保全権利のまとめ
　　　そこで、債権者は、第1項の根保証契約に基づき、連帯保証人である債務者に対し、保証限度額である金〇〇〇〇万円について連帯保証債務履行請求権を有するが、そのうち別紙受取手形一覧表記載の手形額面に相当する金〇〇〇〇万円を被保全権利とする。

第2　保全の必要性
　1　債務者は、肩書住所地において〇〇科の医院を経営する医師であり、同所に医院及び自宅の建物と数筆の土地を所有あるいは共有しているが、上記不動産のうち所有の不動産については、平成〇年〇月〇日付けにて、申立外有限会社〇〇商事のため、申立外会社を債務者とする極度額〇億円の根抵当権が設定されているほか、代物弁済予約を原因とする所有権移転請求権仮登記が経由されており、その他にも多額の担保が設定されている（甲8ないし13）。
　2　債務者は、申立外会社のため本件債務のほかにも多額の保証をしており、このまま推移すれば、上記各不動産のうち別紙物件目録記載の共有の自宅土地・建物（本件不動産）を何時処分するやもしれない状況にある（甲7）。
　3　したがって、今のうちに本件不動産に対し仮差押えをしておかなければ、後日本案訴訟で勝訴判決を得てもその執行が不能又は著しく困難になるおそれがあるので本申立てに及ぶ次第である。

疎　明　方　法

　甲1号証　　　　　根保証契約書
　甲2号証　　　　　印鑑証明書
　甲3号証　　　　　印鑑証明書
　甲4号証　　　　　会社登記事項証明書
　甲5号証の1～3　　約束手形
　甲6号証の1～3　　約束手形

```
          甲7号証         報告書
          甲8号証         土地登記事項証明書(申立外会社)
          甲9号証         建物登記事項証明書(申立外会社)
          甲10号証        土地登記事項証明書
          甲11号証        建物登記事項証明書
          甲12号証        土地登記事項証明書
          甲13号証        土地登記事項証明書

                        添 付 書 類
          甲号証          各1通
          固定資産評価証明書   2通
          資格証明書        1通
          訴訟委任状        1通
```

【1】当事者の表示

　保全命令の申立書には、当事者の氏名または名称および住所、代理人がいれば、その氏名および住所を記載しなければならない(民保規13条1項1号)。これらの表示は、原則として訴状における当事者などの表示方法と同一であるが、訴状と異なるところは、原告を**債権者**、被告を**債務者**と表示することである。なお、実務では、当事者の特定にかかる部分を**当事者目録**として作成してもらい、これを民事保全命令の決定書に利用し、民事保全命令の迅速な発令に資するのが通例である。

8－2　当事者目録の例

```
                  当 事 者 目 録

  〒○○○-○○○○   東京都○○区○○町○丁目○番○号
                  債　権　者    ○○○株式会社
                  代表者代表取締役    ○  ○  ○  ○
  〒○○○-○○○○   東京都○○区○○町○丁目○番○号
                  ○○法律事務所(送達場所)
                  電話(○○)○○○○-○○○○
                  FAX (○○)○○○○-○○○○
                  債権者代理人弁護士   ○  ○  ○  ○
  〒○○○-○○○○   東京都○○区○○町○丁目○番○号
                  債　務　者    ○  ○  ○  ○
```

8-1　保全命令の申立て　191

「債権」(民執143条)に対する仮差押命令の申立書には、第三債務者の氏名または名称および住所ならびに法定代理人の氏名および住所を記載しなければならない(民保規18条1項)。第三債務者とは、債権者と債務者のある場合に、その債務者に対して更に債務を負う者をいう。第三債務者の氏名・住所の記載が申立書に求められるのは、たとえば債権の仮差押えの場合には、その執行は保全執行裁判所が第三債務者に弁済禁止命令を発する方法により行う(民保50条1項)等、裁判所が第三債務者の住所等を知っておく必要があるからである。

【2】請求債権の表示または仮処分により保全すべき権利の表示

申立書の必要的記載事項ではないが、実務では、当事者の表示に続けて、請求債権または仮処分により保全すべき権利を記載するのが通例である。

仮差押命令の申立ての場合には、請求債権を表示するが、これは債務者に対して請求する金銭債権を他の金銭債権と識別できる程度に特定して記載する。

仮処分命令の申立ての場合には、仮処分により保全すべき権利を表示するが、これは、たとえば所有権移転登記請求権や建物収去土地明渡請求権などの被保全権利を記載する。

【3】申立ての趣旨

民事保全命令の申立書には、申立ての趣旨を記載しなければならない(民保規13条1項2号)。ここにいう申立ての趣旨は、本案訴訟の訴状における請求の趣旨に相当するものである。

(1) 仮差押命令の申立ての趣旨

仮差押えは、債権者が債務者に対して有している金銭の支払を目的とする債権につき、動産または不動産その他の財産に対する強制執行を保全するためになすものである(民保20条)。

申立ての趣旨においては、債権者の有する債権の種類、内容および金額を特定し、この執行を保全するために債務者の財産を仮に差し押さえる旨の裁判を求めることになるが、動産の仮差押えを除いては、仮に差し押さえるべき物を特定して申立ての趣旨を記載しなければならない(21条、民保規19条1項)。

一般的には、仮差押えの対象物は物件目録に記載して明らかにしている。この物件目録も、当事者目録と同様に、民事保全命令の決定書に利用され、民事保全命令の迅速な発令に資している。

8―3　物件目録の例

```
                物　件　目　録

 1  所　　　在    東京都○○区○○町○丁目
    地　　　番    ○○番
    地　　　目    宅地
    地　　　積    ○○.○○平方メートル
    この共有持分2分の1

 2  所　　　在    東京都○○区○○町○丁目○○○番地○
    家 屋 番 号   ○○○番○
    種　　　類    居宅
    構　　　造    木造瓦葺2階建
    床　 面　 積   1階　○○.○○平方メートル
                 2階　○○.○○平方メートル
    この共有持分2分の1
```

(2) 仮処分命令の申立ての趣旨

　仮処分命令の申立てについては、裁判所は、その裁量により申立ての目的を達するのに必要な具体的処分を定めることができるものの(民保24条)、**処分権主義**(民訴246条参照)の観点から、債権者がどのような態様の仮処分を求めるのかを明らかにする必要がある。特に、仮の地位を定める仮処分の申立ての趣旨は多種多様なものになるから、その仮処分命令の申立ての目的を明確にする意味でも、その記載は重要である。

【4】申立ての理由

　民事保全法13条1項は、「保全命令の申立ては、その趣旨並びに保全すべき権利又は権利関係及び保全の必要性を明らかにして、これをしなければならない」と規定している。したがって、保全命令申立書の**申立ての理由**においては、保全すべき権利または権利関係(被保全権利)および保全の必要性を具体的に記載し、かつ、立証を要する事由ごとに証拠を記載しなければならない(民保規13条2項)。

　この申立ての理由は、基本的には、訴状にいう請求原因の記載に相当する。

(1) 被保全権利

　民事保全命令を申し立てるに際しては、まず、**仮差押えおよび係争物に関する仮処**

分については、これにより**保全すべき権利**を、**仮の地位を定める仮処分**については、**保全すべき権利関係**を特定しなければならない。これらを**被保全権利**という。

被保全権利については、当該権利を理由あらしめる事実を記載しなければならない。申立ておよび審理の段階で要件事実の一部が具備されていない場合でも、その具備が確実視されるようなときには、その要件は肯定されるであろう。

なお、実務では、被保全権利を理由あらしめる事実にかぎらず、予想される抗弁の不存在事由や再抗弁事由をも主張している。すなわち、仮差押えや係争物に関する仮処分については、通常の場合には、密行性の要請から債務者の審尋を行わないで発令の可否が検討されることから、申立書の記載から通常予想される抗弁を排斥する事実等をも主張しなければならないとされているのである。

(2) 保全の必要性

保全の必要性とは、概括的にいえば、いま民事保全をしなければ将来の強制執行が不能もしくは著しく困難になるおそれ(仮差押え、係争物に関する仮処分)もしくは著しい損害または急迫の危険を避ける必要性(仮の地位を定める仮処分)をいう。これは、本案訴訟にはない、民事保全に特有の要件である。

保全の必要性についても、その内容を具体的に記載し、理由づける必要がある。

5 疎明方法

【1】 総説

前述のように、民事保全手続では、その緊急性と暫定性の要請から、保全すべき権利や権利関係(被保全権利)、保全の必要性に関する立証が証明ではなく**疎明**で足りるとされている(13条2項)。このような疎明は、即時に取り調べることができる証拠によらなければならない(**即時性**。民訴188条)。

したがって、証拠調べは、即時に取り調べることができる文書や検証物が原則となる。しかも、文書についても、文書提出命令の申立て(民訴221条)や文書送付の嘱託(民訴226条)による証拠調べをすることはできない。また、任意的口頭弁論においては、証人尋問、本人尋問の証拠調べが可能であるが、即時性に反する証人呼出しはすることはできないので、証人等は在廷させる必要がある。

【2】 疎明方法各論

以上のような疎明の即時性の観点から、民事保全手続では、人証に代えて**陳述書**や

報告書が活用される。この陳述書や報告書を作成するにあたっては、保全すべき権利または権利関係および保全の必要性などについて具体的に記述すべきである。また、実務では、建築工事禁止を求める仮処分や業務妨害禁止の仮処分等の審理において、検証に代えて写真やビデオが活用されている。

6 申立書の添付書類等

【1】添付書類

　民事保全命令の申立書に添付すべき書類については、民事保全規則20条に規定があり、民事保全命令の申立書には、これら申立書に添付した書類を表示しなければならない（民保規6条・民訴規2条1項3号）。
　一般的に添付すべき書類としては、①法定代理人や法人の代表者の資格を証するための戸籍謄本、登記事項証明書、商業登記簿謄本等の資格証明書、②訴訟代理人に対する委任状、③目的物が不動産のときには、その登記簿謄本または全部事項証明書、④不動産の価格を証明する書面（申立年度の固定資産評価証明書など）等があげられる。

【2】申立手数料

　申立手数料については、定額制がとられており、申立権についての手数料は2000円である（民訴費3条1項別表第1・11の2ロ）。
　申立ての個数の基準は、①申立行為の数、②申立事項（求める民事保全命令）の数、③債権者または債務者の数である。たとえば、仮処分命令の申立ての客観的併合については、申立ての趣旨からまったく別個の紛争関係について、それぞれ必要な仮処分命令を求めているときは、その数に応じた件数となる。また、仮処分命令の申立ての主観的併合については、数人が日照阻害を理由に同一建物の建築禁止の仮処分を求める場合には、債権者の個数に応じて数個の仮処分命令の申立てと評価される。

【3】目録等

　実務では、申立ての記載事項である当事者、請求債権、被差押債権および対象となる物件については、裁判所の決定書および登記嘱託書の作成にも利用されることから、債権者は、申立書の一部として各目録（当事者目録、請求債権目録、物件目録）を別紙として作成し引用するとともに、発令までに裁判所に必要部数を提出するのが通例である。なお、登記嘱託に必要な登記権利者義務者目録も提出している。

8−4　請求債権目録の例

請　求　債　権　目　録

　金○○○万円

　ただし、債権者が申立外株式会社○○○○（申立外会社）に対して有する下記債権について、債権者と債務者間の平成○年○月○日付け連帯根保証契約に基づき、債権者が債務者に対して有する金○○○○万円の連帯保証債務履行請求権の内金

記

　債権者と申立外会社間の平成○年○月○日付け継続的広告取引契約に基づき、平成○年○月○日から同年○月○日までの間に発生した広告代金債権○○○○万円

8−5　登記権利者・義務者目録

登記権利者・義務者目録

　東京都○○区○○町一丁目2番3号

　　　　登記権利者　　　○　○　○　○

　東京都○○区○○町四丁目5番6号

　　　　登記義務者　　　株式会社○○銀行

第8章 保全の手続

2. 審理

1 審理の方式──オール決定主義

【1】総説

保全命令申立てについての審理は、保全すべき権利または権利関係（被保全権利）および保全の必要性の存否について行われるが、広く保全手続に関する裁判は、前述のように、口頭弁論を経ないですることができ（3条）、保全命令申立事件は、すべて決定手続となる（オール決定主義）。

したがって、その審理の方法は、①書面による方式、②当事者の審尋による方式（民訴87条2項）および③任意的口頭弁論による方式の3つである。これらを便宜組み合わせることにより、判決手続に比べて柔軟な審理の運用が可能である。

【2】審理の方式

⑴ 書面による方式（書面審理）

裁判所は、債権者が提出した申立書の記載に基づいて、その申立てが一般的な訴訟要件のほかに、被保全権利および保全の必要性に関する事実上の主張を備えているか否か（実体的要件の存否）を審査し、かつ、提出された疎明書類（疎明資料）によってこの主張事実が認められるかどうかを判断し、審理を終えることができる。

⑵ 当事者の審尋による方式

民訴法上の審尋には、①書面または口頭により当事者に事件についての機会を与える主張聴取の機会としての審尋（民訴87条2項）と、②決定手続における簡易な証拠調べとしての審尋（民訴187条）とがあるが、通常、民事保全命令申立ての審理において、②の審尋が利用されることはほとんどない。

①の審尋には、書面によって主張等を聴取する書面審尋と、裁判所に出頭した当事者から主張等を聴取する口頭審尋とがあり、それぞれについて、債権者審尋、債務者審尋、双方審尋を観念することができる。

(a)**債権者審尋**

　審尋は、(1)の書面審理の補充として、当事者の主張を聴取する機会であるから、書面審理を原則としつつ、特に必要を認めた場合にかぎり、債権者面接(口頭による債権者審尋)を行って、出頭した債権者の主張を聴取する扱いも広く行われている。

　また、実際には、申立てに法律上、事実上の問題点があり、債権者に補充説明を求める必要のある事件や、疎明資料が不完全であり、追完が予定される事件が少なくない。このような事件では、早い段階で裁判官が債権者と面談して主張等を直接聴取し、そのうえで必要な釈明を行うことによって、処理の迅速化を図ることができる(民保7条・民訴87条2項参照)。

　以上のように、保全命令の申立てについては、通常、書面審理と債権者審尋を適宜組み合わせる方法で審理が行われている。

(b)**債務者審尋**

　事件の内容が複雑な場合や、債務者に与える影響が大きかったり、債務者から抗弁その他の主張が予想されたりする場合には、債務者にも主張および疎明を提出する機会を与えるために、審尋が行われることがある(民保7条・民訴87条2項参照)。ただし、債務者審尋は、次に述べる仮の地位を定める仮処分命令の場合を除き、主として密行性の観点から、きわめて例外的な場合にしか行われない。

　仮の地位を定める仮処分は、債権者にとっては著しい損害の発生または急迫の危険を避けるために必要とされるものであるが、単に現状を固定する係争物に関する仮処分と異なり、発令されると債務者にとっての打撃が大きい。そこで、仮の地位を定める仮処分については、債務者の立ち会うことができる審尋または口頭弁論の期日を経なければ、原則的にこれを発することができないとされている(要審尋事件。民保23条4項本文)。ただし、その期日を経ることにより仮処分の目的を達することができない事情があるときは、その期日を経ることを要しない(23条4項ただし書)。

(3)任意的口頭弁論による方式

　決定手続において行われる任意的口頭弁論には、必要的口頭弁論の規定の適用はなく、擬制陳述(民訴158条)、弁論更新(民訴249条2項)、不出頭による取下げ擬制(民訴263条)、不出頭による自白擬制(民訴159条3項)など、口頭主義、直接主義の要請による民訴法上の諸制度の適用はない。

　もっとも、弁論主義自体は適用されるから、自白(民訴179条)、擬制自白(159条1項)が成立する余地はある。ただし、弁論または審尋の全趣旨により争ったものと認められるときは、自白は成立しない。

【3】審理における釈明処分

釈明処分は、一般に、訴訟関係を明らかにする必要がある場合において、当事者の出頭を命ずる等の裁判所の処分である（民訴151条）。この一般的な釈明処分は、民事保全の手続に準用される（民保7条）。

しかしながら、民事保全手続では、迅速に手続を進める必要があるため、別途の釈明処分が認められている。すなわち、「裁判所は、争いに係る事実関係に関し、当事者の主張を明瞭にさせる必要があるときは、口頭弁論又は審尋の期日において、当事者のために事務を処理し、又は補助する者で、裁判所が相当と認めるものに陳述させることができる」（9条）。

【4】主張書面

主張書面とは、保全命令の申立て等についての審理において、事実上、法律上の主張をするための書面をいう。

保全命令事件の手続では、口頭弁論期日または債務者審尋期日が指定される前においては、その後にこれらの期日が指定されるとはかぎらないから、主張書面または書証の写しについては相手方当事者用の写しを提出する必要はない。しかし、これらの期日が指定され、密行性の観点から問題が生じない状況となった後においては、相手方当事者用として、写し1通（相手方の数が2以上であるときは、その数の通数）を提出することとされている（民保規14条1項、2項）。

そして、口頭弁論期日または債務者審尋期日が指定された後に主張書面または書証の写しが裁判所に提出された場合には、裁判所書記官は、それらの写しを相手方に送付しなければならない（民保規14条3項）。ただ、この場合であっても、当事者間で主張書面または書証の写しについて直送（当事者の相手方に対する直接の送付）をすることが禁止されるわけではなく、実務上、当事者双方に代理人が選任されている場合などには、当事者間の直送の運用が広く行われている。

2 裁判によらない終了

【1】和解

民事保全手続において訴訟上の和解をなしうるか否かについて、旧法下においては見解の対立があったが、現行法のもとにおいては、消極に解する見解は存在しない。

もっとも、仮差押えおよび係争物に関する処分においては、密行性の要請から、債

務者を審尋することなく発令の当否が判断されるのが通常であるから、民事保全に関する決定がなされて、保全異議、保全抗告に移行した後でないかぎり、当事者双方が裁判所で同席する機会はない。そのため、当事者双方の互譲による訴訟上の和解により紛争の解決が図られることはほとんどない。

これに対して、仮の地位を定める仮処分においては、前述のように、債務者審尋等が原則として必要とされ（要審尋事件）、実務上は通常、双方審尋等の期日が設けられるから、裁判所による和解勧試の機会が存在している。そして、実務的には、仮の地位を定める仮処分の終局事由のなかにおいて、和解は大きな割合を占めている。

【2】取下げ

(1)取下げと相手方の同意

民事保全命令の申立ての取下げも、和解と同様に、通常の訴訟事件に比べれば終局事由として多いといえる。これは、裁判所が申立てを容認できないような事案について取下げを勧告すると、当事者としても、前述したように申立手数料の額が2000円と低額であるうえ、後日、裁判所の勧告意見をふまえて法的構成を再構成したり、疎明資料を整えたりして、再度申立てをすれば足りるからである。

保全命令の申立てに対する裁判については既判力は生じないので、債権者が保全命令の申立てを取り下げても、債務者は特別、不利益を受けるわけではない。そこで、民事保全法18条は、「保全命令の申立てを取り下げるには、保全異議又は保全取消しの申立てがあった後においても、債務者の同意を得ることを要しない」と規定した。

(2)取下げの方式と時期

取下げは、原則として書面でしなければならないが、口頭弁論または審尋の期日においてする場合には、口頭で取下げをすることもできる（民保規4条1項）。この取下げは、口頭弁論もしくは審尋期日の呼出しまたは保全命令の送達を受けた債務者がある場合には、その者に対して裁判所書記官を通じて通知される（民保規4条2項）。

保全抗告または保全命令の確定後の取下げについては規定がないため争いがあるが、保全命令が暫定的な判断であり、債権者が求めていないのにこれを存続させる必要性に乏しいから、その申立ては、保全命令手続における裁判が確定し、保全執行が終了した後においても、債務者の同意を要することなく、取り下げることができると解されている。

第8章 保全の手続

3. 担保

1 担保総説

【1】意義

　民事保全法14条1項は、「保全命令は、担保を立てさせて、若しくは相当と認める一定の期間内に担保を立てることを保全執行の実施の条件として、又は担保を立てさせないで発することができる」と規定している。

　民事保全の実務では、金員仮払いの仮処分等を除いては、原則として債務者のために担保を立てさせている。

【2】目的・機能

　保全命令の担保は、違法・不当な担保処分の執行によって債務者が被るであろう損害を担保するものである。

　すなわち、保全処分は、緊急性の高い手続であり、特に保全命令の申立てについての審理の中心となる被保全権利や保全の必要性の審理は、疎明によっている。また、仮差押命令や係争物に関する仮処分命令は、多くの場合には、債務者の立ち会うことができる審尋の期日を経由せず、債務者に反論の機会を与えないままに発せられる。そして、保全命令における裁判所の判断は、暫定的なものであるから、後日の訴訟において覆される可能性も残されている。そこで、保全命令の制度は、違法・不当な保全処分の執行を受けた債務者の損害賠償請求権を担保するものである。

2 担保の提供

【1】担保の提供者・担保権利者

　担保の提供者と担保権利者との組合せについては、さまざまな場合を考えることが

できるが、債権者ごとまたは債務者ごとに担保が定められるのが原則であり(**個別担保の原則**)、例外的にいわゆる**共同担保**の方法による場合もある。

(1)個別担保の原則

個別担保とは、各債権者がそれぞれ各債務者のために各別の複数の担保を供することをいう。

たとえば、1通の保全命令申立書に表示された債権者または債務者が複数であっても、いわゆる単純併合のかたちで申立てがなされている場合には、債権者と債務者とが各1人である場合と同様に考えるのが原則である(**個別担保の原則**)。この原則によれば、担保に関する手続は、債権者と債務者との組合せごとに処理することとなる。したがって、裁判所が担保を立てるべきことを命ずる際には、その主文例が「債権者○○は債務者△△のため金○○○○円」というようにして、担保の権利者・義務者を特定して命ずることになる。

(2)共同担保

共同担保とは、債権者全員が一括共同して、または債務者全員のために一括共同して全体として1個の担保を供する場合をいう。

裁判所が共同担保による立担保を命ずる際には、債務者複数の場合にあっては、「債権者は、担保として、債務者全員のため、金○○○○円」、債権者複数の場合にあっては、「債権者らは、債務者のため、共同の担保として、金○○○○円」というようにして命ずることになる。

(3)第三者による立担保

保全命令の担保は、前述のように、違法・不当な担保処分の執行によって債務者が被るであろう損害を担保するものである。そこで、担保を立てる者(担保提供者)は、原則として、当該保全命令申立事件の債権者である。

ところで、債権者以外の第三者が債権者に代わって保全命令の担保を立てることが許されるかについて、民事保全法14条はこれを定めておらず、現行法上、特にこれを禁ずる規定もない。また、第三者による立担保を認めても債務者の損害担保の機能の点で債務者に別段不利益が生じることも考えられない。そこで、実務では、裁判所の許可を得て、債権者以外の第三者が、債権者に代わって担保を立てることが認められている。

【2】担保提供の時期

保全の担保提供の時期について、民事保全法14条1項は、「保全命令は、担保を立てさせて、若しくは相当と認める一定の期間内に担保を立てさせることを保全執行の

実施の条件として、……発することができる」と規定し、①あらかじめ担保を立てさせてから保全命令を発する場合と、②相当と認める一定の期間内に担保を立てさせることを保全執行の実地の条件として保全命令を発する場合とを認めている。

　もっとも、ほとんどの保全命令は、①あらかじめ担保を立てさせてから発せられており、②担保を立てることを保全執行の実施の要件として保全命令を発するのは例外的な場合である。②の場合は、具体的には、特に緊急の取扱いを必要とする事案において、債権者から担保を提供されたのを確認してから保全命令を発していたのでは保全処分の目的を達成することができないような特殊な場合、たとえば管轄区域内の港から出港間近の船舶に対して仮差押えをするような場合にかぎられる。

　担保提供期間は、保全命令の執行期間が債権者への保全命令送達日から2週間とされている趣旨(緊急性、43条2項)に照らし、裁判所の裁量により3日ないし7日と定められることが多い。大型連休や年末年始にかかる場合でも最長2週間である。

　担保額の告知を受けた日(初日)は不算入であり、期間の末日が土曜日・日曜日等である場合には、その翌日が期間満了日となる(7条・民訴95条1項、3項、民140条)。

　なお、担保提供期間内に担保が立てられなかった場合には、保全命令の申立ては却下すべきことになる。実務上、裁判所は、まず申立人に対して保全命令の申立ての取下げを促し、取下げのないときに、申立てを却下している。

【3】担保額

　担保額は、裁判所の裁量により決定される(民保14条1項)。その際には、①保全命令の種類、②保全命令の目的物の種類・価額、③被保全権利の種類・価額、④債務者の職業・財産・信用状態その他の具体的事情に即した予想損害、⑤被保全権利や保全の必要性の疎明の程度等が総合的に考慮される。

　したがって、担保額は、基準により画一的に算定したものとは必ずしも一致しないことに十分な注意を要する。以下では、担保決定の具体的考慮要素についてみていくことにする。

(1)①保全命令の種類

　仮差押えや処分禁止仮処分は財産の現状を固定するものであるのに対し、仮の地位を定める仮処分は現状の変更を伴うことが多い。したがって、一般的には、前者よりも後者のほうが、違法・不当な保全処分による債務者の損害額が大きいことが多く、担保の額も高くなる。

　もっとも、仮の地位を定める仮処分のうち、賃金仮払い、交通事故による治療費、休業損害等の仮払いを命じるものについては、保全の必要性を認める前提として、債

権者が生活困窮の状態にあることが予定され、高額な担保を要求するのは背理なので、例外的に無担保またはわずかな担保額で発令されることがある。

(2)② 保全命令の目的物の種類・価額

仮差押え等の目的物が不動産等である場合には、債務者は任意処分を禁止されてその転売利益(目的物価額の2割前後のことが多い)を喪失するから、担保額は、目的物価額の2割前後を中心としつつ他の諸要素によって増減される。

これに対して、仮差押え等の目的物が、営業用動産、給与債権、取引上の債権、銀行預金債権であるような場合には、保全命令によって債務者の信用が大きく毀損され、解雇や取引中止、期限の利益喪失など深刻な不利益を受けるので、被保全権利や保全の必要性が慎重に検討されるほか、不動産を対象とする場合に比べて、担保額も高額となる。

ところで、不動産仮差押えにおいては、通常、目的物価額と請求債権額とが異なる。このような場合においては、目的物価額を基準として担保額を算定すべきであろう(**目的物価額基準説**)。東京地裁保全部でも、目的物価額基準説を採用している。もっとも、目的物価額基準説をとっても、請求債権額が目的物価額を下回る場合には、担保額は請求債権額を上回ることがないように決定するのが通例であり、そのかぎりにおいては、請求債権額が考慮されていることになる。

なお、不動産の価額の算定方法であるが、不動産の仮差押えや処分禁止仮処分によって禁止されるのは、不動産の任意の処分であるから、不動産の価額は任意処分時の価額による。不動産の時価は、固定資産税課税標準価額、公示価格、路線価等を参考にすることが多い(時価算定のために適切な指数をかけることがある)。抵当権等の負担額は控除する。また、土地利用権の価額は、地上建物に加算し、土地からは控除する。

(3)③ 被保全権利の種類・価額

たとえば、手形・小切手債権のように、類型的に疎明が容易で、その存在の蓋然性が高い権利を被保全権利とする民事保全命令の担保額は低い。

これに対して、たとえば特殊不法行為による損害賠償請求権のように、類型的に疎明が容易ではなく、その存在の確実性に劣る権利を被保全権利とする民事保全命令の担保額は高くなる。

(4)④ 債務者の職業・財産・信用状態その他の具体的事情に即した予想損害

同じ預金債権や動産の仮差押えは、特に債務者が営業主となっている場合には、信用喪失、取引金融機関に対する期限の利益の喪失等の致命的な打撃にいたることが多いから、担保額は高くなる。

もっとも、債務者が営業不能の状態にあるなど、仮差押えによって新たな損害が生じることが想定されないような場合には、担保額は高額にならない。

(5)⑤被保全権利や保全の必要性の疎明の程度

被保全権利が同じ貸金債権であっても債務承認文書があったり、内容証明郵便による催告がされているのに債務者が何ら異議を述べていなかったりするような場合には、被保全権利の疎明の程度が高く、担保額が低くなる。

これに対して、過払利息の元本充当の抗弁が高度に予想される高利の継続的な貸金債権であるような場合には、担保額も高くなる。

【4】担保提供の方法

担保提供の方法としては、①金銭または有価証券を供託する方法、②規則で定める支払保証委託契約（いわゆるボンド）を締結する方法、③当事者間の特別の契約による方法がある（民保4条1項、民保規2条）。

(1)①金銭または有価証券の供託

(a)供託場所

供託の場所は、原則として、担保を立てることを命じた裁判所または保全執行裁判所の所在地を管轄する地方裁判所の管轄区域内の供託所である（民保4条1項本文）。ただし、遅滞なく上記供託所に供託することが困難な事由があるときは、裁判所の許可を得て、債権者の住所地または事務所の所在地その他裁判所が相当と認める地を管轄する地方裁判所の管轄区域内の供託所に供託する余地がある（14条2項）。これがいわゆる管外供託である。なお、供託については、法務局・地方法務局の本局・支局またはこれらの出張所が、供託所として供託物の保管にあたる（供託1条）。

法で定める供託の場所は、債務者の権利行使の便宜も考慮して規定されているので、それ以外の供託所に供託しても無効であり、この点を見過ごしてされた保全命令は取消しを免れない。

(b)供託物

担保として供託することができるのは、金銭または裁判所が相当と認める有価証券である。

(c)供託手続

担保提供者は、前述した供託所に対し、供託物とともに供託規則13条所定の事項を記載した供託書を提出する（供託2条、供託規13条）。そして、保全命令に立担保を先行させた場合には、担保を立てることを命じた裁判所に、相当と認める一定の期間内に担保を立てることを保全執行の実施の条件として保全命令が発せられた場合には、

執行機関に、**供託書正本**または供託証明書(供託書正本の紛失等があったとき)を示して担保を立てたことの証明をするとともに、その写しを提出する。裁判所側では、正本と写しを照合してから、正本は返還し、写しを保管するという取扱いをしている。

(2)②支払保証委託契約
(a)概要

　支払保証委託契約を締結する方法による担保は、立担保を命じられた者(担保義務者)が、裁判所の許可を得て、銀行、保険会社その他の一定の金融機関等との間において、民事保全規則2条各号の要件をみたす支払保証委託契約を締結する方法によるものである。この契約の内容は、将来債務者に保全執行等による損害が生じ、この損害賠償額が確定判決等により確定した場合には、銀行等は、担保義務者に代わって、裁判所が定めた金額を限度としてこれを支払うことを約束するものである。この契約は、**第三者のためにする契約**(民537条)と解されている。

　現金の供託では、担保義務者は現実に現金を出捐しなければならず、被担保債権の存否が確定するまでの間、現金を供託所でごく低率の利子(供託3条、供託規33条)で凍結することになる。これに対して、支払保証委託契約の締結方法によれば、担保義務者は、すでに銀行等に担保金額以上の預金を有する場合には、銀行等に若干の保証料または保険料を支払うほかは現金等を出捐する必要がない。銀行等に定期預金等がない場合には、銀行等は担保義務者に担保金額と同額の定期預金等をさせることが多いが、この場合においても通常の銀行利子が付くのでその分有利である。そのほか、支払保証委託契約による供託については、金銭を供託所に搬送する危険を回避することができるという利点もある。

(b)担保の提供の手続

　支払保証委託契約による立担保の許可を得るためには、支払保証委託契約による立担保の許可申請書(正副2通)を裁判所へ提出する必要がある。裁判所では、このうち1通を申立書原本とし、これに許可印を押して裁判所に保管するとともに、残りの1通に所要事項を記入して許可決定謄本を作成して申立人に交付している。

　担保提供者は、この謄本を金融機関等に示して支払保証委託契約を締結し、金融機関等から当該契約が締結されていることについての証明書の交付を受ける。この証明書は、有価証券ではないが、金融機関が一定の契約に基づいて一定の金銭支払義務を負う旨をみずから証明する内容の文書であり、保全実務上**ボンド**とよばれることが多い。

　支払保証委託手続が完了したときは、ボンドをもって、裁判所に担保提供の事実を証明することになる。この場合には、ボンドの原本を裁判所に提出している。

契約を締結する銀行等は、銀行、損害保険会社、農林中央金庫、商工組合中央金庫、信金中央金庫、信用金庫、労働金庫である（民保規2条）。民事保全法・規則の施行に伴い、担保権利者が権利行使をする場合の銀行等の取扱いが、支払保証委託契約を締結した店舗以外の店舗であっても、必要書類を受けつけ契約店舗に取り次いだり、郵送された必要書類も受けつけたりするように変更されたので、これを受けて、裁判所においても、全国いずれに存する銀行等の店舗との契約でも許可する運用を行うことができるようになった。

3 担保の変換

【1】担保の変換の制度

担保の変換とは、保全命令に関する手続において提供した担保を、担保提供者の申立てに基づく裁判所の決定または担保提供者と担保権利者との間の契約によって、他の担保に変換することを認める制度をいう。

担保提供者としては、供託した担保を後日取り戻して利用または処分する必要が生ずることがある。他方、担保権利者としても、新旧の担保の価値が同じであれば、担保の変換によって特段の不利益はない。そこで、保全命令に関する手続において担保の提供をした者は、担保を他の担保に変換しようとする場合には、担保変換の申立てをすることによって、当初の立担保命令を発した裁判所の決定で担保を変換することができるものとされ、また、担保権利者との間の契約によっても、担保の変換をすることができるとされている（民保4条2項・民訴80条）。ただし、後者の方法による担保の変換は、実務上はほとんど例がない。

【2】担保変換の手続

実務では、変換すべき担保を提供させ、その証明文書の提出を要件として、担保変換決定をしている。

具体的には、まず、申立人（旧担保の担保提供者）から申立てを受け、裁判所が新しい担保の提供を命じ、申立人がこれに応じて新しい担保を提供し、その旨を裁判所に提出してから、裁判所が担保交換決定をし、これに基づいて旧担保について担保原因の消滅を証明して、申立人が供託物取戻し等の手続をすることになる。

4 担保権利者の権利行使

【1】総説
　債務者は、違法・不当な保全命令の執行等による損害賠償請求権の担保として供託された金銭または有価証券について、他の債権者に先立ち弁済を受ける権利を有する（4条2項・民訴77条）。

【2】供託物に対する権利行使
(1)一般的な権利行使の方法
　供託による担保については、債務者は、供託所(供託官)に対して直接に供託物の還付請求権を有する。

　供託者が、債務者の損害賠償請求権の発生と、その金額および供託物の還付を受けることについて同意している場合には、債務者は、供託物払渡請求権に上記同意を証する書面を添付し、供託所に直接供託物の還付を請求し、その還付を受ける(供託規24条)。

　これに対して、供託者の同意がない場合には、債務者は、債権者に対し、損害賠償請求訴訟を提起するなどし、勝訴の確定判決またはこれと同一の効力を有する和解調書、認諾調書、調停調書、確定した仮執行宣言付支払督促等の書面を得て、これを供託物払渡請求書に添付し、損害賠償請求権の存在を証明して供託物の還付請求の手続をとる。この手続は、強制執行の手続ではなく、担保権の実行手続であるから、確定判決等は、給付条項を含むもの(債務名義)である必要はなく、確認条項にとどまるものであってもよい。

(2)共同担保の場合の権利行使
　複数の債権者が共同して担保を提供した場合には、債務者は、供託物全部のうえに担保権を有するから、一部の債権者に対する請求権のため、供託物の全部について担保権を実行することができる。

　複数の債権者のための共同担保の場合において、供託実務では、被担保債権額の確定を得た債務者は、他の債務者の被担保債権額の確定の有無にかかわらず、均等の割合で担保権の実行をすることができるとされている。ただし、学説の多くは、この供託実務に反対している。

(3)有価証券の還付後の手続
　以上のようにして供託物が還付された場合において、その供託物が現金であれば、

供託物の還付と同時に一括または全部の弁済の効果を生ずるが、供託物が有価証券であれば、還付を受けた有価証券につき改めて民事執行法による換価手続をとり(民執192条・134条)、その換価代金から優先弁済を受けることになる。

(4)支払保証委託契約の場合の権利行使

　支払保証委託契約は、担保提供義務者と銀行等との間の契約において、銀行等が債務者となって、第三者である担保権利者に対し、担保提供義務者が担保権利者に対して負担する損害賠償義務を履行することを約する契約であり、いわゆる第三者のためにする契約(民537条)であると解される。そこで、担保権利者は、受益の意思表示をすることにより銀行等に対して直接に支払請求権を取得する。担保権利者は、民事保全規則2条1号の要件を備えた契約に定めるところにより、損害賠償請求権についての債務名義またはその損害賠償請求権の存在を確認する確定判決もしくはこれと同一の効力を有する和解調書等により損害賠償請求権の存在と額を証明して支払を請求することができる。

第8章……保全の手続

4. 決定

1 裁判の形式

　裁判の形式には、判決、決定、命令があるが、民事保全命令の申立てに対する判断は、常に**決定**の形式で示される。
　前述したように、民事保全法3条は、民事訴訟法87条1項の規定を前提として、「民事保全の手続に関する裁判は、口頭弁論を経ないですることができる」と規定し、民事保全の手続に関する裁判は、すべて口頭弁論を経ないでできる決定の形式でなされることを表現している(**オール決定主義**)。

2 決定書

　民事保全の申立てに対する裁判所の判断は、調書決定がなされる場合を除き、決定書が作成される(民保規9条1項、10条)。
　民事保全法16条は、「保全命令の申立てについての決定には、理由を付さなければならない。ただし、口頭弁論を経ないで決定する場合には、理由の要旨を示せば足りる」と規定している。口頭弁論を経ない事件は特に緊急性の要請が強いことから、必ずしも理由の記載まで求めないこととした。
　その他の決定書の記載事項については、民事保全規則9条2項に規定があり、①事件の表示、②当事者の氏名または名称および代理人の氏名、③保全命令を発する場合には当事者の住所、④担保額および担保提供方法、⑤主文、⑥理由または理由の要旨、⑦決定の年月日、⑧裁判所の表示を記載しなければならないとされている。このように、民事保全規則9条2項において決定書の記載事項が具体的に定められているので、判決書の記載事項に関する民事訴訟法253条1項は準用されないと解されている。

8-6　仮処分決定の例

仮 分 決 定

当事者の表示　　別紙当事者目録記載のとおり

　上記当事者間の平成16年（ヨ）第○○○○号仮処分申立事件について、当裁判所は、債権者の申立てを相当と認め、第1項の建物の処分禁止を命ずる部分については別紙物件目録記載の建物の収去及びその敷地の明渡請求権を保全するため、債権者に債務者甲野太郎のため○○○万円、債務者乙野次郎のため○○○万円の担保を立てさせて、次のとおり決定する。

主　文

1　債務者甲野太郎は、上記建物について、譲渡並びに質権、抵当権及び賃借権の設定その他一切の処分をしてはならない。
2　債務者乙野次郎は、上記建物に対する占有を他人に移転し、又は占有名義を変更してはならない。
　債務者乙野次郎は、上記建物の占有を解いて、これを執行官に引き渡さなければならない。
　執行官は、上記建物を保管しなければならない。
　執行官は、債務者乙野次郎に上記建物の使用を許さなければならない。
　執行官は、債務者乙野次郎が上記建物の占有の移転又は占有名義の変更を禁止されていること及び執行官が上記建物を保管していることを公示しなければならない。

平成○年○月○日
　　○○地方裁判所民事第○部
　　　　　裁　判　官　　　　○　○　○　○　㊞

（別　紙）

物　件　目　録

所　　在　　○○市○○町○丁目○番地
家屋番号　　10番
種　　類　　居宅
構　　造　　木造瓦葺平家建
床 面 積　　82.20 ㎡

＊　当事者目録は省略。

3 調書決定

　保全命令の申立てに対する決定は、口頭弁論または審尋の期日において、「担保額及び担保提供方法」、「主文」、「理由又は理由の要旨」を言い渡し、かつ、これを調書に記載させて、決定書に代えることができる(**調書決定**。民保規10条1項。なお、2項、3項参照)。

4 送達

　保全命令を発する決定は、当事者に確実に了知させることが必要なので、民事保全法17条は、「保全命令は、当事者に送達しなければならない」と規定している。保全命令の執行は、緊急性・密行性の要請から、保全命令が債務者に送達される前にもすることができる(43条3項)。

　これに対して、保全命令の申立てを却下する決定およびこれに対する即時抗告を却下する決定については、債務者に対し口頭弁論または審尋の期日の呼出しがされた場合を除いては、債務者に告知することを要しない(民保規16条1項)。この場合には、債務者は申立ての存在自体を知らず、また、保全事件の密行性を保つためにも、これらの却下決定を債務者に知らせることは相当でないからである。

8-7　保全命令の送達と保全執行との関係

保全命令の送達	保全執行の可否
債 権 者	債権者に保全命令が送達された日から、2週間を経過したときは、保全執行をすることができない(43Ⅱ)
債 務 者	債務者に保全命令が送達される前であっても保全執行をすることができる(43Ⅲ)

5 解放金

【1】仮差押解放金
(1)総説
　民事保全法22条1項は、「仮差押命令においては、仮差押えの執行の停止を得るため、又は既にした仮差押えの執行の取消しを得るために債務者が供託すべき金銭の額

を定めなければならない」と規定している。この解放金を定める場合には、主文中に記載される。

このような**仮差押解放金**は、一定額の金銭を仮差押えの目的物に代わるものとして取り扱うことによって、債権者と債務者との間の利害の均衡を図る制度である。すなわち、一方で、当初の仮差押えの目的物を執行から解放して債務者にその自由な処分を認め、他方で、仮差押解放金に仮差押えの効力を及ぼすことによって、金銭債権の執行の保全という債権者の目的を損なわないようにするのである。

なお、仮差押解放金は、執行の停止・取消しをすることによって債権者の被るべき損害を担保するものではなく、仮差押えの目的物に代わって金銭債権の執行を保全するためのものである。そのため、仮差押解放金は、供託すべきものは金銭にかぎられ、有価証券による仮差押え解放金の供託は許されないと解されている(22条、51条参照)。また、債務者以外の第三者が仮差押解放金を供託することができるか否かについては争いがあるが、実務上は消極に解されている。

(2)仮差押解放金の算定基準

仮差押解放金の算定基準については、学説上、請求債権額を基準とすべきとする見解や目的物の価額を基準とすべきとする見解もあるが、実務上は、目的物価額が請求債権額を下回る場合は目的物価額を基準として、目的物価額が請求債権額を上回る場合は請求債権額を基準とすべきとする見解(折衷説)が採用されているといわれている。

(3)手続

(a)仮差押解放金の供託による仮差押えの執行の取消し

民事保全法51条1項は、「債務者が第22条第1項の規定〔仮差押命令〕により定められた金銭の額に相当する金銭を供託したことを証明したときは、保全執行裁判所は、仮差押えの執行を取り消さなければならない」と規定し、民事保全法22条2項は、「金銭の供託は、仮差押命令を発した裁判所又は保全執行裁判所の所在地を管轄する地方裁判所の管轄区域内の供託所にしなければならない」と規定している。

(b)仮差押解放金に対する権利行使

仮差押債権者は、仮差押債務者が国(供託所)に対して有する供託金取戻請求権のうえに仮差押えの効力を主張することができるが、このような供託金取戻請求権のうえに優先弁済権を有するわけではない。

(c)仮差押解放金の取戻し

仮差押命令の申立てが取り下げられたり、保全異議等の手続において仮差押命令が取り消されたりした場合には、仮差押命令はその効力を失う。この場合には、仮差押債務者は、保全執行裁判所の許可を得て、仮差押解放金として供託された金銭を取り

戻すことができる。

【2】仮処分解放金
(1)総説
　仮処分命令においては、「裁判所は、保全すべき権利が金銭の支払を受けることをもってその行使の目的を達することができるものであるときに限り、債権者の意見を聴いて、仮処分の執行の停止を得るため、又は既にした仮処分の執行の取消しを得るために債務者が供託すべき金銭の額を仮処分命令において定めることができる」(25条1項)。この金銭を**仮処分解放金**という。この解放金を定める場合は、主文中に記載される。

(2)仮処分解放金の算定基準
　仮処分解放金の算定基準としては、仮処分解放金の性質が仮処分の目的物に代わるものであることから、原則的には、被保全権利が行使されたのと同価値の満足を債権者に与えることのできる額ということになり、被保全権利の性質、内容、目的物の価格、その他の事情等を考慮することになる。たとえば、目的物の引渡請求権を被保全権利とする場合には、目的物の価格が基準となることが多いが、目的物の価額が仮処分の被保全権利の背景にある債権額を大幅に上回っているときなどには、債権額を基準とすることも考えられる。

(3)その他
　有価証券による仮処分解放金の供託は、民事保全法25条1項および57条1項が「金銭」としていることから、許されないと解されている。
　また、仮処分解放金は目的物に代わるものであることから、実務上、債務者の所有物に代わる金銭の供託を第三者に認めることはできないとされている。

8-8　仮差押解放金と仮処分解放金の相違点

	範　囲	解放金の定め	債権者の意見聴取
仮差押解放金	すべての仮差押命令	必要的	任意的
仮処分解放金	係争物に関する仮処分	任意的	必要的

第8章 保全の手続

5. 保全執行

1 保全執行の特質

　保全執行については、民事保全法に特別の規定がある場合を除き、民事執行法の規定が準用される（46条）。

　民事保全法は、43条から57条までの規定を設けて、保全執行に関し、前述した緊急性・密行性・暫定性・付随性という民事保全の特質にかんがみ、執行開始のための積極的要件の多くを不要とし、また、執行をなしうる期間を短期間に限定している。

　すなわち、民事保全法43条1項は、「保全執行は、保全命令の正本に基づいて実施する。ただし、保全命令に表示された当事者以外の者に対し、又はその者のためにする保全執行は、執行文の付された保全命令の正本に基づいて実施する」と規定するところ、これは、保全執行が民事執行法22条にいう債務名義にはあたらないが、これに基づいて執行が可能であることを明確にするとともに、保全執行には原則として執行文の付与を必要としないと定めたものである。

　また、民事保全法43条2項は、「保全執行は、債権者に対して保全命令が送達された日から2週間を経過したときは、これをしてはならない」と規定し、同条3項は、「保全執行は、保全命令が債務者に送達される前であっても、これをすることができる」として、密行性等に配慮した規定になっている。

8—9

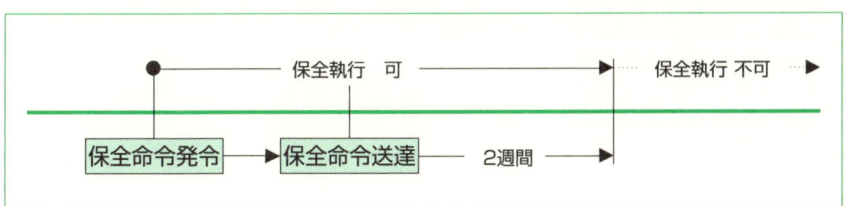

2 執行機関

【1】総説

　民事保全法は、「民事保全の執行(以下「保全執行」という。)は、申立てにより、裁判所又は執行官が行う」(2条2項)と規定し、保全執行の執行機関は、強制執行の場合と同様に、「裁判所又は執行官」であることを定めている。

　保全執行は、仮差押執行と仮処分執行とに分かれるが、一般的にいえば、その執行の態様により、法律的判断の多い部分を裁判所が、事実的要素が多い部分を執行官が担当するものとされ、基本的に強制執行における執行機関と一致する。

【2】執行機関の種類

　いかなる執行機関が保全執行をするのかについては、以下のとおりである。

8—10　執行機関の種類

保全命令を発した裁判所が執行機関となる場合	その他の裁判所が執行機関となる場合	執行官が執行機関となる場合
①仮差押と登記をする方法による不動産仮差押えの執行(47Ⅱ) ②仮差押えの登記または登録をする方法による船舶・航空機・自動車・建設機械の仮差押えの執行(48Ⅱ、民保規34、38、39) ③債権およびその他の財産権に対する仮差押えの執行(50Ⅱ) ④不動産・船舶・航空機・自動車・建設機械・債権およびその他の財産権に対する処分禁止の仮処分の執行(53Ⅲ、54、55Ⅱ・47Ⅱ、52Ⅰ、50Ⅱ) ⑤作為または不作為を命ずる仮処分についての代替執行または間接強制の決定(52・民執171Ⅱ、172Ⅵ) ⑥法人代表者の職務執行停止の仮処分等の執行(56)	①強制管理の方法による不動産仮差押えの執行—不動産の所在地を管轄する地方裁判所(47Ⅴ・民執44Ⅰ) ②船舶国籍証書・航空機登録証明書等の取上げを命ずる方法による仮差押えの執行—船舶・航空機の所在地を管轄する地方裁判所(48Ⅱ、民保規34) ③自動車・建設機械の取上げを命ずる方法による仮差押えの執行—自動車・建設機械の所在地を管轄する地方裁判所(48Ⅱ、民保規38、39)	①動産に対する仮差押えの執行(49) ②占有移転禁止仮処分の執行、不動産の引渡しまたは明渡し仮処分の執行、動産の引渡し仮処分の執行(62、52・民執168、169)

3 保全執行の要件

【1】書面主義
　民事保全の執行は、申立てにより行われ（2条2項）、保全執行の申立ては、書面でしなければならない（民保規1条6号）。
　保全命令を発した裁判所が執行機関となる場合のうち、作為または不作為を命ずる仮処分についての代替執行または間接強制の決定を除くものは、保全命令の申立てと同時にこれが発令されることを停止条件とする保全執行の申立てがされているものと解されるから、保全執行の申立ては不要とされている（民保規31条ただし書）。

【2】執行文付与に関する特則
　強制執行は、原則として執行文の付与された債務名義に基づいて行われるが（民執25条）、保全執行は、保全命令の正本に基づいて行い、原則として執行文が付与されていなくても実施することができる（民保43条1項本文）。これは、保全命令はその告知により執行力を生じ（7条・民訴119条）、緊急性により2週間の執行期間が定められているため（民保43条2項）、執行力の現存を執行文により公証する必要がないからである。そのため、当事者の死亡等で当事者の交替が生じた場合には、以上のような理由が妥当せず、その承継関係を公証する必要があるから、その執行にあたり保全命令の正本に承継執行文の付与が必要である（43条1項ただし書）。

【3】執行期間
　保全命令は、発令時点における両当事者の事情に基づき保全の必要性を認定し、担保の額を決定して発せられる。したがって、発令後あまりに日時が経過して前記事情に変動の可能性が生じた後における執行開始を許すことは、債務者に不当な損害を与えるおそれがある。また、ただちに執行を行わないような債権者は、保護に値しないであろう。そこで、民事保全法43条2項は、「保全執行は、債権者に対して保全命令が送達された日から2週間を経過したときは、これをしてはならない」と規定した。
　執行期間の遵守については、執行機関内にどの程度の執行行為をしなければならないかについて争いがあるが、通説は、2週間の執行期間内に執行の着手があれば足り、執行が完了することまでは要しないと解している。なぜなら、保全執行完了のためには期間が短すぎるし、たとえば債権執行で第三債務者が不在で送達未了の場合のようなときに、その不利益を債権者に負わせることは不当だからである。

【4】送達前の執行

　民事保全法43条3項は、「保全執行は、保全命令が債務者に送達される前であっても、これをすることができる」と規定している。これは、本執行においては、債務名義があらかじめ、または同時に、債務者に送達されたときにかぎり、執行を開始することができる(民執29条)のと異なり、民事保全手続の緊急性、密行性の要請から設けられた特則である。実務上は、執行終了を確認してから債務者に送達するのが原則であるが、執行官による執行の場合には、執行の際現場で債務者に保全命令を交付して送達されることもある。しかし、保全命令の送達をまったく不要としたものではないから(民保17条)、執行後相当の期間を経過しても送達がなされない場合には、債務者が執行異議(46条・民執11条)の申立てにより執行の取消しを求めることができる。

　また、民事保全法43条1項ただし書により執行文付与が必要とされる場合には、民事保全法46条において民事執行法29条の規定が準用されていないので、執行文等の謄本が相手方に送達されなくても保全執行を実施することができる。しかし、相手方は承継等について争う利益があるので、事後的に執行文等の謄本を送達するのが相当であると解されており、実務でも保全命令の送達と同様の取扱いがなされている、つまり執行文の事前または同時送達は不要とされている。

【5】担保の提供

　担保を立てることが保全執行の条件とされている場合には、立担保を証する文書を提出しなければ、保全執行を実施することができない(民保46条・民執30条2項)。

　民事執行法30条2項の立担保の証明については、公文書でなく、担保を立てたことを証する文書によってすれば足りる。これは、支払保証委託契約を締結する方法による担保の場合を考慮したものである。

8—11　保全執行の要件

手続開始	保全執行は、保全命令の正本に基づいて実施する(43 I)
執行文の要否	原　則：不　要(43 I 本文) 例　外：必　要(43 I ただし書)* 　→ 承継執行文(当事者に承継あるとき)
送達の要否	①債権者・債務者双方に送達が必要(17) ②債務者への送達前に保全執行を開始できる(43Ⅲ)
執行機関	保全命令が債権者に送達後2週間以内(43Ⅱ)

＊　執行開始後に、債務者が死亡した場合は不要である(46・民執41 I)。

第9章 仮差押え

1. 仮差押命令

1 総説

【1】意義

　民事保全法20条1項は、「仮差押命令は、金銭の支払を目的とする債権について、強制執行をすることができなくなるおそれがあるとき、又は強制執行をするのに著しい困難を生ずるおそれがあるときに発することができる」と規定し、同条2項は、「仮差押命令は、前項の債権が条件付又は期限付である場合においても、これを発することができる」と規定している。

　このように、仮差押えは、貸金債権のような金銭の支払を目的とする債権（金銭債権）の保全のための制度であって、将来の金銭執行を保全するために、債務者の責任財産をかりに差し押さえて、その財産に対する債務者の処分権を奪うものである。

【2】仮差押えの目的

　金銭債権者は、その債権について債務名義を取得していない場合や、債務の弁済期が到来していない場合には、債務者の財産に対して、ただちに金銭執行の申立てをすることはできない。しかし、金銭執行ができるようになるまでの間に、債務者が財産を処分したり、滅失・損傷したりすると、金銭執行をすることが不可能となったり、金銭執行をするのに著しい困難を生じたりすることになって、不都合である。そこで、このようなおそれがある場合には、金銭債権者は、将来金銭執行の対象にしようと考えている債務者の財産に対して、さしあたり仮差押えをして、財産の現状を維持しておく必要があるのである。このように、仮差押えの目的は、強制執行の履行確保にある。

2 仮差押命令

【1】仮差押えの申立て
⑴総説
　保全命令の申立ての概要は、前述したとおりであるが、ここでは、仮差押命令の場合の特色を概観する。
⑵仮差押えの目的物の特定
⒜総説
　民事保全法21条は、「仮差押命令は、特定の物について発しなければならない。ただし、動産の仮差押命令は、目的物を特定しないで発することができる」と規定しており、仮差押命令は、動産の場合を除いて、特定の物について発しなければならない。
　このような仮差押えの目的物の特定については、債権者が仮差押命令の申立ての段階で特定して(民保規19条1項本文)、仮差押命令の申立書に記載しなければならない(民保規13条1項2号)。
⒝適格性
　民事執行手続における強制執行の対象となることができる財産は、原則として、仮差押えの目的とすることができる。
　以下では、適格性について特に問題となる点を説明することにする。
ⅰ不動産
　不動産の仮差押えの執行は、原則として、「仮差押えの登記をする方法」によるところ(47条1項)、不動産は、建物については1棟(区分所有物は1専有部分)を、土地については1筆を単位として登記されており、この単位の一部について仮差押えの登記をすることは認められていない。したがって、不動産の一部(たとえば、1筆の土地の一部分)のみを仮差押えすることはできない。なお、1筆の土地の共有部分について、仮差押えの登記をすることは妨げられない。
　未登記の不動産(表題登記のない建物など)についても、仮差押えをすることができる。この場合には、債権者は、仮差押命令の申立てに際し、申立書に、当該不動産が債務者の所有に属することを証する書面や不動産の価額を証する書面のほか、不動産の表示に対する登記等に必要な書面を添付しなければならない(民保規20条1号ロ、ハ)。
ⅱ動産
　もとより、動産の仮差押命令の申立ては、特定の動産を対象とすることもできるが、「動産の仮差押命令は、目的物を特定しないで発することができる」(21条ただし書)。

したがって、仮差押目的物としての動産の適格性が問題となるのは、もっぱら仮差押えの執行(49条)の場面においてである。この問題は、民事執行における動産差押えを同様に考えることができる(**第9章6**)。

(iii)債権

仮差押債務者が債権者となっている金銭債権であれば、差押禁止債権等の例外を除き、仮差押えの目的とすることができる。

「民事執行法第143条に規定する債権〔金銭の支払を目的とする債権〕に対する仮差押えの執行は、保全執行裁判所が第三債務者に対し債務者への弁済を禁止する命令を発する方法により行う」(50条1項)。仮差押命令は、債務者および第三債務者に送達され(50条5項・民執145条3項)、第三債務者は、仮差押命令の送達を受けた時から弁済禁止の効力を受ける(民保50条5項・民執145条4項)。その結果、弁済禁止の命令を受けた第三債務者がその対象となった金銭債権を仮差押債務者に対し弁済した場合には、仮差押債権者は、その受けた損害の限度においてさらに弁済すべき旨を、第三債務者に対し請求することができる(民481条1項)。

(c)目的物の特定

(i)総説

動産以外の財産に対する仮差押えにおいて目的物を特定する場合には、実務上、後述する被保全権利を特定する場合と同様に、仮差押命令申立書や仮差押決定書に別紙として、物件目録の仮差押債権目録を付し、これを本文に引用するのが一般的である。

(ii)不動産

不動産の仮差押えの執行は、仮差押えの登記の嘱託による。そのため、仮差押えの目的物に関する物件目録の記載は、原則として登記簿の記載に従う。

仮差押えの目的が共有持分であるときは、その持分を示している。

(iii)債権

仮差押えの目的となる債権の特定に際しては、後述する被保全権利の特定と同様に、債権の発生原因や種類・数額をもって特定するのが原則である。

もっとも、仮差押えの目的となる債権は、被保全権利と異なり、その存在が疎明されていることが仮差押えの要件となっているわけではない。したがって、第三債務者において債権を特定するのに差し支えない範囲であれば、ある程度まで概括的なものであることも許される。

ただし、そのような概括的な場合であっても、金額については具体的に示す必要がある。多くの仮差押債権目録では、冒頭に、「金〇〇〇円」と記載したうえで、その説明として、「ただし、債務者が第三債務者に対して、……により有する〇〇債権にし

て、……の順に頭書金額に満つるまで」などと書き添えられている。

9−1　仮差押債権目録の例

仮　差　押　債　権　目　録

　　金100万円
　　ただし、債務者が第三債務者（○○支店扱い）に対して有する下記預金債権のうち、下記に記載する順序に従い、頭書金額に満つるまで

記

1　差押えや仮差押えのない預金とある預金とがあるときは、次の順序による。
　(1)　先行の差押えや仮差押えのないもの
　(2)　先行の差押えや仮差押えのあるもの
2　円貨建預金と外貨建預金があるときは、次の順序による。
　(1)　円貨建預金
　(2)　外貨建預金
　　ただし、仮差押命令が第三債務者に送達された時点における第三債務者の電信買相場（先物為替予約がある場合には、その予約相場）により換算した金額。
3　同一の通貨で数種の預金があるときは、次の順序による。
　(1)　定期預金
　(2)　定期積金
　(3)　通知預金
　(4)　貯蓄預金
　(5)　納税準備預金
　(6)　普通預金
　(7)　別段預金
　(8)　当座預金
4　同種の預金が数口あるときは、口座番号の若い順序による。
　　なお、口座番号が同一の預金が数口あるときは、預金に付せられた番号の若い順序による。

【2】仮差押えの要件

　申立ての理由については、**被保全権利**と**保全の必要性**を記載しなければならない（民保13条）。以下、この両者について検討していこう。

⑴被保全権利
ⓐ被保全権利の適格性
　仮差押えの被保全権利は、前述したように、金銭債権(金銭の支払を目的とする債権)であることが必要である(20条1項)。もっとも、特定物の引渡請求権や作為・不作為請求権などであっても、履行不能による損害賠償請求権の発生に備えて、損害賠償請求権(金銭債権)を被保全権利とすることは可能である。
　また、民事保全の場合には、民事執行の場合とは異なり、金銭債権であれば、条件付きまたは期限付きであってもよい(20条2項)。たとえば、同時履行の抗弁権や留置権が付着した金銭債権であっても、仮差押えの被保全権利となりうる。また、たとえば保証人の主債務に対する求償権のように、いまだ権利として成立していなくても、将来成立すべき権利であり、その成立の基礎となる法律関係が現存していればよい。しかし、仮差押えは将来の強制執行を保全するためのものであるから、自然債務や不執行特約のある債権は、被保全債権たる適格を有しない。
　なお、家事審判の対象である財産分与や扶養請求権については、家事審判手続における保全処分がある(家審15条の3)。

ⓑ被保全権利の特定
　仮差押えの申立てにおいて、被保全権利は、他の債権と識別できる程度に特定されていなければならない。このように、被保全権利の特定が必要なのは、二重申立てにあたるか否か、あるいは起訴命令が申し立てられた場合や全部勝訴判決を得て担保取消しを求める場合における本案との同一性の有無、民事執行手続において、仮差押債権者として配当加入し、本案判決を得て供託されていた配当金の交付を受ける場合の本案との同一性の有無を判断するためである。
　被保全権利の特定は、その債権の法的性質(貸金、売買代金、請負代金など)やその主要な要素(発生原因、種類、数額)等を記載して行う。たとえば、被保全権利が貸金債権の場合には、貸付年月日、元本金額、弁済期、約定利息・遅延損害金等を、売買代金債権の場合には、契約年月日、売買代金、目的物等を記載し、具体的に特定する必要がある。

　　実務においては、債権者は、仮差押命令の申立てに際し、被保全権利を特定するための「請求債権目録」を作成して、これを仮差押命令の申立書の別紙とし、申立書の本文では、この「請求債権目録」を引用する、という扱いとしています。
　　そして、裁判所は、仮差押命令の申立てを全部認容する場合には、仮差押命令の申立ての別紙と同じ「請求債権目録」を仮差押命令の決定書の別紙とし、決定書の本文ではこの「請求債権目録」を引用する、という扱いをしています。

(c)被保全権利の疎明

　債権者が被保全権利を疎明する方法がさまざまであるが、貸金、売買代金といった典型的な事案においては、通常それぞれ、借用書、売買契約書のような書面によって疎明する。

(2)保全の必要性

(a)総説

　仮差押えにおける保全の必要性は、「強制執行をすることができなくなるおそれがあるとき、又は強制執行をするのに著しい困難を生ずるおそれがあるとき」に認められる（20条1項）。すなわち、執行に事実上の障害を及ぼしたり、そのおそれが生じたりする場合において、保全の必要性が認められる。

　たとえば、債務者の責任財産が毀損、浪費、廉売、隠匿または権利の放棄などによって量的・質的に減少をきたすおそれがあったり、不動産の処分のように、換価されると捕捉しがたい財産になったり、あるいは債務者が逃亡したり転居を重ねることにより責任財産の把握が困難になったりする場合などである。したがって、保全の必要性の記載にあたっては、上記のような事情を示す具体的な事情を記載しなければならない。

(b)連帯保証人等を仮差押債務者とする仮差押えの必要性

　債権者は、連帯保証人のみを相手方として不動産の仮差押えを求める場合には、主債務者が無資力であることを疎明する必要がある。

> 　東京地裁の保全部においては、主債務者の資力の調査方法として、主債務者の住所（会社の場合には本店）の土地・建物について、登記事項証明書の提出を求め、これらの不動産が主債務者の所有でないことを確認するか、かりに、主債務者の所有であれば、さらに固定資産税評価証明書の提出を求め、担保余力がないことを確認しています。

　これに対して、債権者が、主債務者と連帯保証人の両方を相手方として仮差押えを申し立てる場合には、主債務者の財産のみでは債権の満足を受けられないことを疎明するほか、請求債権の額を割り振るなどして両者に対する仮差押えが超過しないようにしている。

(c)保全の必要性の判断基準

　保全の必要性は、目的物との関係において、現時点で目的物が散逸しているおそれがあるか否かという観点から判断される。

　ただし、当該目的物をもって保全することにより債務者が被る可能性のある損害の大きさもあわせて考慮する必要がある。たとえば、目的物が債権の場合には、債務者

は取立てを禁止されることになり、当該金銭債権を回収することを予定していた資金繰りなどに支障をきたすことになるから、一般に債務者の被る打撃が大きく、慎重な判断が必要である。また、たとえば、債務者が不動産と販売用の商品を有する場合には、実務上、債務者に打撃の少ない不動産を仮差押えの対象とすることが多い。動産の仮差押えについても、債務者の資産状況に照らし、たとえば営業用動産(商品等)の仮差押えが想定されるような場合には、同様の配慮が必要となる。

【3】超過仮差押えと追加仮差押え
(1)超過仮差押え
　仮差押えは被保全債権の保全を目的とするものであるから、被保全債権の額を超える目的物について仮差押えをすることは、原則として許されない。たとえば、数量的に可分な財産である債権の仮差押えについては、仮差押債権の額は、仮被保全債権の額の範囲内(すなわち、債務者が第三債務者に対して有する1個の債権の一部のみを仮差押えの目的物とする)であるのが原則である。

　もっとも、不動産のように分割することができない財産の仮差押えについては、目的物の価格が被保全債権の額を超えることがあることは、やむをえない。

(2)追加仮差押え
　同一の被保全債権に基づく数次の仮差押えをすることができるか否かについては争いがある。たとえば、第一次の不動産仮差押えをしたところ、その後に目的物の価格が下落した場合において、この仮差押えを維持したまま、同一の被保全債権に基づいて、第二次の(追加的な)不動産仮差押えをすることができるかという問題である。

　これを認めると、債権者が配当を受ける額が不当に大きくなるのではないかという疑問もあり、議論のあるところであるが、判例は、「特定の目的物について既に仮差押命令を得た債権者は、これと異なる目的物について更に仮差押えをしなければ、金銭債権の完全な弁済を受けるに足りる強制執行をすることができなくなるおそれがあるとき、又はその強制執行をするのに著しい困難を生ずるおそれがあるときには、既に発せられた仮差押命令と同一の被保全債権に基づき、異なる目的物に対し、更に仮差押命令の申立てをすることができる」と判示している(最決平成15年1月31日民集57巻1号74頁〔執保百選106事件〕)。

【4】管轄
　仮差押命令手続の管轄は、仮に差し押さえるべき物の所在地の地方裁判所または本案の管轄裁判所に専属する(12条、6条)。

第9章 仮差押え

2. 仮差押えの執行

　民事保全の執行手続一般については、**第8章**で説明したので、ここでは、仮差押えの執行の有する特質を中心に、執行目的物に分けて説明する。

1 不動産に対する仮差押えの執行

【1】執行方法・執行機関
⑴**総説**
　民事保全法47条1項は、「不動産……に対する仮差押えの執行は、仮差押えの登記をする方法又は強制管理の方法により行う。これらの方法は、併用することができる」と規定している。実務では通常、仮差押えの登記をする方法によって行われる。
⑵**仮差押えの登記をする方法による場合**
　「仮差押えの登記をする方法による仮差押えの執行については、仮差押命令を発した裁判所が、保全執行裁判所として管轄する」（47条2項）。
　執行方法は、仮差押命令を発した裁判所の書記官が、登記所に仮差押登記を嘱託する（47条2項、3項）。登記嘱託書には、登記原因を証する書面として仮差押命令正本を添付する（不登61条）。登記所は、この登記嘱託に従い、登記簿に仮差押えの登記をする。登記が終了したときは、その登記事項証明書および登記済みである旨を記載した仮差押命令正本を執行裁判所に送付する（民保47条5項・民執48条2項）。
⑶**強制管理の方法による場合**
　この場合には、執行機関は、不動産の所在地を管轄する地方裁判所である（民保47条5項・民執44条）。
　執行方法は、民事執行法の定める強制管理と同様であるが（民保47条5項、民保規32条1項）、仮差押え手続であるから、配当はない。「強制管理の方法による仮差押えの執行においては、管理人は、次項において準用する民事執行法第107条第1項の規定により計算した配当等に充てるべき金銭を供託し、その事情を保全執行裁判所に届け

出なければならない」(47条4項)。

【2】執行の競合

同一債務者に対する数人の債権者が、それぞれ債権を被保全権利とする仮差押え命令を得て、同一不動産に対して執行することがある。

登記をする方法による場合には、二重差押えが認められるから(民保47条5項・民執47条1項)、同一不動産について数個の仮差押えの登記が各仮差押債権者のためにされる。

また、強制管理の方法による仮差押えの執行と仮差押えの登記による仮差押執行との競合(民保47条1項)もありうるが、この競合は数人の債権者からする両様の申立てにかぎらず、1人の債権者からする両様の申立てによっても生ずる。

2 船舶・自動車に対する仮差押えの執行

【1】船舶

「船舶に対する仮差押えの執行は、仮差押えの登記をする方法又は執行官に対し船舶の国籍を証する文書その他の船舶の航行のために必要な文書(以下この条において「船舶国籍証書等」という。)を取り上げて保全執行裁判所に提出すべきことを命ずる方法により行う。これらの方法は、併用することができる」(民保48条1項)。

「仮差押えの登記をする方法による仮差押えの執行は仮差押命令を発した裁判所が、船舶国籍証書等の取上げを命ずる方法による仮差押えの執行は船舶の所在地を管轄する地方裁判所が、保全執行裁判所として管轄する」(48条2項)。

仮差押えの登記をする方法による船舶に対する仮差押えの執行の競合については、前述した不動産に対する登記をする方法によるそれとまったく同じである(48条3項・民執47条1項)。

【2】自動車

「自動車に対する仮差押えの執行は、仮差押えの登録をする方法又は執行官に対し自動車を取り上げて保管すべき旨を命ずる方法により行う。これらの方法は、併用することができる」(民保規35条)。

登録の場合には、発令裁判所でもある保全執行裁判所の裁判所書記官が陸運局に対して仮差押登録の嘱託をし、自動車を取り上げて保管すべきことを命ずる方法による

場合には、目的物である自動車の所在地の地方裁判所に執行申立てをしなければならない。

③ 動産に対する仮差押えの執行

「動産に対する仮差押えの執行は、執行官が目的物を占有する方法により行う」(49条1項)。執行の申立ては、目的物である動産の所在地を管轄する地方裁判所に所属する執行官に対して書面で行うが、申立書には、当該動産の所在場所を記載しなければならない。

「動産の仮差押命令は、目的物を特定しないで発することができる」から(21条ただし書)、動産の場合には、執行官は債権者の申立ての範囲内で仮差押えを執行する動産を選択することになる。

仮差押物の保管方法については、本執行の場合と同様である。

④ 債権その他の財産権に対する仮差押えの執行

「民事執行法第143条に規定する債権〔金銭の支払または船舶もしくは動産の引渡しを目的とする債権およびその他の財産権〕に対する仮差押えの執行は、保全執行裁判所が第三債務者に対し債務者への弁済を禁止する命令を発する方法により行う」(50条1項)。この場合には、保全執行裁判所は発令裁判所でもあるので、改めて保全執行の申立てをすることを要しない。

債権仮差押命令の主文では、仮差押えの宣言とともに、第三債務者に対する支払禁止命令を掲げるのが通常である。そのため、債権仮差押えの場合には、仮差押命令の正本を第三債務者に送達する方法で執行が行われる(50条5項・民執145条3項)。

債権仮差押えが功を奏したか否かを知るため、債権者は、仮差押命令が発せられた場合には、通常、第三債務者に対する陳述催告の申立てを行うことなど(民保50条5項・民執147条)、配当手続が予定されていないことをふまえれば、基本的には債権執行の場合と同様である。

第9章……仮差押え

3. 仮差押えの効力

　仮差押えの効力については、従来から議論があった。しかし、民事執行法制定に際して、仮差押え、差押えの区別はなく、手続相対効をとることになった。したがって、仮差押命令の執行により、債務者は、仮差押えの目的物について、売買・贈与等の譲渡行為、質権・抵当権などの担保権設定行為その他いっさいの処分をすることが制限される(処分禁止効)。このような処分の制限は、仮差押命令に違反する債務者の行為を絶対的に無効とするのではなく、本執行の手続が行われるかぎり、その手続との関係で効力を否定するものである(手続相対効)。

1 不動産の仮差押えの効力

【1】債務者に対する効力
(1)処分の制限
　仮差押え執行の手続相対効から、不動産の仮差押えの場合には、その執行後に債務者が第三者に所有権を譲渡したり、抵当権設定登記をしたりしても、仮差押債権者は、それらの登記に関係なく、債務者を相手として不動産強制競売の申立てをすることができる。また、仮差押債権者が本執行をしたときは、債務者に対する一般債権者は、その本執行手続において排除されることなく、配当要求をすることができる。
　これに対して、上記のような債務者の処分行為は、当事者間では有効であるから、仮差押えが申立ての取下げや取消しによって失効したときは、完全な効力を有する。
(2)使用・収益の制限
　前述したように、不動産に対する仮差押えの執行は、仮差押えの登記をする方法または強制管理の方法によって行う(47条1項前段)。
　仮差押えの登記をする方法による場合には、「債務者が通常の用法に従って不動産を使用し、又は収益することを妨げない」(47条5項・民執46条2項)。
　強制管理の方法による場合には、その後の収益、換価、取立て等は管理人が行うこ

9-3　仮差押えの効力　229

とになる（民保47条5項・民執95条1項）。そのため、債務者は、その不動産を利用したり、管理する権能を失い、収益の譲渡・放棄、質権等の権利の設定、収穫や取立てをすることができなったりすることになり、さらに、その不動産の占有も失うことがある（民保47条5項・民執96条1項）。

【2】第三者に対する効力

仮差押え執行の手続相対効から、第三者に対しては以下のような効力が生じる。

すなわち、不動産の仮差押えの登記後に、債務者が、目的不動産を第三者に譲渡したり、抵当権や賃借権を設定したりすることはできるし、登記を要する処分行為について登記をすることもできる。たとえば、仮差押えがなされた不動産について、売買契約を締結したり、それに基づいて所有権移転登記をしたりすることができる。

しかしながら、仮差押え債権者は、このような第三者の権利や登記を無視して、本執行としての不動産強制競売をすることができる。つまり、仮差押えの登記後、債務者から所有権の譲渡を受けて移転登記を了した第三者があったとしても、仮差押債権者は、債務者に対する債務名義に基づいて債務者を相手方とする不動産強制競売の申立てをすることができる。また、仮差押えの登記後に債務者から抵当権設定登記を受けた抵当権者は、仮差押債権者による本執行としての不動産強制競売手続において、配当にあずかることはできない（民執87条2項）。

【3】本執行への移行

(1)移行の要件

仮差押えが本執行に移行するための要件は、①債務名義の存在、②保全執行と本執行の当事者が同一であること、③被保全債権と執行債権の同一性である。

②に関連して、学説の多数説は、保全の執行手続終了後に当事者の承継があり、その承継人を当事者として本案の債務名義が成立した場合において、本執行手続において民事保全の効力を利用するためには、保全命令について承継執行文を受ける必要はないと解している。また、③被保全債権と執行債権の同一性は請求の基礎に同一性があればよいと解されている。

(2)移行手続

本執行に移行するためには、債権者から改めて本執行の申立てがなされることが必要である。すなわち、債権者は、不動産強制競売の申立てまたは不動産強制管理の申立てをしなければならない。

2 動産の仮差押えの効力

【1】債務者に対する効力
(1)処分の制限
　仮差押え執行によって、債務者は、仮差押えの目的物である動産について、売買・贈与等の譲渡行為、質権などの担保権設定行為その他いっさいの処分をすることが制限される(処分禁止効)。

　もっとも、この処分の制限は、本執行の手続が行われるかぎり、その手続との関係で効力が否定されるにとどまる(手続相対効)。

(2)使用・収益の制限
　「動産に対する仮差押えの執行は、執行官が目的物を占有する方法により行う」(49条1項)。そのため、動産に対する仮差押執行により、原則として、債務者の使用・収益が禁止されることになる。

　しかし、執行実務では、執行官に仮差押えの目的物を債務者に保管させ、使用を許可することが多い。したがって、通常、本執行に移行して売却が行われるまでの間は、債務者は、目的物の使用を妨げられない(49条4項・民執123条3項、4項参照)。

　もっとも、執行官は、必要があると認めるときは、債務者に保管させた差押物をみずから保管し、または上記債務者の使用の許可を取り消すことができる(民保49条4項・民執123条5項)。

【2】第三者に対する効力
　動産の仮差押えの執行後に債務者の処分行為がされても、即時取得(民192条)の場合を除き、仮差押債権者による本執行は、債務者の処分行為を無視して続行される。

　また、仮差押えの目的物を第三者が占有することとなったときは、執行裁判所は、仮差押債権者が第三者の占有を知った日から1週間以内にした申立てにより、その第三者に対し、仮差押物を執行官に引き渡すべき旨を命ずることができる(民保49条4項・民執127条1項、2項)。

【3】本執行への移行
　本執行へ移行するためには、改めて債権者からの本執行の申立てが必要である。

　すなわち、動産執行については、仮差押動産は執行官の占有に移されているので、改めて占有取得の手続を踏む必要はないが、仮差押動産の保管の態様に応じて、仮差

押動産の点検、追加差押え、本執行に移行したことを手続上明確にする表示とその旨の通知等をする。そのため、債権者は、新たな動産執行の申立てが必要となる。

3 債権その他の財産権に対する仮差押えの効力

【1】債務者に対する効力

ここでも、債務者は、譲渡、担保設定等いっさいの処分をすることが制限されるが（処分禁止効）、この制限は、相対的なものであって、仮差押えが本執行に移行した場合において、その手続との関係で効力が否定されるにとどまる（手続相対効）。

債務者は、仮差押えが執行されても、対象となった債権について給付訴訟を提起して、即時無条件の債務名義を得ることができる。

【2】第三者に対する効力

第三者は、債務者から債権譲渡を受けても、仮差押債権者に対し対抗できない。また、第三債務者は、仮差押命令を無視して債務者に弁済すると、仮差押債権者が本執行に移行して当該債権の支払を求めてきた場合には、支払をしなければならない。

第三債務者は、債権仮差押えにより弁済が禁止されるが（処分禁止効）、弁済期経過後の履行遅滞の責任を免れることはできない。このような不利益を回避する方法として、第三債務者は仮差押えにかかる金銭債権の全額に相当する金銭を供託することができる（権利供託。50条5項・民執156条1項）。

差押債権者が提起した取立訴訟の訴状が、第三債務者に送達されるときまでに、差押えにかかる金銭債権のうち差し押さえられていない部分を超えて発せられた差押命令または仮差押命令の送達を受けたときは、第三債務者は金銭債権の全額に相当する金銭を、また、配当要求がされたときは差押え金額に相当する金銭をそれぞれ供託しなければならない（義務供託。民保50条5項・民執156条2項）ただし、仮差押命令のみが競合しただけでは供託の義務はない。

第三債務者は、権利供託、義務供託のいずれの場合であっても、供託したときは執行裁判所に事情届を提出しなければならない（民保50条5項・民執156条3項）。

【3】本執行への移行

本執行へ移行するためには、債権者から改めて本執行の申立てがなされなければならない。債権執行には、差押命令（民執145条1項）を得る必要がある。

第10章……仮処分

1. 仮処分総論

1 意義

【1】係争物に関する仮処分の意義

　不動産の登記請求権や明渡請求権等のように、金銭債権以外の権利を有している者が債務名義を有していない場合や、あるいはこれらの請求権の弁済期が到来していない場合には、ただちに強制執行することはできない。

　しかし、**第7章**で述べたように、訴えを提起してから判決（確定判決または仮執行宣言付判決）を得るにいたるまでにはある程度の日時を要するし、強制執行にとりかかるまでに、債務者が目的の土地を建物などに権利を設定したり、これらを第三者に譲渡したりすると、債権者は、将来の強制執行をすることが不可能または困難となる。

　そこで、将来の強制執行を保全するために、仮処分により目的物の現状を維持しておく必要がある。このための制度が、**係争物に関する仮処分**である。

【2】仮の地位を定める仮処分の意義

　たとえば、勤務先の会社を不当に解雇された従業員が、その解雇の無効を理由として会社を相手として訴訟を提起する場合においては、判決が確定するまで多大な期間を要することが多く、その間、解雇されたままの状態であるとすれば、従業員は裁判を遂行することが困難となるし、生活にも支障をきたすことになる。

　そこで、このような場合において、本案訴訟で決着が付くまでに、仮処分において一定の金額を会社に支払わせる必要がある。このための制度が、**仮の地位を定める仮処分**である。

2 仮処分の種類

前述のように、仮処分には、係争物に関する仮処分と仮の地位を定める仮処分の2つがある。両者は手続的には基本的に共通しているが、その意義は大きく異なる。

【1】係争物に関する仮処分

係争物に関する仮処分は、不動産の登記請求権や明渡請求権等のように、**特定物に関する給付請求権**の保全のための制度である(23条1項)。すなわち、係争物に関する仮処分は、物に関する給付請求権の強制執行を保全するため、目的物の現状を維持する処分である。

たとえば、①土地所有者が不法占有者に対して、土地明渡請求訴訟を提起するとともに、建物工事禁止の仮処分を求める場合(処分禁止の仮処分)、②建物所有者が元建物賃借人に対して、建物明渡請求訴訟を提起するとともに、建物占有禁止の仮処分を求める場合(占有移転禁止の仮処分)、③土地所有者が土地の買主に対して詐欺を理由として売買契約を取り消し、買主に対して土地の引渡しおよび土地所有権移転登記の抹消を求めて訴訟を提起するとともに、土地の処分禁止および占有移転禁止の仮処分を求める場合などである。これらは、将来の強制執行の保全を目的とする点では、仮差押えと共通である。

【2】仮の地位を定める仮処分(仮地位仮処分)

仮の地位を定める仮処分(仮地位仮処分) は、権利関係の確定の遅延による現在の著しい損害または急迫の危険を避けるための制度である(23条2項)。すなわち、争いのある権利関係について暫定的な処分を行うことによって、債権の現在の危険を除去し、将来における終局的な権利の実現が不可能になることを防止するものである。

たとえば、①取締役選任決議無効確認訴訟あるいは取締役選任決議取消訴訟などを提起するとともに、債務者に対して取締役の職務執行停止を命じ、株式会社に対して債務者に職務執行させることを禁止する仮の地位を定める仮処分を求める場合、②解雇無効を主張する従業員が会社に対して解雇無効確認の訴えを提起するとともに、雇用契約上の権利を有する地位にあることを仮に定め、また、毎月の給料を仮に支払うべきことを命ずる仮の地位を定める仮処分を求める場合などである。

これらは、将来の強制執行の保全自体を目的とするわけではない点で、仮差押えだけでなく、係争物に関する仮処分とも異なる。

3 仮処分命令手続と仮処分執行手続

　仮処分の手続は、仮処分命令の申立ての当否を審理し、仮処分命令を発すべきか否かを判断する裁判手続(**仮処分命令手続**)と、発せられた仮処分命令に基づきその内容を実現する執行手続(**仮処分執行手続**)とに分けられる。

第10章 仮処分

2. 仮処分命令手続

1 仮処分命令の必要性

　仮処分命令の必要性については、係争物に関する仮処分と仮の地位を定める仮処分とでは差異があるので、以下では、両者を分けて検討することにする。

【1】係争物に関する仮処分の必要性
(1)総説
　民事保全法23条1項は、「係争物に関する仮処分命令は、その現状の変更により、債権者が権利を実行することができなくなるおそれがあるとき、又は権利を実行するのに著しい困難を生ずるおそれがあるときに発することができる」と規定している。
(2)被保全権利
　係争物に関する仮処分により保全される権利(被保全権利)は、金銭以外の物(係争物)の給付を目的とする請求権である。
　係争物は、動産や不動産のような有体物のみならず、権利も含まれる。すなわち、物以外の権利、たとえば債権、工業所有権、著作権などあっても、その移転その他の処分を目的とする請求権は、物の給付を目的とする請求権に類するから、係争物に含まれるのである。物の給付を目的とする請求権であれば、特定物たると不特定物たると問わず、また、物権的請求権たると債権的請求権たるとを問わない。また、その内容も動産の引渡し、不動産の明渡しまたは引渡し、物の提示や閲覧、建物の収去、登記等の作為請求権たると、物の所有または利用に関する不作為請求権(たとえば、土地に建築をせず、建物に工作をせず、物を譲渡・処分しないことを請求する権利)たるとを問わない。なお、物に関しない作為請求権(出演請求権など)、不作為請求権(競業避止請求権など)については、係争物に関する処分ではなく、仮の地位を定める仮処分であるので、注意を要する。
　上記のような被保全権利が、条件付きまたは期限付きであってもよいことは、仮差

押えの場合と同じである(23条3項、20条2項)。
(3)保全の必要性
　係争物に関する仮処分の必要性は、係争物の「現状の変更により、債権者が権利を実行することができなくなるおそれがあるとき、又は権利を実行するのに著しい困難を生ずるおそれがあるとき」に認められる(23条1項)。

　たとえば、債権者その他の者による係争物の毀損、隠匿、占有移転、譲渡または担保権の設定などの現状変更の危険があって、将来の権利の実行が不能または著しく困難になる場合に認められる。

　ここにいう「現状の変更」とは、係争物に関する物理的な変更(客観的変更)および権利主体の変更(主観的変更)のいずれの場合をも含む。債務者の作為によると不作為によるとを問わないし、また、第三者による場合であってもよい。

　なお、仮差押えの必要性が「強制執行」の不能または困難となるおそれのあるとき(20条1項)とされているのに対し、係争物に関する仮処分では、「権利」の実行の不能または困難になるおそれがあるとき(23条1項)とされているのは、登記請求権のように、狭義の強制執行を予定しない権利についての処分禁止の仮処分も認められるからである。

【2】　仮の地位を定める仮処分の必要性
(1)総説
　「仮の地位を定める仮処分命令は、争いがある権利関係について債権者に生ずる著しい損害又は急迫の危険を避けるためこれを必要とするときに発することができる」(23条2項)。
(2)被保全権利
　仮の地位を定める仮処分の被保全権利については、格別の制限はなく、「争いがある権利関係」(23条2項)であれば足りる。したがって、仮差押えまたは係争物に関する仮処分によって保全される権利または法律関係は、仮の地位を定める仮処分の被保全権利または法律関係ともなりうる。

　ここにいう「権利関係」は、金銭債権または物に関する権利のように財産法(債権的関係、物権的関係)上のものだけでなく、身分法上のものであってもよい。また、この「権利関係」は、条文上は条件付きまたは期限付きのものであってもよいとされている(23条3項・20条2項)。しかし、仮の地位を定める仮処分の目的からは、権利関係が解除条件付きであることは差し支えないが、期限付きあるいは停止条件付きである場合には、原則として急迫の危険がないことが多いといわれている。

また、「争いがある」とは、債務者が債権者の権利を認めない場合はもちろん、認めながら履行しない場合も含むのであって、その権利関係が裁判によって確定されていない状態であれば足りる。

(3)保全の必要性

仮の地位を定める仮処分における保全の必要性は、「債権者に生ずる著しい損害又は急迫の危険を避けるためこれを必要とするとき」(23条2項)である。

この仮処分にあっては、暫定的な地位を形成する必要性が明らかに存する場合でなければならず、債務者の被る不利益に比べて、この仮処分によって防止しようとする債権者の損害が著しく大きいものであることを要する。したがって、仮の地位を定める仮処分命令申立てでは、保全の必要性の記載は特に厳格にしなければならない。

ここにいう「著しい損害」には、直接または間接の財産的損害のみならず、名誉・信用その他精神上のものも含まれる。

2 仮処分命令

【1】総説

仮処分命令においては、裁判所は、その主文において、裁判所が命ずる仮処分の方法を定めなければならない(24条)。

仮処分の方法としては、「裁判所は、仮処分命令の申立ての目的を達するため、債務者に対し一定の行為を命じ、若しくは禁止し、若しくは給付を命じ、又は保管人に目的物を保管させる処分その他の必要な処分をすることができる」(24条)。すなわち、仮処分の具体的な内容は、裁判官が裁量によって定める。

もっとも、裁量によるといっても、仮処分命令の申立ての目的を達するに適した処分であるべきである。そのため、①被保全権利の範囲内であること、②保全の費用の範囲内であること、③債権者が仮処分の方法についてした申立ての範囲内であること(処分権主義。民訴246条参照)が必要である。

【2】具体例

以下では、係争物に関する仮処分と仮の地位を定める仮処分の典型例についてみていくことにする(なお、それぞれの執行の方法と効力については、**本章3**で説明する)。

(1)係争物に関する仮処分の例

係争物に関する仮処分の代表的なものとしては、占有移転禁止の仮処分と処分禁止

の仮処分とがある。これらの仮処分については、当事者恒定の機能を有するとされるので、それぞれの例を検討する前に、**当事者恒定効**について触れておく。

(a) 係争物に関する仮処分と当事者恒定効

物の引渡・明渡請求訴訟の係属中に、その物の占有が被告(債務者)から第三者に移転した場合には、民事訴訟法においては、訴訟承継主義が採られ、当事者恒定主義は採用されていないため、その第三者を訴訟に引き込み、その者に対して引渡し・明渡しを命ずる判決を取得する必要があり、そして、そのような第三者を係属中の訴訟に引き込む方法はある(訴訟引受け。民訴50条)。しかし、こうした方法は、原告(債権者)にとって煩瑣であり、利益保護として十分なものではない。

そこで、わが国では、給付訴訟の原告が、当事者恒定効を生じさせる目的で、占有移転禁止の仮処分や処分禁止の仮処分などの係争物に関する仮処分を利用することが多いのである。

(b) 係争物に関する仮処分の例

(i) 占有移転禁止の仮処分

占有移転禁止の仮処分は、物の引渡しまたは明渡しの強制執行をする際に、執行債務者が交替していて、執行不能となることを防止することを目的とする仮処分である(民保62条)。

この占有移転禁止の仮処分は、不動産の明渡請求権または動産の引渡請求権を被保全権利とするものであり、本案訴訟としては、不動産の明渡請求訴訟または動産の引渡請求訴訟が予定されている。

占有移転禁止の仮処分は、債務者に対し、その物の占有の移転を禁止し(**占有移転禁止命令**)、その占有を解いて執行官に引き渡すことを命ずる(**引渡命令**)とともに、その物を保管させ(**保管命令**)、かつ、債務者がその物の占有の移転を禁止されている旨および執行官がその物を保管している旨を執行官に公示させる(**公示命令**)ことを内容とし、また、目的物の使用・収益を債務者に許容することを併せて命ずることが多い(**債務者使用許可型執行官保管**)。その他、債権者に使用を許す執行官保管(**債権者使用許可型執行官保管**)、債務者にも債権者にも使用を許さない執行官保管(**執行官直接占有型執行官保管**)がある)。

前記のうち、債務者の占有を解く執行は、強制執行の例により(52条1項)、執行官が民事執行法168条1項に準じて、債務者の目的物に対する占有を解き、執行官としてこれを保管することになる。

(ii) 債務者を特定しないで発する不動産の占有移転禁止の仮処分

仮処分命令は、債務者を特定して発するのが原則である。しかし、占有移転禁止の

10-1 仮処分決定の例

　　　　　　　　　仮　処　分　決　定

　　　　当事者の表示　　　別紙当事者目録記載の通り

　上記当事者間の平成○○年（ヨ）第○○○号仮処分命令申立て事件について、当裁判所は、債権者の申立てを相当と認め、債権者に○○の担保を立てさせて、次の通り決定する。

　　　　　　　　　　　主　文
　債務者は、別紙物件目録○○記載の物件に対する占有を他人に移転し、又は占有名義を変更してはならない。
　債務者は、上記物件の占有を解いて、これを執行官に引き渡さなければならない。
　執行官は、上記物件を保管しなければならない。
　執行官は、債務者に上記物件の使用を許さなければならない。
　執行官は、債務者が上記物件の占有の移転又は占有名義の変更を禁止されていること及び執行官が上記物件を保管していることを公示しなければならない。

平成○○年○月○日
　東京地方裁判所民事第9部
　　　裁　判　官　　　　○　○　○　○

＊　当事者目録は省略した。

　仮処分についてこの原則を貫くと、係争物の占有者が不明であるときは保全命令をだすことができず、しかも、占有者の調査に長期間を要するときは、適時に保全処分ができないことになり、ひいては執行妨害に手段を与えるおそれもある。そこで、平成15年の改正により、「**係争物が不動産であるものについては、その執行前に債務者を特定することを困難とする特別の事情があるとき**」は、債務者を特定しないで、所定の占有移転禁止の仮処分命令を発することができるものとされた（民保25条の2第1項）。

　もっとも、この「占有移転禁止の仮処分命令の執行は、係争物である不動産の占有を解く際にその占有者を特定することができない場合は、することができない」が（54条の2）、この仮処分の執行により不動産の占有を解く時点で占有者を特定できたときは、その者が債務者となる（25条の2第2項）。この処分も不動産明渡請求権を被保全権利とするものであり、本案訴訟としては、不動産の明渡請求訴訟が予定されてい

10-2　仮処分決定の例

　　　　　　　　　　仮　処　分　決　定

　　　　当事者の表示　　　別紙当事者目録記載の通り

　上記当事者間の平成〇〇年(ヨ)第〇〇〇号仮処分命令申立事件について、当裁判所は、債権者の申立てを相当と認め、債権者に〇〇の担保を立てさせて、次の通り決定する。

　　　　　　　　　　　　主　　文

　債務者は、別紙物件目録〇〇記載の不動産について、譲渡並びに質権、抵当権及び賃借権の設定その他一切の処分をしてはならない。

平成〇〇年〇月〇日
　　東京地方裁判所民事第9部
　　　　裁　判　官　　　　〇　〇　〇　〇

＊　当事者目録は省略した。

る。

(iii) 不動産に関する登記請求権を保全するための処分禁止の仮処分

　不動産に関する登記請求権を保全するための処分禁止の仮処分は、不動産の登記請求権(所有権移転登記請求権、所有権移転登記抹消請求権など)を被保全権利とするものであり(53条、58条)、本案訴訟としては、不動産の登記手続請求訴訟(所有権移転登記手続請求訴訟、所有権移転登記抹消登記手続請求訴訟など)が予定されている。

　この仮処分命令は、債務者に対する不動産の譲渡ならびに質権、抵当権および賃借権の設定その他いっさいの処分禁止の命令からなる。

　また、このような処分禁止の仮処分は、不動産に関する物権を取得したにもかかわらず、売主や物権設定者が対抗要件としての登記の申請に協力しない場合において、登記請求権を保全するためにも利用される。

(iv) 建物収去土地明渡請求権を保全するための建物処分禁止の仮処分

　建物収去土地明渡請求権を保全するための建物処分禁止の仮処分は、建物収去土地明渡請求権を被保全権利とするものであり、本案訴訟としては、建物収去土地明渡請求訴訟が予定されている。

　すなわち、土地所有者が建物を所有して土地を占有する者(不法占有者、建物諸州者)

に対してその土地の明渡しを請求する場合には、当該建物所有者に対し、建物収去土地明渡請求訴訟を提起することになる。しかし、訴訟提起後に建物が譲渡されると、土地所有者は、改めて建物の新所有者に対して訴えを提起しなければ、土地明渡しという訴訟の目的を達成することができなくなる。そこで、民事保全法は、係争物に関する仮処分(23条1項)の一類型として、建物収去土地明渡請求訴訟を保全するために建物の処分禁止の仮処分を認めた(55条)。

(2) 仮の地位を定める仮処分の例

ⓐ 法人役員の職務執行停止・代表者選任の仮処分

法人役員の職務執行停止・代表者選任の仮処分は、法人を代表する者その他法人の役員として登記された者(取締役など)に対して職務執行停止を命じ、株式会社等の法人に対して役員(取締役など)に職務執行をさせることを禁止するとともに、職務代行者に職務を代行させ、特定の者を職務代行者に選任することを内容とする(56条)。

被保全権利・権利関係としては、株主権あるいは形成権である取締役選任決議取消権などが考えられ、本案訴訟としては、取締役選任決議無効確認訴訟(会社830条)、取締役選任決議取消訴訟(会社831条)、取締役解任訴訟(会社854条)などが予定されている。

ⓑ 従業員の地位保全の仮処分

従業員の地位保全の仮処分は、債権者が、債務者に対して、雇用契約上の地位を有する地位にあることをかりに定めることを宣言し、また、債務者は債権者に対して毎月一定の金額をかりに支払うべきことを命ずるものである。

被保全権利・権利関係としては、従業員としての地位および賃金請求権であり、本案訴訟としては、解雇無効確認訴訟などが予定されている。

ⓒ 担保権実行禁止の仮処分

担保不動産競売の基礎である抵当権等が不存在であったり消滅したりするときは、抵当権設定者は、執行異議の申立て(民執182条)をし、競売手続の停止の仮処分を求めることができる(民執11条2項・10条6項)。しかし、異議が認められなかった場合には、執行抗告が認められていない。

そこで、抵当権者は、抵当権不存在確認の訴えを本案訴訟として、抵当権実行禁止の仮処分を求めることもできる(民執183条1項5号)。

第10章 仮処分

3. 仮処分執行手続

　仮処分の執行に関する手続は、原則として、仮差押えの執行または強制執行の例による(52条1項)。そのため、ここでは代表的な仮処分の執行の方法とその効力についてのみ説明することにする。

1 係争物に関する仮処分の執行方法とその効力

【1】占有移転禁止の仮処分
⑴仮処分執行の方法
　執行官は、占有移転禁止の仮処分命令の執行をすることは、はく離しにくい方法により公示書を掲示する方法その他相当の方法により、執行官に、係争物の保管をさせ、かつ、債務者が係争物の占有の移転を禁止されている旨および執行官が係争物を保管している旨の公示をしなければならない(25条の2第1項2号、民保規44条1項前段)。この場合においては、民事執行規則第27条の3第2項の規定が準用され(民保規44条1項後段)、執行官は、公示書その他の標識に、標識の損壊に対する法律上の制裁その他の執行官が必要と認める事項を記載することができる(民執規27条の3第2項)。
　「執行官は、占有移転禁止の仮処分命令の執行により引渡しを受けた係争物を債務者に保管させるとき〔債務者使用許可型執行官保管〕は、債務者に対し、当該係争物の処分及び前項の公示書の損壊に対する法律上の制裁その他の執行官が必要と認める事項を告げなければならない」(民保規44条2項)。

⑵点検
　占有移転禁止の仮処分の執行後においても、執行官は、債権者の申出があるときその他必要があると認めるときは、債務者に仮処分違反の事実がないかどうかを現地に赴いて、点検することができる(民保52条1項、民執規108条)。執行官は、点検により仮処分違反の事実を発見した場合には、債務者に対しその旨を通知し、必要があれば債権者は、新たな仮処分などを求めることになる。

10−3　公示書の例

平成20年（執ハ）第○○○○号

公　示　書

（事件番号）　平成○年（ヨ）第○○○○号
（債 権 者）　株式会社　乙山商事
（債 務 者）　甲野　太郎

　標記の事件について、○○地方裁判所がした仮処分決定に基づき、次のとおり公示する。

1　債務者は、下記仮処分物件の占有を他人に移転し、又は占有名義を変更することを禁止されている。
2　執行官が平成○年○月○日下記仮処分物件の債務者の占有を解いて、これを保管中である。
　　ただし、債務者に限り、使用を許した。

　（注意）　下記仮処分物件の処分、公示書の損壊等をした場合、刑罰に処せられる。

　　　　平成○年○月○日
　　　　　　○○地方裁判所執行官　　○　○　○　○　㊞

記

（仮処分物件の表示）
　下記物件目録記載のとおり

＊　物件目録は省略した。

(3) 仮処分執行の効力

　「占有移転禁止の仮処分命令の執行がされたときは、債権者は、本案の債務名義に基づき、次に掲げる者に対し、係争物の引渡し又は明渡しの強制執行をすることがで

きる」(民保62条1項)。すなわち、占有移転禁止の仮処分命令の執行により、**当事者恒定効**が生じる。ただ、次に掲げる占有者に対して、承継執行文の付与(民執27条2項)を受ける必要はある。

①「当該占有移転禁止の仮処分命令の執行がされたことを知って当該係争物を占有した者」(民保62条1項1号)
②「当該占有移転禁止の仮処分命令の執行後にその執行がされたことを知らないで当該係争物について債務者の占有を承継した者」(62条1項2号)

【2】債務者を特定しないで発する不動産の占有移転禁止の仮処分

「第25条の2第1項の規定による占有移転禁止の仮処分命令の執行〔債務者を特定しないで発された占有移転禁止の仮処分命令の執行〕は、係争物である不動産の占有を解く際にその占有者を特定することができない場合は、することができない」(54条の2)。

これに対して、不動産の占有を解く際にその占有者を特定することができた場合には、「当該執行によって係争物である不動産の占有を解かれた者が、債務者となる」(25条の2第2項)。この場合には、執行官は、すみやかに債務者となった者の氏名または名称その他の当該者を特定するに足りる事項を、これを発した裁判所に届け出なければならない(民保規44条の2)。なお、その後の手続については、【1】の占有移転禁止の仮処分の執行と同じである。

【3】不動産に関する登記請求権を保全するための処分禁止の仮処分

(1)不動産に関する所有権移転登記請求権や所有権移転登記抹消登記請求権などを保全するための処分禁止の仮処分とその執行(民保53条1項)

(a)仮処分執行の方法

「不動産に関する権利についての登記(仮登記を除く。)を請求する権利(以下「登記請求権」という。)を保全するための処分禁止の仮処分の執行は、**処分禁止の登記**をする方法により行う」(53条1項。**保全仮登記非併用型**)。

(b)仮処分執行の効力

「第53条第1項の処分禁止の登記の後にされた登記に係る権利の取得又は処分の制限は、同項の仮処分の債権者が保全すべき登記請求権〔所有権移転登記請求権、所有権移転登記抹消登記請求権など〕に係る登記をする場合には、その登記に係る権利の取得又は消滅と抵触する限度において、その債権者に対抗することができない」(58条1項)。すなわち、処分禁止の登記の後になされた不動産についての債務者の処分(第三者への所有権移転およびその登記、第三者への地上権設定およびその登記など)は、仮処分の債権

者との関係では相対的に無効である。この場合においては、仮処分の債権者は、処分禁止の登記に後れる登記を抹消することができる(58条2項)。

このように、この仮処分執行には当事者恒定効が認められる。

(2)**不動産に関する所有権以外の権利の保存、設定または変更についての登記請求権を保全するための処分禁止の仮処分とその執行(53条2項)**

(a)仮処分執行の方法

「不動産に関する所有権以外の権利の保存、設定又は変更についての登記請求権を保全するための処分禁止の仮処分の執行は、前項の処分禁止の登記とともに、仮処分による仮登記(以下「保全仮登記」という。)をする方法により行う」(53条2項)。保全仮登記併用型)。

(b)仮処分執行の効力

「処分禁止の登記の後にされた登記に係る権利の取得又は処分〔第三者への所有権移転、地上権設定、抵当権設定など〕の制限は、……仮処分の債権者が保全すべき登記請求権に係る登記をする場合には、その登記に係る権利〔地上権、抵当権、質権、賃借権など〕の取得又は消滅と抵触する限度において、その債権者に対抗することができない」(58条1項)。

したがって、たとえば地上権設定登記手続請求訴訟において確定の勝訴判決を取得した地上権者は、仮処分により保全すべき地上権は不動産の使用または収益をなす権利であるから、処分禁止の登記に後れる使用または収益をなす権利である第三者の地上権設定登記(そのほか、賃借権設定登記や使用・収益をしない旨の定めのない質権設定登記など)を抹消することができるとともに(58条4項、不登113条)、保全仮登記に基づく地上権本登記をすることができる(民保58条3項)。保全仮登記には、本登記の順位保全の効力がある(不登112条)。また、「仮処分の債権者が……〔第三者の〕登記を抹消するには、あらかじめ、その登記の権利者に対し、その旨を通知しなければならない」(民保59条1項)。

【4】建物収去土地明渡請求権を保全するための建物処分禁止の仮処分

(1)仮処分執行の方法

「建物の収去及びその敷地の明渡しの請求権を保全するため、その建物の処分禁止の仮処分命令が発せられたときは、その仮処分の執行は、処分禁止の登記をする方法により行う」(55条1項)。

(2)仮処分執行の効力

建物収去土地明渡請求権を保全するための建物処分禁止の仮処分に基づき処分禁止

の登記がなされた場合には、この仮処分登記後に建物を譲り受けた者がいるときは、債権者は、本案の債務名義に基づき、民事執行法27条2項により承継執行文の付与を受けて、建物譲受人に対し、建物収去およびその敷地の明渡しの強制執行をすることができる(民保64条)。

2 仮の地位を定める仮処分の執行方法とその効力

【1】法人役員の職務執行停止・代表者選任の仮処分
(1)仮処分執行の方法

「法人を代表する者その他法人の役員として登記された者について、その職務の執行を停止し、若しくはその職務を代行する者を選任する仮処分命令又はその仮処分命令を変更し、若しくは取り消す決定がされた場合には、裁判所書記官は、法人の本店又は主たる事務所の所在地(外国法人にあっては、各事務所の所在地)を管轄する登記所にその登記を嘱託しなければならない。ただし、これらの事項が登記すべきものでないときは、この限りでない」(56条)。

(2)仮処分執行の効力

法人役員の職務執行停止・代表者選任の仮処分による形成的効果は実体法的なものであって、第三者に対する関係でも生じる。ただし、登記が対抗要件になっているので(一般法人299条、商9条、会社908条参照)、登記の嘱託は執行方法でもあり、対抗要件を具備させるものでもある。

【2】従業員の地位保全の仮処分

従業員の地位保全の仮処分において、債権者が債務者に対して雇用契約上の権利を有するものであることを仮に定めることを宣言する部分は、任意の履行を求める仮処分であり、執行は問題とならない。

債務者が債権者に対して毎月一定の金額を仮に支払うべきことなどを命じた部分(金員の支払い等の仮処分)は、**満足的仮処分**(**断行の仮処分**)であり、任意に支払われないときは、金銭執行の方法により支払を受けることができる(民保52条1項、2項参照)。

なお、執行文の付与は原則として不要である(43条1項)。

> 満足的仮処分とは、被保全権利につき仮の満足を受けさせる仮処分、すなわち被保全権利が満足されたのと事実上または法律上同一の状態を実現することを目的とする仮処分をいいます。

> 断行の仮処分もほぼ同じ意味で使われています。本文で示した金員の仮払い等の仮処分などは、本案訴訟における請求権の全部または一部の満足を債権者に与えてしまうものなので、満足的仮処分とよばれるのです。

【3】担保権実行禁止の仮処分

　仮処分命令が発令されたのみでは、競売手続は停止しない。競売手続を停止させるためには、執行裁判所に対して仮処分決定を提出しなければならない（民執183条1項7号）。

第11章 民事保全における不服申立て

1. 不服申立制度

1 総説

本章では、民事保全における不服申立てについて説明していくことにする。

保全命令の申立てを却下する裁判に対する不服申立てとしては、**即時抗告**があげられる。これに対して、保全命令に対する不服申立ての方法としては、**保全異議**または**保全取消し**の制度があげられる。また、保全異議または保全取消しの申立てについての裁判に対する不服申立てとしては、**保全抗告**があげられる。

以下では、これらについて、順に検討していく。

11-1 不服申立ての種類

	申立権者	再抗告	申立期間
即時抗告 (19)	債権者	不可	告知日から2週間以内
保全異議 (26)	債務者	保全抗告	制限なし
保全取消し (37〜39)	債務者	保全抗告	制限なし
保全抗告 (41)	債権者・債務者	不可	送達日から2週間以内

2 即時抗告

「保全命令の申立てを却下する裁判に対しては、債権者は、告知を受けた日から2週間の不変期間内に、**即時抗告**をすることができる」(民保19条1項。なお、民訴332条対照)。

ここにいう「却下」には、保全命令の申立てが形式的に不適法な場合だけでなく、申立てに実質的な理由がない場合も含む。

即時抗告は、申立書を原裁判所に提出することによって行う(民保7条・民訴331条・286条1項)。この即時抗告は、その告知を受けた日から2週間の不変期間内に申し立

てることになるが(民保19条1項)、その申立ては書面で行う必要がある(書面主義。民保規1条2項)。

即時抗告の対象となる「裁判」には、決定と命令とが含まれる。したがって、民事保全法7条によって準用される民事訴訟法137条に基づき申立書が命令で却下された場合にも、即時抗告をすることができる。

抗告審における手続については、特別の定めがないかぎり、民事保全法7条により民事訴訟法331条、297条が準用される。したがって、抗告審による審理は、民事保全法第1章ならびに第2章第1節・第2節の規定および民事訴訟法の定める抗告審に関する規定による。抗告審は、即時抗告に理由があると判断した場合には、原決定を取り消して保全命令を発し、あるいは原裁判所に差し戻す決定をする。

即時抗告についての決定には、必ず「理由」を明示しなければならない(民保19条3項、16条本文)。「即時抗告を却下する裁判に対しては、更に抗告〔再抗告〕をすることができない」が(19条2項)、抗告裁判所が原裁判を取り消して保全命令を発した場合には、債務者は同じ審級で保全異議の申立て(26条)または保全取消しの申立て(37条から39条まで)をすることができる。

3 保全命令に対する不服申立て(保全異議・保全取消し)

【1】保全異議

⑴保全異議の申立て

「保全命令に対しては、債務者は、その命令を発した裁判所に保全異議を申し立てることができる」(26条)。すなわち、**保全異議**は、保全命令(仮差押命令・仮処分命令)に対する不服申立方法として、その命令を発した裁判所が再審理する手続である。

保全異議は、保全命令の審理が特に迅速性を要求し、その審理も十分に行われる保障がないので、同一審級の裁判所において保全命令の発令直前の状態に戻し、被保全権利および保全の必要性の有無を審理し直すことにより、債務者に攻撃防御の機会を与えるものである。したがって、保全異議の申立ては、同一裁判所に対する再審査の要求たる性質を有し、この意味においては続審となる。すなわち、保全異議の申立ては、同一審級における再審理の申立てであり、上訴ではない点に注意してほしい。

なお、保全異議の申立ての取下げには、債権者の同意は不要である(35条)。

(2) 申立者の記載事項

保全異議の申立ては書面でしなければならず(民保規1条3号)、申立書には保全命令事件の表示、債務者の氏名または名称および住所ならびに代理人の氏名および住所、債権者の氏名または名称および住所のほか、申立ての趣旨および申立ての理由を記載しなければならない(民保規24条1項)。

(a) 申立ての趣旨

申立ての趣旨は、保全命令の取消し、変更または保全命令の申立ての却下をする旨の決定を求めることになるが、保全命令の一部の取消しまたは変更を求める場合には、その範囲を明らかにする必要がある(民保規24条2項)。

(b) 申立ての理由

申立ての理由には、保全命令の取消しまたは変更を求める事由を具体的に記載し、かつ、立証を要する事由ごとに証拠を記載しなければならない(民保規24条3項)。

保全異議の申立ては、保全命令の申立ての当否についての再審理を求めるものであるから、申立てに際し、異議の理由を明らかにする必要はない。しかし、保全異議の申立ての理由が当初から開示されていれば、裁判所および債権者は、早期に争点を知り審理を促進することができる。そのため、異議の理由を具体的に記載すべきものとされたのである。具体的には、被保全権利または保全の必要性が存在しないこと、管轄違い、担保の額が低額すぎること、解放金が高額すぎること、保全命令の内容が不当であること等が異議事由として考えられる。

また、証拠を記載することを求められる「立証を要する事由」とは、債務者およびその一般承継人として立証責任を負う抗弁、再抗弁事由等をいう。証拠の記載が求められる趣旨は、早期に争点を煮詰め、証拠調べをして審理を迅速に行うためである。

(3) 審理手続

(a) 審理手続の原則

「民事保全に関する裁判は、口頭弁論を経ないですることができる」ので(民保3条)、保全異議の申立ての裁判についても、保全命令の申立てについての裁判と同様に、決定手続により審理される。そして、保全異議の審理は、①書面による審理も、②審尋を経ることも、③口頭弁論を行うこともできる(3条、7条・民訴87条1項ただし書、2項)。

しかし、保全異議は、すでに保全命令が発令され、一般に保全執行も終了しており、密行性の要請はないから、当事者の手続保障を図るため、判決手続のように双方立会い手続の実質を取り入れることによって、債務者にも主張・立証させ、改めて審理をやり直す手続である。そこで、保全異議の審理では、「裁判所は、口頭弁論又は当事

者双方が立ち会うことができる審尋の期日を経なければ、保全異議の申立てについての決定をすることができない」(民保29条)とされている。

「裁判所は、争いに係る事実関係に関し、当事者の主張を明瞭にさせる必要があるときは、口頭弁論又は審尋の期日において、当事者のため事務を処理し、又は補助する者で、裁判所が相当と認めるものに陳述をさせることができる」が(釈明処分の特例。9条)、その審尋は受命裁判官に行わせることができ、また、口頭弁論の期日には証人・鑑定人本人を尋問することができ、尋問順序の変更も許される(7条・民訴202条2項)。

(b)参考人・当事者本人の審尋

民事訴訟法は、決定手続の一般原則として、参考人または当事者本人の審尋について規定し(民訴187条)、この規定は民事保全法に準用されるが(民保7条)、この尋問の性質は、参考人等を対象とした証拠資料を収集する手続であり、簡易な証拠調べとしての性格を有する。したがって、ここでいう参考人等の尋問は、前述した釈明処分の特例として当事者の主張を明瞭にさせるものである関係人からの陳述の聴取(9条)とは異なる。

参考人の尋問は、証人尋問の場合(民訴180条)にならって当事者の申出によるが、当事者本人の尋問は、当事者の申出によるほか、裁判所の職権によっても行うことができる(民保7条・民訴187条1項)。なお、この審尋は疎明方法であるから即時に取り調べることができるものであることが必要である(即時性。民保7条・民訴188条)。したがって、参考人や当事者を呼び出すことはできない。

参考人と当事者本人の尋問は、簡易ではあってもあくまでも証拠調べであり、裁判官が直接心証をとることとなる。そこで、当事者の公平を図るため、参考人等の尋問は、当事者双方が立ち会うことができる審尋期日においてのみすることができる(民保7条・民訴187条2項)。

(c)審理終結の宣言

当事者双方の対等性を保障し、不意打ちを防止するため、「裁判所は、審理を終結するには、相当の猶予期間を置いて、審理を終結する日を決定しなければなら」ず(民保31条本文)、これを当事者に告知しなければならない(7条・民訴119条)。

「ただし、口頭弁論又は当事者双方が立ち会うことができる審尋の期日においては、直ちに審理を終結する旨を宣言することができる」(民保31条ただし書)。民事保全法31条ただし書の場合には、審理終了宣言は期日において宣言すれば足り、出頭しなかった当事者に審理終了の告知をする必要はない。しかし、このような審理終了宣言は、前述したように当事者双方の対等性を保障し、不意打ちを防止するためのものである

から、告知をするのが相当な場合が多いであろう。
(4)保全異議の申立てについての決定(裁判)
ⓐ総説
　「裁判所は、保全異議の申立てについての決定においては、保全命令を認可し、変更し、又は取り消さなければならない」(32条1項)。
　この決定は、原則として決定書を作成してするが(32条4項・16条、民保規9条1項)、口頭弁論または審理期日に言渡しをする場合には、調書に記載する方法(調書決定)によることもできる(民保規10条1項)。保全異議の申立てについての決定は、「当事者に送達しなければならない」(民保32条4項・17条)。
ⓑ認可・変更の立担保
　「裁判所は、前項の決定〔認可または変更の決定〕において、相当と認める一定の期間内に債権者が担保を立てること又は第14条第1項の規定による担保〔保全命令の発令に際して立てた担保〕の額を増加した上、相当と認める一定の期間内に債権者がその増加額につき担保を立てることを保全執行の実施又は続行の条件とする旨を定めることができる」(32条2項)。
　このような追加担保を立てることを保全執行の続行の条件とする旨の裁判があったときは、「債権者は、第32条第2項の規定により定められた期間内に担保を立てたことを証する書面をその期間の末日から1週間以内に保全執行裁判所又は執行官に提出しなければならない」(44条1項)。そして、「債権者が前項〔44条1項〕の規定による書面の提出をしない場合において、債務者が同項の裁判の正本を提出したときは、保全執行裁判所又は執行官は、既にした執行処分を取り消さなければならない」(44条2項)。
ⓒ保全命令を取り消す決定の効力・立担保
　決定は、告知によりただちに効力を生ずるのが原則である(7条・民訴119条)。しかし、この原則を貫くと、保全命令を取り消す決定により保全執行はただちに停止および取消しがなされることとなり(民保46条・民執39条1項1号、40条)、債務者が執行処分の取消しや原状回復を受けてしまう結果、債権者が保全執行に伴って保全命令を取り消す決定の効力停止の裁判(民保42条)を得る意味がなくなってしまうことがありうる。そこで、「裁判所は、第32条第1項の規定により保全命令を取り消す決定において、その送達を受けた日から2週間を超えない範囲内で相当と認める一定の期間を経過しなければその決定の効力が生じない旨を宣言することができる」(34条本文)とされた。したがって、債権者が保全抗告をすることができないときには、この宣言は許されない(34条ただし書)。
　債務者が保全命令を取り消す旨を記載する決定書を執行機関に提出すると、執行は

停止され(46条・民執39条1項1号)、すでにした執行処分は取り消される(民保46条・民執40条)。保全命令の取消しが債務者の担保を立てることを条件としている場合(民保32条3項)には、担保を立てたことの証明書を提出する。

(5)原状回復の裁判
(a)総説
　債権者が、物の引渡し・明渡しを命ずる仮処分や金員仮払いの仮処分に基づいて、すでに物の給付や金員の支払を受けている場合には、それらを債務者に返還しなければならない。しかし、仮処分命令の取消しの決定と執行処分の取消しだけでは、元の状態に戻すことはできないので、債務者にはそのための債務名義が別に必要となる。そこで、「仮処分命令に基づき、債権者が物の引渡し若しくは明渡し若しくは金銭の支払を受け、又は物の使用若しくは保管をしているときは、裁判所は、債務者の申立てにより、……仮処分命令を取り消す決定において、債権者に対し、債務者が引き渡し、若しくは明け渡した物の返還、債務者が支払った金銭の返還又は債権者が使用若しくは保管をしている物の返還を命ずることができる」(33条)こととした。

(b)性質・返還の範囲等
　このような原状回復の裁判による債務者の返還請求権(債権者の返還義務)の性質については、一般に、当事者間の法律関係を仮処分命令が発せられなかった状態に回復させる、民事保全上の原状回復請求権とみるべきものと解されている。
　また、返還を命ずる範囲は、債権者が引渡し・明渡しを受けた物、支払を受けた金銭、債権者が使用・保管している物の返還である。債務者にこのような仮の給付を命ずる仮処分命令は、係争物に関する仮処分の域を超えるものであるから、仮の地位を定める仮処分に該当する。

(c)原状回復の裁判の効果等
　このような原状回復の裁判がなされたにもかかわらず、債権者がこれに応じないときは、債務者は、この裁判に執行文の付与を受けて強制執行をすることができる(民執22条3号、25条)。
　原状回復の裁判は、仮処分を取り消す決定において命じられる付随的な裁判であるから、債権者は、独立して不服申立てをすることはできず、原状回復の裁判を含む仮処分の取消決定に対し保全抗告をすることになる(民保41条)。

(6)保全執行の停止の裁判等
　民事保全は、権利または権利関係の保全を目的とする緊急かつ暫定的な裁判であり、保全の必要性があるから行われるものである。それゆえ、一転してその執行を暫定的に停止する裁判を認めることは、暫定に暫定を重ねることになり、一般的には望まし

いことではない。しかし、他方で、保全異議等の不服申立てをしても、執行停止がまったく認められないとすると、不服申立て自体が無意味となる場合も考えられる。

そこで、民事保全法は、「保全異議の申立てがあった場合において、保全命令の取消しの原因となることが明らかな事情及び保全執行により償うことができない損害を生ずるおそれがあることにつき疎明があったときに限り、裁判所は、申立てにより、保全異議の申立てについての決定において第3項の規定による裁判をするまでの間、担保を立てさせて、又は担保を立てることを条件として保全執行の停止又は既にした執行処分の取消しを命ずることができる」(27条1項)と規定した。なお、このことは、次項で述べる保全取消しおよび保全抗告に伴う執行停止についても同様であり、民事保全法27条が準用されている(40条1項、41条4項)。

以上のような保全執行の停止の裁判の管轄裁判所は、原則として保全異議の申立てを受けた裁判所であるが(26条)、保全命令の申立てを却下し、その即時抗告について、「抗告裁判所が保全命令を発した場合において、事件の記録が原裁判所に存するときは、その裁判所も、前項の規定による裁判〔保全執行の停止または執行処分の取消しの裁判〕をすることができる」(27条2項)。

保全執行の停止の裁判がなされている場合には、「裁判所は、保全異議の申立てについての決定において、既にした第1項の規定による裁判〔保全執行の停止または執行処分の取消しの裁判〕を取り消し、変更し、又は認可しなければならない」(27条3項)。

保全執行の停止または執行処分の取消しの裁判(27条1項の裁判)と、それを取り消し、変更し、または認可する裁判(27条3項の裁判)に対しては、独立して不服を申し立てることができない(27条4項)。

【2】 保全取消し

(1)総説

保全取消しとは、保全命令自体の当否を争わずに、保全命令の存在を前提として、発令後の事情変更、特別事情その他の事由により命令の取消しを求めるものをいう。

保全取消しは、保全命令が本案訴訟の終結までの仮定的・暫定的性格を有し、その発令後に生じた事情のもとでは、これを是正し当事者公平主義を実現する必要があることから認められたものであって、債務者に対する救済制度である。

民事保全法は、保全取消しの制度として、①本案の訴えの不提起等による保全取消し(37条)、②事情の変更による保全取消し(38条)および③特別の事情による仮処分命令の取消し(39条)の3種類を定めている。以下、順にみていくことにする。

(2) 本案の訴えの不起訴等による保全取消し

民事保全は、被保全権利を本案とする民事訴訟を前提とするが、その係属前にも発令することができる。そこで、保全命令の発令後に本案訴訟が提起されない場合には、債務者の書面による申立てによって（民保規1条、28条）、保全命令を取り消すこととされている（民保37条）。

このような**本案の訴えの不起訴等による取消し**の手続は、債権者に対する本案の訴えの起訴命令と、債権者が起訴を証明しない場合の保全命令の取消しの手続からなる。

(a) 本案の訴えの起訴命令

本案訴訟の係属前に保全命令が発せられた場合において、債権者が強制執行の準備をせずに長期間にわたり債務者の財産処分の自由を奪ったままでいることは、適切ではない。そこで、債務者は、保全命令を発した裁判所に対し**起訴命令**の申立てをすることができる。そして、裁判所は、債務者の申立てにより、債権者に対し、2週間以上の相当と認める一定の期間内に、本案の訴えを提起するとともにその提起を証する書面を提出し、すでに本案の訴えを提起しているときは、その係属を証する書面を提出すべきことを命ずる（37条1項、2項）。

ここにいう「本案の訴え」（本案訴訟）とは、被保全権利の存否を既判力をもって確定する訴訟であれば足り、給付の訴えのほか、確認の訴えを含む（大判大正14年5月30日民集4巻288頁）。また、被保全権利と本案の訴訟物とは同一であるべきであるが、判例は、民事保全の被保全権利と請求の基礎が同一であればよいとしている（最判昭和26年10月18日民集5巻11号600頁）。

調停の申立て、審判の申立て、責任裁定の申請、仲裁手続の開始の手続等が、本案の訴えとみなされる場合がある（37条5項）。もっとも、これらの代替的な紛争処理手続では、必ずしも権利関係を確定することなく終了する場合もある。そこで、「債権者は、その終了の日から第1項の規定により定められた期間〔起訴命令で定められた期間〕と同一の期間内に本案の訴えを提起しなければならない」（37条6項）。

(b) 本案の訴えの不提起等による保全取消しの手続

債権者が起訴命令に定められた一定の期間内に本案訴訟の提起を証する書面もしくは本案係属を証する書面を提出しなかったとき（37条3項）、または本案訴訟の提起もしくは本案係属を証する書面は提出されたが、のちに当該本案の訴えが取り下げられまたは却下された場合（37条4項）には、債務者は、保全命令を発した裁判所に保全命令の取消しを申し立てることができる。

裁判所は、債権者が起訴命令の期間を徒過し、債務者から保全取消しの申立てがされたときは、保全命令を取り消さなければならない（37条3項）。

(3)事情の変更による保全取消し
(a)総説
　「保全すべき権利若しくは権利関係又は保全の必要性の消滅その他の事情の変更があるときは、保全命令を発した裁判所又は本案の裁判所は、債務者の申立てにより、保全命令を取り消すことができる」(38条1項)。これは、保全命令自体の当否を争うものではなく、発令後の事情の変更を理由とするものである。

(b)「事情の変更」の意義
　「事情の変更」とは、民事保全の要件たる被保全権利または保全の必要性に関し、発令当時と異なる事情が生ずるにいたったことをいう。事情の変更は、通常、その事情が保全命令後に生じたことであるが、発令当時すでに生じていても、その後に債務者がこれを知りまたはその疎明資料を発見した場合もこれにあたる。事情の変更は、疎明しなければならない(38条2項)。

　被保全権利に関する事情の変更とは、履行、相殺、解除による消滅などをいう。また、本案訴訟において債権者が敗訴した場合において、その確定前であっても被保全権利の存在が否定される蓋然性があるときは、事情変動による取消しが認められる(最判昭和27年11月20日民集6巻10号1008頁〔執保百選114事件〕)。

　保全の必要性に関する事情が変更した場合としては、債権者が即時本執行をなしうる要件を備えたにもかかわらずこれに移行しない場合、債権者が被保全債権について十分な担保を取得し、あるいは債務者が十分な財産を有するにいたった場合などがあげられる。

(c)事情の変更による保全取消しの手続
　決定の理由および送達につき、保全命令に関する規定が(16条、17条)、債権者または債務者が担保を立てることを条件とする決定につき、保全異議に関する規定(32条2項、3項)が準用され(38条3項)、その他の点については、保全異議に関する規定がすべて準用される(40条1項本文)。

(4)特別の事情による仮処分命令の取消し
(a)総説
　仮処分の目的は、特定物に関する給付請求権の執行保全または争いのある権利関係についての暫定的規制にある。それゆえ、仮処分では、金銭的な補償を得ただけでは債権者の権利保護に十分であるとはいえないので、担保提供のみによって命令を取り消すことは制度の趣旨に反する。しかし、他方で、債務者に大きな損害を与える場合でも取り消しえないとするのも、不合理な場合がありうる。

　そこで、「仮処分命令により償うことができない損害を生ずるおそれがあるときそ

の他の特別の事情があるときは、仮処分命令を発した裁判所又は本案の裁判所は、債務者の申立てにより、担保を立てることを条件として仮処分命令を取り消すことができる」(39条1項)。

これは、仮処分に特有の保全取消しの制度であって、仮差押えの場合には認められないことに注意を要する。

(b)「特別の事情」の意義

保全取消しの理由となる「特別の事情」として、条文上「仮処分命令により償うことができない損害を生ずるおそれがあるとき」(異常損害の発生)が例示されているが(39条1項)、その他の「特別の事情」は解釈に委ねられている。旧法時代の判例ではあるが、金銭的補償により債権者がほぼ完全に権利の満足を得ることができるとき(金銭補償の可能性)も、「特別の事情」にあたると解している(最判昭和26年2月6日民集5巻3号21頁〔執保百選115事件〕)。

しかし、金銭補償の可能性を広く解すれば、すべての権利は金銭賠償をもって満足を得られる性格を有しているともいえ、「特別の事情」を要求した意味はなくなってしまう。結局は、事例の積み重ねに委ねられるとされている。

なお、「特別の事情」は、疎明しなければならない(39条2項)。

(c)特別の事情による保全取消しの手続

決定の理由・送達につき、保全命令に関する規定が(16条、17条)準用され(39条3項)、その他の点については、保全異議に関する規定がすべて準用される(40条1項本文)。

(5)保全命令に対する保全異議の申立てと保全取消しの申立てとの関係

(a)問題の所在

保全命令に対する保全異議の申立ては、保全命令の申立ての当初に戻して審理を再開するものであるから、債務者は、保全命令が当初から不当なことを主張しうるのはもちろん、その後に生じたすべての事由を主張することができる。

これに対して、保全取消しの申立てにおいては、当該保全命令の存続の不当性に関する主張にかぎられる。

このように、両者は、主張することのできる事由に差異があるものの、債務者のための保全命令の取消しという同一目的を有するため、両者の関係が問題となる。

(b)保全異議の事由と保全取消しの事由とを同一手続で主張する場合

第1に、債務者が保全異議の申立てをなし、その手続中において保全取消しの事由を主張するときは、保全命令申立てに対する抗弁事由となる。

第2に、保全異議の申立てに保全取消しの申立てを併合して各事由を主張することは、同位的には認められないが、選択的・予備的になされた場合には、各申立ては独

立の申立てであり、併合要件を具備するかぎり許される。

　第3に、債務者が先に保全取消しの申立てをした場合には、債務者は、その手続中において保全異議の事由を攻撃方法として主張することは許されない。

(c)保全異議と保全取消しの申立てが別個の手続でされており、競合する場合

　第1に、保全異議が係属中に別個の手続で保全取消しの申立てをし、またはこれと逆の申立てをすることが許されるかについては争いがあるが、実務においては、これを許している。審理の重複と裁判の抵触を生ずる点に関しては、運用の面で適宜の措置を講じている。

　第2に、保全異議と保全取消しの申立てとが競合して係属している場合において、その併合が認められるかについては、先に示した同一手続中で両申立てを主張する場合と同様に解するべきであろう。さらに、保全異議において保全取消しの裁判が確定した場合には、一般には、同時に係属していた取消しの申立てはその対象が消滅し、申立ての利益を欠くものとして却下を免れないとされている。

4　保全抗告

【1】意義

　民事保全法41条1項本文は、「保全異議又は保全取消しの申立てについての裁判……に対しては、その送達を受けた日から2週間の不変期間内に、保全抗告をすることができる」と規定している。

　保全抗告とは、保全異議または保全取消しの申立てについての裁判に対する上訴をいう(民保41条)。これらの裁判は、決定手続によってなされるから、それに対する上訴は抗告になるのである。

【2】保全抗告ができる裁判

　保全抗告は、保全異議または保全取消しの申立てについての裁判に対してすることができる。ここでいう保全異議または保全取消しの申立てについての裁判には、原状回復の裁判(33条、40条1項)も含まれる(なお、41条1項本文括弧書)。ただし、抗告裁判所が発した保全命令に対する保全異議の申立てについての裁判に対しては、保全抗告をすることができない(41条1項ただし書)。

　なお、「保全抗告についての裁判に対しては、更に抗告をすることができない」(**再抗告の禁止**。41条3項)。保全抗告に関する裁判は暫定的なものであり、二審制で十

11-1　不服申立制度　259

分だからである。もっとも，高等裁判所のした保全抗告についての決定に対して，最高裁判所に法令解釈の統一を図ることを目的とする許可抗告(民訴337条)の申立てをすることはできる(最決平成11年3月12日民集53巻3号505頁〔執保百選116事件〕)。

【3】 保全抗告の手続
(1)申立て
保全抗告の申立ては書面でしなければならず、申立書の提出先は原裁判所である。
(2)審理
原裁判所による再度の考案(民訴333条)を禁止する趣旨のもと、「原裁判所は、保全抗告を受けた場合には、保全抗告の理由の有無につき判断しないで、事件を抗告裁判所に送付しなければならない」(民保41条2項)。

保全抗告についての裁判も、決定手続によって行われる。口頭弁論または当事者双方が立ち会うことができる審尋の期日を経なければ、保全抗告についての裁判をすることはできず(41条4項・29条)、審理を終結するには、原則として、相当の猶予期間をおいて、審理を終結する日を決定しなければならない(41条4項・31条)。
(3)裁判
保全抗告についての決定には、理由を付さなければならず(41条4項・17条)、決定は、当事者に送達しなければならない(41条4項・16条本文)。

保全命令を認可しまたは変更する決定においては、債権者が追加担保を立てることを保全執行の実施または続行の条件とする旨を定めることができる(41条4項・32条2項)。また、保全命令を取り消す決定においては、債務者が担保を立てることを条件とすることができる(41条4項・32条3項)。

【4】 保全命令を取り消す決定の効力停止の裁判
保全異議または保全取消しの申立てに基づき保全命令を取り消す決定がなされた場合には、その決定は告知によりただちに効力を生じるから(7条、民訴119条)、取消決定を受けた債務者は、ただちに保全執行の解放を求めることができる。

他方、この決定を受けた債権者は保全抗告の申立てを成しうるが、債務者が保全執行の解放を受けた後に、保全抗告が認容されても、保全すべき財産の散逸等に初期の目的を達することができないことになる。

そこで、このような事態を避けるために、「保全命令を取り消す決定に対して保全抗告があった場合において、原決定の取消しの原因となることが明らかな事情及びその命令の取消しにより償うことができない損害を生ずるおそれがあることにつき疎明

があったときに限り、抗告裁判所は、申立てにより、保全抗告についての裁判をするまでの間、担保を立てさせて、又は担保を立てることを条件として保全命令を取り消す決定の効力の停止を命ずることができる」(民保42条1項)こととした。

第12章　担保の取消し・取戻し

1. 担保の取消し・取戻し

　保全命令手続においては、ほぼ例外なしに債権者は担保を立てることを要し、一般には担保を供託することとなる。この点については、**第8章**で触れた。
　債権者が担保の取戻しを受けるには、債権者は、**担保の取消決定**または**担保取戻許可決定**を得なければならない。以下では、担保の取消し、担保の取戻しについて説明していくことにする。

1 担保の取消し

【1】総説
　保全命令手続における担保は、違法・不当な保全命令またはその執行によって債務者に生ずる損害の賠償請求権を担保するものである。しかし、他方で、債権者は資金等を運用することができない状態に陥っているから、債務者に損害が生じないことが確実になった場合には、担保の事由が消滅したものとして、担保を消滅させる必要がある。また、このような担保の目的は、もっぱら担保権利者(債務者)の保護を図るためのものであるから、担保権利者が担保の消滅に同意している場合にも、担保を消滅させてよい。さらに、担保権利者が所定の手続によってその権利行使を催告されたにもかかわらず、なおこれを行使しない場合には、担保権利者の同意があったものと同視して、これを消滅させるのが相当である。そこで法は、以上のような場合において、裁判所の裁判をもって担保を消滅させる**担保の取消し**の制度を設けている。
　言い換えると、担保の取消しが認められるのは、
　　①「担保を立てた者が担保の事由が消滅したことを証明したとき」(4条2項・民訴79条1項)
　　②「担保を立てた者が担保の取消しについて担保権利者の同意を得たことを証明したとき」(4条2項・民訴79条2項)
　　③「訴訟の完結後、裁判所が、担保を立てた者の申立てにより、担保権利者に対

し、一定の期間内にその権利を行使すべき旨を催告し、担保権利者がその行使をしないとき」で、「担保の取消しについて担保権利者の同意があったものとみな」される場合(すなわち、権利行使催告により担保権利者の同意が擬制される場合)（4条2項・民訴79条3項）

の3つである。

以下では、上記のような担保取消事由を順に検討していくことにする。

【2】担保取消事由

(1)「担保を立てた者が担保の事由が消滅したことを証明したとき」（4条2項・民訴79条1項）

「担保の事由が消滅したことを証明したとき」とは、被担保債権である担保権利者の損害賠償請求権の不存在が確定し、担保提供の必要性がなくなった場合をいう。具体的には、債権者勝訴の本案判決が確定した場合、債務者が本案訴訟で請求を認諾した場合、債権者が本案訴訟で勝訴的和解をした場合、債務者が債権者に対する損害賠償請求権を放棄した場合などである。

債権者は、担保の事由が消滅したことを証明する書面(判決謄本や抄本および判決確定証明書など)を添付して担保取消しの申立てをするが、債務者は、不服があればこれを争うことができる。

(2)「担保を立てた者が担保の取消しについて担保権利者の同意を得たことを証明したとき」（4条2項・民訴79条2項）

担保権利者の同意がある場合には、担保消滅事由の存在に関わりなく、事件終了を待たずに担保権取消しの決定をすることができる。これは、担保権利者が担保取消しに同意をすることは、担保権利がその担保に対する権利を放棄する意思表示をしたものと解されるからである。このような同意は、本案訴訟における裁判上の和解のなかでなされることが多い。

同意は担保権利者本人またはその代理人が書面によって行う必要があり、担保提供者は、その同意書面を添付して担保取消しを申し立てる。

(3)権利行使催告により担保権利者の同意が擬制される場合（4条2項・民訴79条3項）
──同意擬制による担保取消しの制度

権利行使催告により担保権利者の同意が擬制される場合とは、担保提供者が裁判所に担保権の行使をするよう催告し(権利行使催告)、担保権利者がその期間内に担保権の行使をしないときをいう。このような場合には、担保の取消しについて担保権利者の同意があったものとみなし、担保提供者の申立てにより担保取消決定をする。これ

は、債権者と債務者との間の訴訟が完結し、債権者敗訴の本案判決が確定したとき、または民事保全の執行が取り消されたときなどの場合において、担保権利者がその権利の行使をしないと、担保提供者はいつまでも担保金をそのままにしておかなければならないという不都合が生じるため、これを是正するために設けられた。

「訴訟の完結」とは、保全事件・本案訴訟がともに終了し、担保権利者の損害賠償請求権の存否と金額が客観的に確定して、これを行使することができるようになった状態をいう。具体的には、本案訴訟が提起されていれば、本案訴訟について、債権者の全部敗訴、一部敗訴等による判決が確定した場合、債権者が請求の放棄・訴えの取下げをした場合、債権者の敗訴的和解が成立した場合などである。他方で、本案訴訟が提起されていない場合において、担保取消手続を進めるためだけに本案訴訟の提起を強いるのは相当ではない。そこで、もっぱら保全訴訟について、保全命令の申立てが取り下げられ、保全執行が解放されている場合であれば、訴訟が完結したと解されている。

【3】担保取消決定確定後の手続

担保提供者は、裁判所から供託原因消滅証明書または担保取消し決定正本および確定証明書の交付を得て、これを供託物払渡請求書に添付して、供託書正本とともに供託所に提出し、供託金の取戻しをする。

2 担保の取戻し

【1】総説

担保の取戻しとは、担保提供者が、担保取消しの手続を経ることなく、債権者は保全命令を発した裁判所の許可を得て、担保を取り戻すことができる場合のことである（民保規17条1項）。この手続を、一般に簡易取戻手続という。

前述した担保取消決定の手続は、担保権利者(債務者)の権利保護に配慮した厳格な手続である。ところが、実際の保全事件においては、保全執行に着手しなかった場合のように、保全命令により債務者に損害の生じないことが明らかな事例や、担保権利者と担保提供者の地位が混同した場合のように、担保権利者に手続保障の機会を与える意味がない事例もあるところ、こうした場合にもすべて厳格な担保取消決定の手続を経なければならないのは不合理である。そこで、一定の場合には、担保提供者が、簡易な手続によって裁判所の許可を得て、ただちに担保の取消しをすることができる

とされている。

【2】担保の取戻しが認められる場合
　担保の取戻しが認められるのは、次のような場合である。
　　①保全命令により債務者に損害が生じないことが明らかな場合において、2週間の執行期間が経過し、または保全命令の申立てが取り下げられたこと（民保43条2項、民保規17条1項）
　　②担保権利者（債務者）が担保に関する担保提供者の権利を承継したことを証する書面が提出されたとき（民保規17条4項、5項）
　①の保全命令により債務者に損害が生じないことが明らかな場合の例として、保全執行としてする登記もしくは登録または第三債務者に対する保全命令の送達ができなかった場合が民事保全規則にあげられている（民保規17条1項）。
　②の書面の例としては、相続を証する戸籍謄本、法人の合併を証する登記簿謄本、転付命令による承継を証する差押転付命令の正本または謄本およびその確定証明書をあげることができる。

【3】担保取戻し許可の手続
　担保取戻しの許可の申立ては、書面でしなければならない（民保規17条2項）。
　裁判所が書面審理を行い、前述した要件が具備されていると判断した場合には、裁判官は申立書に認可印を押捺する。この申立てに対する裁判については、相手方への告知は不要であり、また、担保権利者および担保提供者のいずれも、不服申立てをすることはできない。

事項索引

あ
明渡し……………………………………131
　　——の催告……………………………134

い
異議の事由………………………………59
意思表示についての強制執行…………148
一括競売…………………………………162
一括売却…………………………………83
一般の先取特権…………………………80,90
違法執行…………………………………42,48

お
オール決定主義……………183,185,197,210

か
買受可能価額……………………………83
買受けの申出(買受申出)………………50,86
外国判決…………………………………22
開札期日…………………………………87
開始決定に対する不服申立て…………163
解放金……………………………………212
価格減少行為……………………………81
確定期限…………………………………13
確定判決…………………………………15
確定判決変更の訴え……………………91
過怠約款…………………………………31
仮差押え……………………………182,219
　　——における保全の必要性…………224
　　——の効力……………………………229
　　——の執行……………………………226
仮差押解放金……………………………212
仮差押債権目録…………………………222
仮差押命令……………………………219,220
仮執行……………………………………7
　　——の宣言を付した損害賠償命令……16

き
仮執行宣言………………………………15
仮執行宣言付支払督促…………………7,16
仮執行宣言付判決………………………7,15
仮処分…………………………………182,233
　　——による仮登記……………………246
　　仮の地位を定める——……182,233,234
　　金員仮払いの——…………………201,254
　　係争物に関する——………182,233,234
　　従業員の地位保全の——…………242,247
　　占有移転禁止の——…………………243
　　断行の——……………………………247
　　任意の履行を求める——……………247
仮処分解放金……………………………214
仮処分決定……………………………211,240,241
仮処分執行
　　——の手続……………………………243
　　——の効力……………………………244
　　——の方法…………………………243,246
仮処分命令………………………………238
仮地位仮処分…………………………182,234
仮登記担保………………………………62
仮の地位を定める仮処分……182,233,234
換価………………………………………107
　　——のための競売……………………5,171
管外供託…………………………………205
換価権……………………………………154
間接強制……………………………7,129,143
間接強制申立書…………………………144
管理人……………………………………95
管理命令………………………………121,122

き
期間入札…………………………………85
期日指定および呼出し…………………176
期日入札…………………………………85
起訴命令………………………………184,256
義務供託……………………………116,118,232

狭義の形式的競売……………………5,171
強制管理……………………………………94
強制競売……………………………………74
強制競売申立書……………………………75
強制執行…………………………………3,4
　　──における救済………………………42
　　──の停止………………………………66
　　意思表示についての──……………148
　　作為・不作為義務についての──……140
　　その他の財産権に対する──…………127
供託証明書………………………………206
共同担保…………………………………202
共有物分割のために行う競売………………5
共有持分……………………………73,221
金員仮払いの仮処分……………………201,254
緊急性……………………………………183
金銭執行………………………………4,5,71
金銭または有価証券の供託……………205

け

警察上の援助…………………………12,136
形式的競売………………………………3,5
　　狭義の──…………………………5,171
係争物に関する仮処分…………182,233,234
　　──と当事者恒定効……………………239
　　──の執行方法とその効力……………243
継続的給付にかかる債権に対する差押え…115
決定書……………………………………210
現況調査……………………………………82
原状回復の裁判…………………………254
建設機械執行……………………………102
建設機械の競売…………………………164
券面額……………………………………119
権利供託……………………………118,232
権利執行……………………………………73
権利の終局的実現……………………………1

こ

航空機執行………………………………101
航空機の競売……………………………164
公示書……………………………………244

公示命令…………………………………239
公正証書……………………………………18
交付要求……………………………………90
国家賠償……………………………………83
個別担保の原則…………………………202

さ

債権差押命令……………………………115
債権質……………………………………167
債権執行………………………………4,109
債権者使用許可型執行官保管……………239
債権者の競合……………………78,106,116
債権者の満足………………………………89
債権譲渡の通知…………………………149
債権その他の財産権に対する執行……71,73
債権的請求権………………………………62
債権等の担保権の実行…………………166
債権の特定………………………………111
最高価買受申出人…………………………87
財産開示期日……………………………176
財産開示制度……………………………173
財産開示手続…………………………3,5,173
裁判によらない終了……………………199
債務者使用許可型執行官保管……………239
債務者を特定しないで発する不動産の占有
　　移転禁止の仮処分……………239,245
債務名義……………………………………14
　　──の正本等の送達……………………36
　　──の不当取得…………………………56
先取特権……………………………174,175
作為・不作為義務についての強制執行…140
差押え
　　──の客観的範囲……………………114
　　──の競合……………………………116
　　──の相対効……………………………77
　　──の方法と物の保管…………………104
差押禁止債権の範囲……………………110
差押禁止動産……………………………105
差押処分…………………………………124
差押物の処分禁止効……………………104
差押物の引渡命令………………………105

事項索引　267

差押命令とその効力……………………113
差止請求権………………………………146
差引納付……………………………………91
参加命令…………………………………118
暫定性……………………………………184
3点セット…………………………………84

し

事件の併合………………………………106
時効の中断…………………………76, 188
次順位買受申出…………………………87
事情の変更………………………………257
　　――による保全取消し………255, 257
　　被保全権利に関する――…………257
質権…………………………………88, 229
失権約款……………………………………31
執行………………………………………135
　　――の競合……………………………227
　　――の補助機関………………………12
　　動産の引渡請求権に対する――…123
執行異議……………………………………51
　　動産差押えに対する――…………166
執行開始の要件………………………13, 36
執行官………………………………………11
　　――の占有……………………………231
執行官直接占有型執行官保管………239
執行機関………………………10, 216, 226
執行期間…………………………………217
執行抗告……………………………………49
　　――と執行異議の異同………………52
執行債権者…………………………………8
執行裁判所……………………………10, 173
執行債務者…………………………………8
執行受諾の意思表示………………………21
執行障害…………………………………175
執行証書……………………………………18
執行処分に関する違法…………42, 48
執行処分に関する不当…………42, 53
執行処分の取消し……………………66, 69
執行制限契約………………………………56
執行停止……………………………………15

執行当事者…………………………………8
執行判決……………………………………22
　　――を求める訴え……………………23
執行費用……………………………………74
執行不停止の原則…………………………63
執行文………………………………………29
　　――の再度付与………………………35
　　意思表示擬制のための――…………34
執行文付与機関……………………………29
執行文付与に関する違法…………42, 43
執行文付与に関する特則………………217
執行文付与に対する異議………………46
　　――の訴え……………………………46
執行文付与の訴え…………………………44
執行文付与の拒絶に対する異議………44
執行文付与の手続…………………………34
執行方法…………………………………226
執行力ある正本……………………………58
執行力の拡張………………………………25
執行力の主観的範囲………………………9
実施決定…………………………………176
実体異議…………………………………157
自動車執行………………………………102
自動車の競売……………………………164
支払督促……………………………………16
支払保証委託契約………………………206
釈明処分…………………………………199
釈明処分の特例…………………………252
謝罪広告………………………………6, 142
収益…………………………………………77
収益執行……………………………………94
従業員の地位保全の仮処分……242, 247
終局的の停止………………………………66
授権決定…………………………………141
主張書面…………………………………199
少額訴訟…………………………………123
少額訴訟債権執行………………………123
承継執行文…………………………………32
承継執行文付与……………………………33
条件成就執行文……………………………32
消除主義……………………………………88

譲渡担保	61
譲渡命令	121, 122
処分禁止効	229, 231
差押物の――	104
処分禁止の登記	245, 246
書面主義	217, 250
――の原則	186
所有権留保	61
自力救済禁止の原則	1
審尋と疎明	185
審理における釈明処分	199

す

数通付与	35

せ

請求異議の訴え	53
請求債権目録	196
責任財産	39
競り売り	85, 107
善意取得	25
専属管轄	186
船舶	227
船舶国籍証書	97
船舶・自動車に対する仮差押えの執行	227
船舶に対する強制執行（船舶執行）	97
船舶の競売	163
占有移転禁止の仮処分	243
占有移転禁止保全処分	82
占有移転禁止命令	239
占有を伴う担保物権	61
占有を伴わない担保物権	61

そ

相殺	38, 112, 114, 117
捜索	104, 137, 166
送達	212
双方審尋	197
双方代理	22
即時抗告	50, 212, 249
即時性	185, 194, 252

訴訟能力	8
その他の財産権	127
疎明	183
損害賠償命令制度	16

た

代金納付	88
代金の不納付	88
第三債務者	98, 111, 192
――に対する陳述の催告の申立て	112
――による供託	118
第三者異議の訴え	57
第三者による差押物の即時取得	105
第三者による立担保	202
代償請求	31
代替執行	6, 129, 141
――の実施	142
――の申立て	142
代替的作為義務	141
――の強制執行の方法	129
――の執行	141
滞納処分	120
代理人	10
立会人	12
建物収去命令申立書	133
断行の仮処分	247
単純執行文	31
担保	201
――の提供	201
――の提供者・担保権利者	201
――の取消し	262
――の取戻し	264
――の変換	207
担保額	203
担保権実行禁止の仮処分	242
担保権実行としての競売	3, 4
担保権の実行としての競売等	152
担保権の存在を証する文書	153
担保権利者の権利行使	208
担保執行	152
担保取消事由	263

事項索引　269

担保物権··61
担保不動産競売·······························154, 163
担保不動産競売申立書···························158
担保不動産収益執行···························94, 162
担保変換の手続····································207

ち

仲裁判断··23
抽象的不作為判決の可否························147
超過仮差押え······································225
超過差押え··105
超過売却··88
調書決定····································212, 253
調停調書···24
直接強制··6, 129
賃金仮払い··203
賃借権···77, 78

つ

追加仮差押え····································225
追加担保··253

て

定期金債権··111
抵当権···88, 229
――に基づく物上代位························168
抵当権消滅請求に対抗するための競売の特
　則···161
抵当証券··155
手続実施決定····································175
手続相対効··························77, 105, 229, 231
点検···243
転付命令····································119, 120

と

登記事項証明······································28
登記の嘱託··221
動産···137
――に対する仮差押えの執行···············228
――の仮差押えの効力························231
――の競売··164

――の引渡請求権に対する執行···········123
――の引渡しの執行···························136
動産差押えに対する執行異議···············166
動産執行·································4, 71, 73, 103
――の申立て····································103
動産譲渡担保······································61
動産売買先取特権に基づく物上代位······169
当事者恒定効·······················82, 239, 245
当事者適格··9
当事者能力··8
当事者の審尋による方式·······················197
当事者の表示····································191
当事者目録··191
督促手続···16
特定物に関する給付請求権···········182, 234
特別の事情··258
――による仮処分命令の取消し····255, 257
特別売却··85
取上命令··163
取立権の行使····································139
取立訴訟·····································118, 139

な

内覧···85
なす債務··140

に

二重開始決定······································78
二重差押え··116
――の禁止··106
任意の履行を求める仮処分··················247

は

売却基準価額·······························83, 156
売却許可決定······································88
売却決定··87
売却準備··81
売却のための保全処分························81
売却不許可決定··································88
売却不許可事由··································88
売却方法··85

売却命令……………………………………121,122
配当…………………………………………………89
配当異議の訴え……………………………………80
配当異議の申出…………………………………80,91
配当期日……………………………………………91
配当金等の交付と受領……………………………91
配当手続……………………………………………90
配当等………………………………………89,107
　　──の実施……………………………96,122
　　──を受けるべき債権者………………………90
配当表………………………………………………91
配当要求…………………………79,90,106,116
配当要求制度………………………………………79
判決手続と執行手続の分離…………………10,13
反対給付……………………………………………19
反復的不作為義務………………………………146

ひ

引受主義…………………………………………171
引換給付……………………………………………37
引渡し………………………………………131,137
引渡請求権の差押命令…………………………139
引渡請求権の目的物を第三者が占有してい
　　る場合の執行方法…………………………138
引渡命令………………………………………105,163
　　差押物の──…………………………………105
非金銭執行……………………………………4,6,128
非代替的作為義務・意思表示義務の強制執
　　行の方法……………………………………129
必要的移行………………………………………125
被保全権利………………………………193,223
　　──に関する事情の変更…………………257
　　──の種類・価額…………………………204
　　──の疎明…………………………………224
　　──の適格性………………………………223
　　──の特定…………………………………223
　　──や保全の必要性の疎明の程度………205
評価書………………………………………………83
評価人………………………………………………82
平等主義……………………………………………90

ふ

付記登記…………………………………………155
不作為義務………………………………………146
　　──の強制執行の方法……………………129
　　──の執行…………………………………145
　　一回的な──………………………………146
　　継続的な──………………………………146
不作為義務違反……………………………………31
不執行の合意………………………………………56
不代替的作為義務………………………………143
物件明細書…………………………………………84
物件目録…………………………………………193
物上代位……………………………162,167,168
物的有限責任………………………………………41
不動産仮差押命令申立書………………………189
不動産強制競売…………………………………71,74
不動産競売の手続の停止・取消し……………160
不動産執行………………………………………4,71
不動産譲渡担保……………………………………61
不動産担保執行…………………………………154
不動産等の引渡し・明渡しの強制執行………132
不動産に対する仮差押えの執行………………226
不動産の仮差押えの効力………………………229
不動産の強制管理…………………………………94
不動産引渡命令………………………………16,89
不当執行………………………………………42,53
不当利得返還請求権………………………………80
不特定承継執行文…………………………………33
不服申立て(実体異議)…………………………166
不服申立制度……………………………………249
扶養義務…………………………………………143
文書の提示…………………………………83,136

へ

弁済供託……………………………………………68
弁済金交付…………………………………………89
弁済受領文書………………………………………68
弁済の受領…………………………………………68
弁済猶予文書………………………………………68

ほ

法人格否認と執行力の拡張……………26
法定地上権……………………88, 161
　　──と一括競売………………161
法定文書……………………………153
保管人………………………99, 238
保管命令……………………………239
保全異議……………………………250
保全仮登記非併用型………………245
保全仮登記併用型…………………246
保全抗告……………………………259
保全執行………………………7, 215
保全執行手続………………………183
保全取消し…………………………255
保全の手続…………………………186
保全の必要性………………………194
　　──の判断基準………………224
保全命令手続………………………183
保全命令に対する不服申立て……250
保全命令の種類……………………203
保全命令の申立て…………………186
保全命令の目的物の種類・価額……204
本案の訴えの不起訴等による保全取消し…256
本執行………………………………7
　　──への移行…………230, 231, 232
ボンド………………………………206

ま

前払決定……………………………142
満足的仮処分…………………184, 247

み

密行性………………………………183
民事執行…………………………1, 3
民事保全……………………………181
　　──の暫定性(仮定性)………184

む

──の種類…………………………182

無益執行(無余剰執行)の禁止……83
無剰余差押え………………………105
無剰余措置…………………………84
無名義債権者………………………92

も

申立資格……………………………174
申立書の記載事項および審理……63
申立書の添付書類等………………195
申立書の必要的記載事項…………189
申立手数料…………………………195
申立人不出頭の扱い………………177
目的物価額基準説…………………204
目的物を第三者が占有する場合の引渡しの
　　強制執行…………………………138
物の引渡・明渡請求権についての強制執行
　　…………………………………131

ゆ

有限責任……………………………41
有名義債権者………………………91

よ

養育費………………………………112
用益権………………………………88
用益物権……………………………61
要審尋事件…………………………198
予備差押え…………………………111

り

留置権による競売……………5, 170

わ

和解…………………………………199

判例索引

大正
大判大 3・5・14民録20-531 …………………………………………………… 54
大判大14・5・30民集 4 -288 …………………………………………………… 256

昭和 6 ～29年
大判昭 6・3・31民集10-150 …………………………………………………… 61
大決昭 7・4・19民集11-681 …………………………………………………… 26
大判昭 7・11・30民集11-2216 ………………………………………………… 55
大判昭 9・3・30民集13-409 …………………………………………………… 51
東京地判昭14・12・2 評論29民訴53 ………………………………………… 22
大判昭15・2・3 民集19-110 …………………………………………………… 56
最判昭26・2・6 民集 5 - 3 -21〔執保百選115事件〕 ………………………… 258
最判昭26・6・1 民集 5 - 7 -367 ………………………………………………… 22
最判昭26・10・18民集 5 -11-600 ……………………………………………… 256
最判昭27・11・20民集 6 -10-1008〔執保百選114事件〕 …………………… 257

昭和30～39年
名古屋高決昭30・5・7 判時58-14 …………………………………………… 20
最大判昭31・7・4 民集10- 7 -785〔執保百選87事件〕 ……………………… 142
最判昭32・6・6 民集11- 7 -1177〔執保百選19事件〕 ………………………… 22
最判昭32・12・24民集11-14-2363 ……………………………………………… 22
最判昭33・5・23民集12- 8 -1105 ……………………………………………… 22
東京地判昭33・7・19判時164-31〔執保百選26事件〕 ……………………… 77
福岡高決昭35・6・24判時234-20 ……………………………………………… 19
仙台高決昭35・11・17下民集11-11-2471 ……………………………………… 19
東京高決昭36・5・9 下民集12- 5 -1028 ……………………………………… 19
最判昭37・5・24民集16- 5 -1157 ……………………………………………… 55
広島高決昭39・1・10下民集15- 1 - 1 ………………………………………… 68

昭和40～49年
最判昭40・3・26民集19- 2 -508〔執保百選23事件〕 ………………………… 60
最判昭40・4・2 民集19- 3 -539 ………………………………………………… 56
最判昭40・4・30民集19- 3 -782〔執保百選51事件〕 ………………………… 92
最判昭40・12・21民集19- 9 -2270〔執保百選17事件〕 ……………………… 56
最判昭41・3・18民集20- 3 -464〔執保百選89事件〕 ………………………… 149
最判昭41・9・22民集20- 7 -1367〔執保百選88事件〕 ……………………… 142
最判昭41・12・15民集20-10-2089〔執保百選12事件〕 ……………………… 31

判例索引　273

最判昭43・2・20民集22-2-236 ･･･47
最判昭43・2・27民集22-2-316〔執保百選10事件〕････････････････････････88
最判昭43・9・6民集22-9-1862 ･･･55
最判昭43・11・15民集22-12-2659 ･･････････････････････････････････････60
最判昭44・3・28民集23-3-699 ･･･61
最判昭44・9・18民集23-9-1675 ･･22
最判昭45・4・10民集24-4-240〔執保百選73事件〕･･･････････････････････119
東京高決昭45・5・14判タ253-273 ･･････････････････････････････････････37
最大判昭45・6・24民集24-6-587〔執保百選65事件〕････････････････････114
最判昭46・7・23判時643-37 ･･19
最判昭47・3・24判時665-56 ･･･61
大阪高決昭47・10・12下民集23-9=12-540 ････････････････････････････････20
最判昭48・6・21民集27-6-712〔執保百選9事件〕〔民訴百選87事件〕 ･･････25
東京高決昭49・8・15下民集25-5=8-731 ･････････････････････････････････19

昭和50〜59年

最判昭50・7・25民集29-6-1170 ･･88
最判昭51・10・12民集30-9-889〔執保百選5①事件〕････････････････････21
最判昭52・11・24民集31-6-943〔執保百選14事件〕･･････････････････････45
最判昭53・6・29民集32-4-762〔執保百選25事件〕･･･････････････････････78
最判昭53・9・14判時906-88〔執保百選11事件〕･･････････････････････････26
東京高決昭53・12・20判時916-27 ･･68
東京高決昭54・3・9東高民時報30-3-52 ･････････････････････････････････68
最判昭54・4・17民集33-3-366〔執保百選111事件〕･･････････････････････184
東京高決昭54・12・25判時958-73〔執保百選13事件〕･･･････････････････････38
最判昭55・1・18判時956-59〔執保百選62事件〕･･･････････････････････････114
最判昭55・5・1判時970-156〔執保百選15事件〕･･････････････････････････47
最判昭55・5・12判時968-105〔執保百選64事件〕･･････････････････････････112
大阪高判昭55・5・28高民集33-2-73 ･･････････････････････････････････････54
最判昭55・10・23民集34-5-747 ･･56
最判昭56・3・24民集35-2-254〔執保百選5②事件〕･･････････････････････21
最判昭56・3・24民集35-2-271〔執保百選74事件〕･････････････････････････119
最判昭56・12・17民集35-9-1328 ･･･61
岐阜地決昭57・5・17下民集33-5=8-866 ････････････････････････････････20
最決昭57・7・19民集36-6-1229〔執保百選2事件〕･･････････････････････49
札幌高決昭57・12・7判タ486-92〔執保百選52事件〕････････････････････95
最判昭58・2・24判時1078-76〔執保百選20事件〕･･････････････････････61,62
大阪高決昭58・6・8下民集34-5=8-556 ･････････････････････････････････20
札幌地判昭59・2・27判時1126-96 ･･･54
最判昭59・3・9判時1114-42 ･･188

昭和60〜63年

名古屋高判昭60・4・12下民集34-1=4-461〔執保百選85事件〕名古屋新幹線訴訟‥‥‥‥‥ 147
神戸地姫路支決昭60・4・19判タ560-196‥‥‥‥‥‥‥‥‥‥‥‥‥‥‥‥‥‥‥‥‥‥‥‥ 21
東京地決昭60・5・17判時1181-111〔執保百選104事件〕‥‥‥‥‥‥‥‥‥‥‥‥‥‥‥‥ 171
最判昭60・7・19民集39-5-1326〔執保百選69事件〕〔執保百選99事件〕‥‥‥‥‥‥‥ 118,168
東京高決昭60・8・15判タ578-95〔執保百選82事件〕‥‥‥‥‥‥‥‥‥‥‥‥‥‥‥ 127,167
最判昭62・11・10民集41-8-1599〔執保百選21事件〕‥‥‥‥‥‥‥‥‥‥‥‥‥‥‥‥‥ 61
最判昭63・2・25判時1284-66〔執保百選47事件〕‥‥‥‥‥‥‥‥‥‥‥‥‥‥‥‥‥‥‥ 89
最判昭63・7・1民集42-6-477〔執保百選92事件〕‥‥‥‥‥‥‥‥‥‥‥‥‥‥‥‥‥‥ 81

平成元〜9年

最判平元・10・27民集43-9-1070‥‥‥‥‥‥‥‥‥‥‥‥‥‥‥‥‥‥‥‥‥‥‥‥‥‥ 167
最判平3・3・22民集45-3-322‥‥‥‥‥‥‥‥‥‥‥‥‥‥‥‥‥‥‥‥‥‥‥‥‥‥‥ 80
東京高決平3・5・29判時1397-24‥‥‥‥‥‥‥‥‥‥‥‥‥‥‥‥‥‥‥‥‥‥‥‥‥‥ 146
東京地決平4・7・3判時1424-86〔執保百選29事件〕‥‥‥‥‥‥‥‥‥‥‥‥‥‥‥‥‥ 82
最判平5・11・11民集47-9-5255〔執保百選4事件〕‥‥‥‥‥‥‥‥‥‥‥‥‥‥‥‥‥ 56
最判平5・12・17民集47-10-5508〔執保百選93事件〕‥‥‥‥‥‥‥‥‥‥‥‥‥‥‥‥ 161
最判平6・4・5判時1558-29‥‥‥‥‥‥‥‥‥‥‥‥‥‥‥‥‥‥‥‥‥‥‥‥‥‥‥‥ 19
最判平6・6・21民集48-4-1101‥‥‥‥‥‥‥‥‥‥‥‥‥‥‥‥‥‥‥‥‥‥‥‥‥‥ 188
最判平6・7・14民集48-5-1109〔執保百選50事件〕‥‥‥‥‥‥‥‥‥‥‥‥‥‥‥‥‥ 80
最判平7・12・15民集49-10-3051〔執保百選16事件〕‥‥‥‥‥‥‥‥‥‥‥‥‥‥‥‥ 56
最判平9・7・15民集51-6-2645〔執保百選30事件〕‥‥‥‥‥‥‥‥‥‥‥‥‥‥‥‥‥ 83

平成10年〜

最判平10・1・30民集52-1-1〔平10年重判・民法6事件〕‥‥‥‥‥‥‥‥‥‥‥ 168,169
最判平10・3・24民集52-2-399〔執保百選63事件〕‥‥‥‥‥‥‥‥‥‥‥‥‥‥‥‥ 113
最判平10・3・26民集52-2-483〔執保百選100事件〕‥‥‥‥‥‥‥‥‥‥‥‥‥‥‥‥ 169
最判平10・3・26民集52-2-513〔執保百選49事件〕‥‥‥‥‥‥‥‥‥‥‥‥‥‥‥‥‥ 80
最判平10・4・28民集52-3-853〔執保百選7事件〕‥‥‥‥‥‥‥‥‥‥‥‥‥‥‥‥‥ 23
最判平10・11・24民集52-8-1737〔執保百選118事件〕‥‥‥‥‥‥‥‥‥‥‥‥‥‥‥ 188
最決平11・3・12民集53-3-505〔執保百選116事件〕‥‥‥‥‥‥‥‥‥‥‥‥‥‥‥‥ 260
最判平11・9・9民集53-7-1173〔執保百選70事件〕‥‥‥‥‥‥‥‥‥‥‥‥‥‥‥‥ 117
最決平12・4・7民集54-4-1355〔執保百選75事件〕‥‥‥‥‥‥‥‥‥‥‥‥‥‥‥‥ 119
最決平12・4・14民集54-4-1552〔平12年重判・民法2事件〕‥‥‥‥‥‥‥‥‥‥‥‥ 169
最決平13・2・23判時1744-74〔執保百選79事件〕‥‥‥‥‥‥‥‥‥‥‥‥‥‥‥‥‥ 122
最判平13・10・25民集55-6-975〔執保百選102事件〕‥‥‥‥‥‥‥‥‥‥‥‥‥‥‥ 169
最判平14・3・12民集56-3-555〔執保百選101事件〕‥‥‥‥‥‥‥‥‥‥‥‥‥‥‥‥ 169
最決平15・1・31民集57-1-74〔執保百選106事件〕‥‥‥‥‥‥‥‥‥‥‥‥‥‥‥‥ 225
最判平17・2・22民集59-2-314‥‥‥‥‥‥‥‥‥‥‥‥‥‥‥‥‥‥‥‥‥‥‥‥‥‥ 169
最判平17・7・15民集59-6-1742〔平17年重判・民訴5事件〕‥‥‥‥‥‥‥‥‥‥‥‥ 60
最決平17・12・9民集59-10-2889‥‥‥‥‥‥‥‥‥‥‥‥‥‥‥‥‥‥‥‥‥‥‥‥‥ 146

判例索引　275

最判平18・7・20民集60-6-2475〔平18年重判・民訴5事件〕………………………………114

🌳 伊藤 真（いとう まこと）

　1981年、大学在学中に1年半の受験勉強で司法試験に短期合格。同時に司法試験受験指導を開始する。1982年、東京大学法学部卒業。1984年、弁護士として活動しつつ受験指導を続け、法律の体系や全体構造を重視した学習方法を構築し、短期合格者の輩出数、全国ナンバー１の実績を不動のものとする。

　1995年、憲法の理念をできるだけ多くの人々に伝えたいとの思いのもとに15年間培った受験指導のキャリアを生かし、伊藤メソッドの司法試験塾をスタートする。

　現在は、予備試験を含む司法試験や法科大学院入試のみならず、法律科目のある資格試験や公務員試験をめざす人達の受験指導をしつつ、一人一票実現国民会議の事務局長として一票の価値実現をめざす等、社会的問題にも積極的に取り組んでいる。

　「伊藤真試験対策講座」〔全15巻〕（弘文堂刊）は、伊藤メソッドを駆使した本格的テキストとして多くの読者に愛用されている。その姉妹編として、実務法律を対象とした本講座を新たにスタートする。

（一人一票実現国民会議URL:http://www.ippyo.org/index.html）

伊藤塾
〒150-0031　東京都渋谷区桜丘町17-5　03(3780)1717
http://www.itojuku.co.jp

民事執行法・民事保全法【伊藤真実務法律基礎講座5】

平成23年5月30日　初版1刷発行

監修者	伊藤　真
著者	伊藤　塾
発行者	鯉渕　友南
発行所	株式会社 弘　文　堂　101-0062 東京都千代田区神田駿河台1の7 TEL 03(3294)4801　振替 00120-6-53909 http://www.koubundou.co.jp
装丁	笠井亞子
印刷	三美印刷
製本	井上製本所

Ⓒ 2011 Makoto Ito. Printed in Japan
JCOPY 〈(社)出版者著作権管理機構　委託出版物〉
本書の無断複写は著作権法上での例外を除き禁じられています。複写される場合は、そのつど事前に、(社)出版者著作権管理機構（電話 03-3513-6969、FAX 03-3513-6979、e-mail: info@jcopy.or.jp）の許諾を得てください。
また本書を代行業者等の第三者に依頼してスキャンやデジタル化することは、たとえ個人や家庭内での利用であっても一切認められておりません。

ISBN978-4-335-31281-6

伊藤真実務法律基礎講座

伊藤メソッドで実務法律を学ぼう！「伊藤真試験対策講座」の実務法律版。実務に役立つ各法律の全体像とどうしても知っておきたい基礎知識を短時間でマスターできるコンパクトなテキスト。実務に必要な重要論点・法律問題をピックアップし、法的問題に取り組むための基本的な考え方を示す通説・判例をすっきり整理。実務で起こる具体的な紛争を解決するための基礎力が身につく、実務法律を初めて学ぶ人に最適のシリーズ！

- 「伊藤真試験対策講座」の実務法律版。
- 実務法律を初心者にもわかりやすく解説。
- 実務で起こる様々な紛争を解決するための基礎力を養成。
- 実務法律の全体像を短時間でマスター可能。
- 実務に必要な基礎知識を網羅。
- 図表の多用・2色刷によるビジュアルな構成。
- 具体的な事例と判例を重視した内容。
- 各種試験を突破して実務の世界にいままさに入ろうとしている人、実務家として走り出したばかりの人、企業の法務部や現場で実務法律と格闘しているビジネスパーソン、さらに、各種資格試験のみならず大学の学部試験対策にも最適。

労働法[第3版]	2100円
倒産法[第2版]	2100円
知的財産法[第3版]	2000円
国際私法[第2版]	2200円
民事執行法・民事保全法	2500円

(以下、随時続刊)

弘文堂　　＊価格(税別)は2011年5月現在